2016 长江航运发展报告

交通运输部长江航务管理局 编

人民交通出版社股份有限公司
China Communications Press Co.,Ltd.

图书在版编目（CIP）数据

2016长江航运发展报告 / 交通运输部长江航务管理局编. —北京：人民交通出版社股份有限公司, 2017.6
ISBN 978-7-114-13972-7

Ⅰ. ①2… Ⅱ. ①交… Ⅲ. ①长江—航运—研究报告—2016 Ⅳ. ①F552.75

中国版本图书馆CIP数据核字（2017）第149637号

书　　名：2016长江航运发展报告
著　作　者：交通运输部长江航务管理局
责任编辑：赵瑞琴
出版发行：人民交通出版社股份有限公司
地　　址：（100011）北京市朝阳区安定门外外馆斜街3号
网　　址：http：//www.ccpress.com.cn
销售电话：（010）59757973
总　经　销：人民交通出版社股份有限公司发行部
经　　销：各地新华书店
印　　刷：北京盛通印刷股份有限公司
开　　本：880×1230　1/16
印　　张：13.5
字　　数：267千
版　　次：2017年6月　第1版
印　　次：2017年6月　第1次印刷
书　　号：ISBN 978-7-114-13972-7
定　　价：238.00元

（有印刷、装订质量问题的图书由本公司负责调换）

主编单位

交通运输部长江航务管理局

参编单位

云南省航务管理局
贵州省地方海事（航务管理）局
四川省交通运输厅航务管理局
重庆市港航管理局
陕西省交通运输厅航运管理局
河南省交通运输厅航务局（地方海事局）
湖北省交通运输厅港航管理局
湖南省水运管理局
江西省港航管理局
安徽省地方海事（港航管理）局
江苏省交通运输厅运输管理局
山东省交通运输厅港航局
浙江省港航管理局
上海市航务管理处（地方海事局）
长江海事局
江苏海事局
长江航道局
长江口航道管理局
长江三峡通航管理局
长江航运公安局
重庆航运交易所
武汉新港管理委员会
上海组合港管理委员会办公室
上海海事局

编 委 会

主　任：唐冠军

副主任：付绪银　曹江洪　阮瑞文　魏志刚　闻新祥　朱汝明
　　　　　黄　强　王茹军　黄克艰　唐安慧　徐仕江　刘孝明
　　　　　张孟川　余红梅　王　地　罗　毅　许足怀　于钦民
　　　　　王恩国　殷国祥　刘长旭　徐　汇　李昭英　陈　俊
　　　　　王建斌　许贵斌　刘　亮　朱　俊　何建钢　赵　弢
　　　　　徐国毅　谢群威

委　员：陈体前　黄　强　任胜平　谭　毅　王基峰　许　剑
　　　　　温　可　杨礼生　马　超　乔广燕　钟学雨　吴永平
　　　　　吴　虹　程小胜　佘俊华　李文正　周建武　严　冬
　　　　　詹永渝　韩　芸　王茂宏　夏大荣　李顺利　古昭青
　　　　　王致维　张　晶　渠　钊　甘明玉　徐开金　李青云
　　　　　杨大鸣　梅　涛　崔　文　李廷文　阮成堂　彭东方
　　　　　何兴昌　徐培红　彭书华　陈永彤

编辑人员

主　　编： 唐冠军

副 主 编： 朱汝明

执行主编： 阮成堂　彭书华

常务编辑： 阮成堂　彭东方　何兴昌　徐培红　彭书华　陈永彤
　　　　　　欧阳帆　董鸿瑜　张妍妍　刘　涛　易巧巧　邓中辉
　　　　　　李　恒　翟　静　郭　君　胡　方

编　　辑： 赵　刚　鄂启科　何海滨　唐梅芬　胡　静　李慧毓
　　　　　　马　静　谢成鹏　艾冬生　吴保华　乔广燕　盛彦文
　　　　　　於晶晶　郁晓敏　胡安羚　黄　颖　汤　宇　张义军
　　　　　　唐　亮　黎　智　柯　琪　邱峥臻　陈　希　金其强
　　　　　　姜鸿燕　沈延虎　郭　君　王开荣　张旭东　刘　斌
　　　　　　王汉纯　马　奕　陆　薇　文林园　殷惠广　冯　凯
　　　　　　周先法　陈淑媚　魏　敬　钱志武　张海泉　谢　静
　　　　　　刘海嵩　方亚坤

审　　校： 韦之杰　陆望程　姚育胜　沈友竹　韩继生

前　言

长江航运是国民经济发展的重要基础，对区域经济社会发展具有重要的支撑和引领作用。当前长江航运正处于基础设施发展、服务水平提高和转型发展的黄金时期，依托黄金水道推动长江经济带发展正在稳步推进中。为全面反映长江航运发展年度特征，帮助社会各界全面了解长江航运发展的真实状况，交通运输部长江航务管理局（以下简称长航局）组织编制了《2016长江航运发展报告》。

长江航运发展具备了更加坚实的基础，站在了新的历史起点上。2016年，长江航运业深入贯彻落实习近平总书记系列重要讲话精神和治国理政新理念、新思想、新战略，围绕生态优先、绿色发展的理念，围绕打造水脉畅通、功能完备的长江全流域黄金水道，以推进供给侧结构性改革为主线，理顺体制机制，加强统筹协调，着力完善基础设施网络布局，着力提升航运服务能力品质，着力推进安全绿色航运建设，着力服务和改善民生，为长江经济带和"一带一路"等国家战略的实施发挥了重要的战略支撑和示范引领作用。

从基础设施网络布局来看，截至2016年年底，长江水系14省市内河航道通航里程9.47万公里，等级航道里程4.69万公里；内河港口生产用码头泊位2.25万个，万吨级泊位417个，综合通过能力36.36亿吨、2535万TEU。干支直达、江海连通的内河高等级航道网络格局进一步完善，以航运中心和主要港口为枢纽的港口发展新格局进一步优化，对国家战略支撑作用进一步强化。

从运输服务能力水平来看，全社会水路客、货运输量分别达1.78亿人次和44.0亿吨，港口货物吞吐量和集装箱吞吐量分别达到78.1亿吨和1.08亿TEU；长江干线货物通过量达到23.1亿吨，港口货物吞吐量和集装箱吞吐量分别达到26.1亿吨和1608万TEU，亿吨大港达到14个。多式联运等高效运输组织方式快速发展，以"互联网+"为标志的智能化服务推陈出新，高端航运服务业积极拓展，综合运输服务能力水平进一步提升。

从推进治理体系和治理能力现代化情况来看，以《长江经济带发展规划纲要》《"十三五"现代综合交通运输体系发展规划》为统领的规划体系，以供给侧结构性改革为主线的政策体系逐步完善，指导长江航运科学

前 言

发展的政策文件相继出台；长江航运行政管理体制改革主要任务基本完成，长航局作为部派出机构的作用进一步强化，长江干线实现了一体化管理，地方层面的新型管理体制机制也在逐步加快建立和完善。这些都为现代长江航运体系建设提供了有力的制度保障。

从坚持生态优先、推进绿色发展来看，依托一批绿色港口、航道示范项目，绿色发展和生态保护理念已贯穿于基础设施规划、建设、运营和养护全过程；继续推进船型标准化，推广应用高效、节能、环保型运输船舶，推广应用LNG等清洁能源，推动靠港船舶使用岸电，推广节能低碳、生态环保技术，节能环保示范的深度和广度进一步提升；绿色发展制度设计和环境监测监管能力建设进一步加强，生态保护和环境污染防控治理协调合作机制不断完善，船舶与港口污染防治有序推动，积极开展非法码头、非法采砂专项整治，依法加强岸线资源保护，绿色航运治理能力水平进一步提升。长江航运环境友好程度不断改善，为推动形成长江航运绿色发展方式奠定了良好基础。

本报告由三大部分和附录组成。第一部分，综合报告，综合概括和阐释了2016年长江航运发展形势、特点和亮点，重点介绍了基础设施和运力发展、航运经济运行和现代航运服务业发展、平安长江建设、科技创新和智慧航运发展、绿色航运发展、精神文明建设等内容，并对2017年发展形势进行了展望。第二部分，省域报告，即分省域介绍了长江水系14省（市）航运发展的年度状况和特点。第三部分，专题报告，以专题形式对重点领域、重点区域的发展状况和特点进行分析和评价。附录部分列出了2016年涉及长江航运发展的一些重要活动和重大事件。

报告由交通运输部长江航务管理局主编，云南、贵州、四川、重庆、陕西、河南、湖北、湖南、江西、安徽、山东、江苏、浙江、上海等14省（市）港航管理部门以及长江海事局（含江苏海事局）、长江航道局（含长江口航道管理局）、长江三峡通航管理局、长江航运公安局、重庆航运交易所、武汉新港管理委员会、上海组合港管理委员会办公室、上海海事局等单位参与编撰，长江航运发展研究中心具体承办组织编制工作。

目 录

综合报告

2016年长江航运业发展回顾与展望

第1章　发展形势与总体特征 3
 1.1　基本背景和发展新动向 3
 1.2　发展规划和政策措施 5
 1.3　航运发展新特点新亮点 8
 1.4　长江航运行政管理体制改革 10

第2章　基础设施和运力发展 12
 2.1　航道建设和管理养护 12
 2.2　港口发展与转型升级 21
 2.3　船舶运力与结构调整 25

第3章　航运经济运行情况 30
 3.1　航运经济指数走势 30
 3.2　水路运输生产情况 35
 3.3　港口生产情况 37
 3.4　主要航道货物通过量 44
 3.5　市场环境发展情况 46

第4章　现代航运服务业发展 51
 4.1　航运中心服务功能建设 51
 4.2　现代航运服务业发展 53

第5章　平安长江建设 57
 5.1　航运安全形势 57
 5.2　安全管理体系建设 59
 5.3　安全生产监管 61

目 录

第6章 科技创新和智慧航运发展··············66
  6.1 科技创新能力建设··············66
  6.2 科技研发与成果应用··············67
  6.3 航运信息化发展··············70
  6.4 推进智慧航运发展··············72

第7章 绿色航运发展··············75
  7.1 基础设施生态保护和修复··············75
  7.2 运输装备节能环保··············78
  7.3 船舶与港口污染防治··············79
  7.4 生态文明综合治理能力建设··············81

第8章 行业精神文明建设··············83
  8.1 学习型行业建设··············83
  8.2 行业文化建设··············85
  8.3 行业文明创建··············85

第9章 航运发展展望··············87
  9.1 长江航运发展新形势··············87
  9.2 2017年长江航运发展目标任务··············89

省域报告

2016年长江水系14省（市）航运业发展回顾与展望

报告1　云南省水运发展综述··············99
报告2　贵州省水运发展综述·············· 104
报告3　四川省水运发展综述·············· 107
报告4　重庆市水运发展综述·············· 111
报告5　陕西省水运发展综述·············· 116

目 录

报告6　河南省水运发展综述 …………………………………… 119
报告7　湖北省水运发展综述 …………………………………… 122
报告8　湖南省水运发展综述 …………………………………… 127
报告9　江西省水运发展综述 …………………………………… 131
报告10　安徽省水运发展综述 ………………………………… 137
报告11　山东省水运发展综述 ………………………………… 142
报告12　江苏省水运发展综述 ………………………………… 147
报告13　浙江省水运发展综述 ………………………………… 152
报告14　上海市水运发展综述 ………………………………… 157

专题报告

专题1　长江港航企业生产经营调查分析报告 ………………… 163
专题2　长江普通货船运输企业现状与发展对策 ……………… 167
专题3　长江干线省际客运和液货危险品运输市场监测分析 … 171
专题4　长江内河航运服务体系建设现状及模式 ……………… 178
专题5　武汉长江中游航运中心现代航运服务业发展 ………… 182
专题6　三峡枢纽通航形势分析 ………………………………… 186
专题7　长三角地区港口经济运行情况及形势分析 …………… 194
专题8　三年会战助推贵州水运建设提等升级 ………………… 198

附录
2016年长江航运大事记 ………………………………………… 201

2016年
长江航运业发展回顾与展望

综合报告

第1章 发展形势与总体特征

在经济新常态、发展新理念、推进供给侧结构性改革、全面建成小康社会决胜阶段、推进国家三大战略、交通运输黄金时期等大的时代背景下，长江航运发展的内涵和外延都发生了很大变化，正在加快形成发展新路径，长江航运行政管理体制改革取得明显成效。

1.1 基本背景和发展新动向

1.1.1 中国进入适应经济新常态的实质阶段

2016年，世界经济复苏依然缓慢且不均衡，国际贸易和投资疲弱，增长动力不足，受贸易保护主义抬头、逆经济全球化趋势加剧、欧元区政治经济困局等影响，全球生产率降低、创新受阻，世界经济仍处于"低增长陷阱"。面对错综复杂的国内外经济环境，在以习近平同志为核心的党中央坚强领导下，全国上下统筹推进"五位一体"总体布局和协调推进"四个全面"战略布局，坚持稳中求进工作总基调，坚持新发展理念，以推进供给侧结构性改革为主线，适度扩大总需求，坚定推进改革，妥善应对风险挑战，引导形成良好社会预期，国民经济运行缓中趋稳、稳中向好，实现了"十三五"良好开局。

《中华人民共和国2016年国民经济和社会发展统计公报》显示，我国全年国内生产总值74.4万亿元，比上年增长6.7%。其中，第一产业增加值增长3.3%；第二产业增长6.1%；第三产业增长7.8%。第三产业增加值比重为51.6%，比上年提高1.4个百分点。经济发展呈现速度变化、结构优化、动力转换三大特点。全员劳动生产率比上年提高6.4%，万元国内生产总值能耗下降5.0%，居民消费价格上涨2.0%。全社会固定资产投资比上年增长7.9%，社会消费品零售总额增长10.4%，货物进出口总额下降0.9%。供给侧结构性改革取得积极进展，积极化解煤炭、钢铁等行业过剩产能，"三去一降一补"成效初显，制造全面布局，战略性新兴产业成为经济新引擎。通过实施创新驱动发展战略和大众创业万众创新，推动新技术、新产业、新业态、新模式等新经济成长和传统产业改造升级，加快新旧动能转换，经济持续转型升级。

1.1.2 区域发展新格局进入扎实推进新阶段

长江水系14省市贯彻落实新时期党中

央、国务院关于区域发展的一系列重大战略部署，以西部开发、中部崛起、东部率先的区域发展总体战略为基础，以"一带一路"建设、长江经济带发展为引领，不断优化经济发展空间格局，区域发展格局正在发生重大转变，新的区域经济增长极不断涌现，区域经济呈现出以下几个方面的新动向：

区域发展定位和任务更加明确。 2016年1月5日，习近平总书记在推动长江经济带发展座谈会上强调，推动长江经济带发展必须走生态优先、绿色发展之路，共抓大保护，不搞大开发。9月，《长江经济带发展规划纲要》正式印发，围绕"生态优先、绿色发展"的基本思路，确立了长江经济带"一轴、两翼、三极、多点"的发展新格局。与此同时，《成渝城市群发展规划》《长江三角洲城市群发展规划》《长江岸线保护和开发利用总体规划》等一批专项规划和政策性文件相继印发，从国家层面明确了地方发展的主要方向。各省市一批具有地方特色、改革创新、先行先试的区域规划和政策文件也相继出台，为地方经济明确了前进目标及基本路径。

区域经济增长极的引领辐射作用更加突出。 以长江黄金水道为依托，生态环境协同保护治理、基础设施互联互通、产业协同发展和有序转移不断推进，加快形成有利于发挥地区比较优势、产业链合理分工的新局面；国家级新区、综合配套改革试验区、自由贸易试验区、国家自主创新示范区、生态文明建设示范区等功能区域相继落地；成渝、长江中游、长江三角洲等城市群加快建设发展，加快培育壮大一批区域经济增长极，区域经济增长稳定性增强。根据各省市国民经济和社会发展统计公报显示，14省

市全年完成地区生产总值45.9万亿元，比上年增长8.0%，高于全国平均水平；其中11个省市的增速较2015年有所放缓，重庆市和贵州省增速超10%，位居全国前列。

区域经济发展的开放性大幅提升。 长江经济带省际协商合作机制全面建立，继续加大对后发地区和贫困地区的扶持，中西部地区与东部沿海地区的合作不断深化，人口经济要素跨区域流动和优化配置的效率不断提高，长江上游地区、中游地区和长三角区域经济发展一体化深入推进，推动形成东中西互动、优势互补、相互促进、共同发展的格局，正在并将长期对区域经济发展产生深远影响。江苏、浙江、山东、上海等省市积极推进21世纪海上丝绸之路建设，云南省着力打造面向南亚东南亚的辐射中心，贵州省全力推进国家内陆开放型经济试验区建设，沿长江经济带各省市也积极推进"一带一路"建设与长江经济带建设有机结合，"东西双向、海陆联动"的开放格局加快形成，区域经济发展的开放意识和开放水平大幅提升。

长江经济带"共抓大保护"格局初步形成。 以"生态优先、绿色发展"为主题，以实施《长江经济带发展规划纲要》为重点，不断完善顶层设计，及时出台政策组合，加快绿色生态廊道建设，创新和完善工作机制，河长制正在加快落实，长江经济带"共抓大保护"格局初步形成。推动长江经济带发展领导小组办公室会同有关部门、沿江11省市把保护和修复生态环境放在首要位置，通过开展生态环保专项行动，摸清生态"家底"，推动建立地区间、上下游生态补偿机制，加快形成生态环境联防联治、流域管理统筹协调的区域协调发展新机制，不断

推进生态环境的综合治理。沿江11省市以实施水环境治理、水生态修复和水资源保护三大工程为重点，积极推行污染物总量控制和水质断面考核制度，把生态环境保护摆在优先位置，相继启动生态保护和绿色发展规划，推进长江流域生态治理，实施一批重大生态修复工程。

1.1.3 交通运输发展正处于黄金时期

习近平总书记明确指出，"十三五"是交通运输基础设施发展、服务水平提高和转型发展的黄金时期，要抓住这一时期，加快发展，不辱使命，为实现中华民族伟大复兴的中国梦发挥更大的作用。这一重大判断，是对交通运输发展阶段的科学定位，是对交通运输发展形势任务的深刻把握。

2016年，我国交通运输总体运行态势趋稳提质，供给侧结构性改革成果显著，促投资促消费稳增长作用彰显，服务"三大战略"取得显著成效，行业治理能力得到全面提升，发展方式加快变革创新，转型升级迈出新步伐。《2016年交通运输行业发展统计公报》显示，全年全社会完成营业性客运量190.02亿人，比上年下降2.2%，旅客周转量31239.87亿人公里，增长3.9%，货运量431.34亿吨，增长5.2%，货物周转量182432.29亿吨公里，增长5.0%。水路运输全年完成客运量2.72亿人，比上年增长0.6%，旅客周转量72.33亿人公里，减少1.0%，完成货运量63.82亿吨，增长4.0%，货物周转量97338.80亿吨公里，增长6.1%；其中，内河运输完成货运量35.72亿吨、货物周转量14091.68亿吨公里，沿海运输完成货运量20.13亿吨、货物周转量25172.51亿吨公里，远洋运输完成货运量7.98亿吨、货物周转量58074.62亿吨公里。全国港口完成旅客吞吐量1.85亿人，比上年下降0.3%，货物吞吐量132.01亿吨，增长3.5%。完成铁路公路水路固定资产投资27902.63亿元，比上年增长4.7%；完成水运建设投资1417.37亿元，下降2.7%；其中，内河建设完成投资552.15亿元，增长1.0%。

1.2 发展规划和政策措施

1.2.1 支撑长江经济带发展的决策部署

2015年12月，交通运输部印发《推进长江航运科学发展的若干意见》，从提升航道通过能力、推进港口转型升级、加快调整航运结构、加强航运安全管理、形成绿色发展方式、完善管理体制机制以及形成发展合力等七个方面，部署"十三五"乃至更长一个时期推进长江航运科学发展的主要工作，提出建成平安、畅通、高效、绿色的现代长江航运体系，有力支撑长江经济带发展。

2016年5月，推动长江经济带交通运输发展部省联席第一次会议上发布《推动长江经济带交通运输发展2016年工作要点》，重点推动以下十个方面工作：以"生态优先、绿色发展"引领综合立体交通走廊建设，继续加强长江干线航道建设，加快推进支流航道建设，推进港口建设与转型升级，全面推进船型标准化，进一步完善综合交通网络建设，促进多式联运和综合运输服务发展，强化航运安全监管，积极推进长江航运行政管理体制改革，完善推动长江经济带交通运输科学发展的工作机制。

2016年9月，《长江经济带发展规划纲要》提出，要着力推进长江水脉畅通，把长江全流域打造成黄金水道。交通运输部研究制定了《交通运输部推动〈长江经济带发展规划纲要〉实施方案》，长江航务管理局（以下简称长航局）相应出台了《长航局关于加快长江航运建设发展提升长江黄金水道功能的实施方案》，长江经济带各省（市）也相继出台了相应的实施方案，细化落实推动长江经济带交通运输发展的各项目标任务。在主要任务中，对长江黄金水道建设重点推进的工作主要有：一是推动绿色交通廊道建设，加强生态保护和污染治理，提高长江岸线资源利用效率，强化节能减排和低碳发展，加快推进船型标准化；二是提升长江黄金水道功能，全面推进干线航道系统化治理，统筹推进支线航道建设，强化航运安全监管，健全智能服务系统；三是促进港口合理布局，强化港口分工协作，统筹港口规划布局，优先发展枢纽港口，积极发展重点港口，适度发展一般港口，严格控制港口码头无序建设，促进港口转型升级，积极发展现代航运服务；四是完善综合交通网络，加快主要港口集疏运体系建设；五是大力发展联程联运，依托沿江主要港口和重要货运枢纽(物流园区)，建设具备多式联运功能的枢纽场站，鼓励发展铁水、公水、空铁等多式联运。

2016年2月，国家发展和改革委员会、环境保护部印发的《关于加强长江黄金水道环境污染防控治理的指导意见》中提出，在深化重点领域污染防治方面，要控制船舶港口污染，强化船舶流动污染的源头控制，完善船舶污染物的接收处理，推广使用LNG等清洁燃料，积极推进码头岸电设施建设和油气回收工作；在加强突发环境事件风险防控方面，要防控涉危涉重企业污染风险，强化危险货物运输风险管理，定期开展危险货物运输整治，加强应急体系建设，建立流域区域应急联动机制，提高突发环境事件应急处置能力。与此同时，根据《水污染防治行动计划实施情况考核规定》，船舶港口污染控制工作纳入了中央组织部、环境保护部门对地方政府贯彻落实"水十条"的重要考核内容，工作实施的责任主体是地方政府。

1.2.2 "十三五"规划明确的目标任务

《中华人民共和国国民经济和社会发展第十三个五年规划纲要》提出，要依托长江黄金水道，统筹发展多种交通方式，构建高质量综合立体交通走廊。建设南京以下12.5米深水航道，开展宜昌至安庆航道整治，推进三峡枢纽水运新通道建设，完善三峡综合交通运输体系。优化港口布局，加快建设武汉、重庆长江中上游航运中心和南京区域性航运物流中心，加强集疏运体系建设，大力发展江海联运、水铁联运，建设舟山江海联运服务中心。推进长江船型标准化，健全智能安全保障系统。

《"十三五"现代综合交通运输体系发展规划》明确到2020年基本建成安全、便捷、高效、绿色的现代综合交通运输体系，部分地区和领域率先基本实现交通运输现代化；提出完善基础设施网络化布局、强化战略支撑作用、加快运输服务一体化进程、提升交通发展智能化水平、促进交通运输绿色发展、加强安全应急保障体系建设等要求，重点推进网络化、一体化、智能化、绿色化建设；提出交通运输从"跟跑型"向"引领型"转变的总体思路，把"支撑引领"明确为交通宏观调控、综合协调管理的基本遵循。

与此同时，交通运输部印发了水运等专项规划，配套出台一系列实施方案，基本形成较为完整的"十三五"综合交通运输规划体系；首次编制了《综合运输服务"十三五"发展规划》《交通运输标准化"十三五"发展规划》《中国船员发展规划（2016~2020年）》等专项规划；与国家发展和改革委员会共同修订了《国家水上交通安全监管和救助系统布局规划（2016年调整）》、共同印发了《"十三五"长江经济带港口多式联运建设实施方案》。各省（市）立足本地，以构建沿江综合立体交通走廊为核心，也相继出台了综合交通运输"十三五"发展规划及水运等相关专项规划。

1.2.3 以供给侧结构性改革为主线的政策措施

"降成本、补短板、强服务"。 在落实好"三去一降一补"五大任务的同时，结合交通的实际，国家发展和改革委员会、交通运输部等相关部委印发了推动交通运输供给侧结构性改革的一系列政策措施。主要有：《物流业降本增效专项行动方案（2016~2018年）》《降低实体经济企业成本工作方案》《关于加强物流短板建设，促进有效投资和居民消费的若干意见》《推进供给侧结构性改革促进物流业"降本增效"的若干意见》《营造良好市场环境推动交通物流融合发展实施方案》《推动交通提质增效提升供给服务能力的实施方案》《推进"互联网+"便捷交通促进智能交通发展的实施方案》《"互联网+"高效物流实施意见》《稳步推进城乡交通运输一体化提升公共服务水平的指导意见》等。

推进"放管服"改革。 按照国务院《2016年推进简政放权放管结合优化服务改革工作要点》的部署，各级交通运输部门加强对已出台措施和改革任务落实情况的督查，加强统筹协调和指导督促，推动简政放权、放管结合、优化服务改革向纵深发展。深化行政审批制度改革，各级交通运输部门进一步取消和调整本级以及中央设定地方实施行政审批事项，加大行政审批制度改革步伐，最大限度地给各类市场主体松绑。清理规范行政权力，优化政务服务，全面公布政府权力清单和责任清单，在部分地区试行市场准入负面清单制度，以从规范市场主体资格向规范市场主体行为转变、从事前审批向事中事后监管转变、从权力管理向寓管理于服务转变为重点，推行"双随机、一公开"，构建起了事前、事中、事后全方位监督体系；推行"互联网+政务服务"，强化门户网站建设，加强管理信息系统互联互通建设。长航局系统加强水路建设市场、运输市场、安全管理等领域的信用体系建设，加强信用信息标准体系建设，完善信用评价制度，加快推进信用信息平台建设和应用，有效发挥了信用管理的规范引导作用。贯彻落实《国务院关于推进中央与地方财政事权和支出责任划分改革的指导意见》，加强水路交通事权划分和管理体制改革方案的研究。

推进传统基础设施领域PPP模式。 国家发展和改革委员会印发《关于切实做好传统基础设施领域政府和社会资本合作有关工作的通知》，明确港口码头、航道等水运基础设施建设、养护、运营和管理等项目为传统基础设施领域推广PPP模式重点项目之一；印发《传统基础设施领域实施政府和社会资本合作项目工作导则》，进一步规范传统基础设施领域PPP项目操作流程。

1.2.4 法治建设的顶层设计和配套制度

交通运输部印发了"关于贯彻实施《法治政府建设实施纲要（2015~2020年）》的通知"，为交通运输行业推进法治政府部门建设提供了基本遵循。交通运输部积极推动交通运输发展改革急需的法律法规制修订进程，提出了"关于完善综合交通运输法规体系的实施意见"，加快构建综合交通运输法规体系，完善交通运输法治政府部门建设顶层设计。

交通运输部发布了船舶检验管理规定、船舶登记办法、水运建设市场监督管理办法等，并对国内水路运输管理规定、船舶及其有关作业活动污染海洋环境防治管理规定等进行了修改。国内第一部关于航运中心建设的地方性法规——《上海市推进国际航运中心建设条例》于8月1日起施行。

交通运输部以基层执法队伍职业化建设、基层执法站所标准化建设、基础管理制度规范化建设为载体，起草"三基三化"建设制度框架体系，深入推进交通运输执法队伍建设，健全行政执法业务规程，促进严格规范公正文明执法。 通过推进交通运输综合行政执法改革试点，整合执法资源，多头执法、重复执法的问题得到有效解决。

1.3 航运发展新特点新亮点

1.3.1 加快形成长江航运发展新路径

长江航运业充分考虑现阶段的发展要求和长远时期的发展，加快形成适应经济发展新常态的长江航运发展新路径。贯彻落实交通运输部《关于推进长江航运科学发展的若干意见》，重点从提升航道通过能力、推进港口转型升级、加快调整航运结构、加强航运安全管理、推进航运绿色发展、提升长江航运治理能力等方面，加快构建平安、畅通、高效、绿色的现代长江航运体系，支撑长江经济带发展。同时，加快推进基础设施网络、运输服务与各种运输方式在更广范围、更高层次、更大程度上融合，推进长江航运供给侧结构性改革，解决基础设施有效供给不足、运输服务供给质量效率不高、现代治理能力不强等突出问题，推进科技创新、组织管理创新，使行业真正走出一条创新驱动、转型发展的新路径。

在提升航道通过能力方面，坚持"深下游、畅中游、延上游、通支流"总体思路，推进实施长江水系"联通、联网、联运"工程，整治改善干线航道，贯通提级支线航道，促进干支紧密联通、区域有机联网、江海直达联运，实现长江航道网络提质增效，切实把全流域打造成黄金水道。

在推进港口转型升级方面，坚持"专业化、集约化、现代化"发展方向，推进实施港口"整合、联合、融合"工程，促进港口资源整合、港口互动联合、港城深度融合，推动港口加快转型升级，不断提高发展质量和效益，提升竞争力。

在加快航运结构调整方面，积极推进"船型标准化、企业规模化、船员专业化"建设，培育壮大航运市场主体，创新航运经营模式、服务形式和管理方式，构建统一开放、竞争有序的航运市场，提升现代航运服务水平。

在加强航运安全管理方面，坚持"完善制度、强化责任、加强管理、严格监管"，推进实施"平安长江"工程，夯实安全基础，健全完善安全管理体系，积极构建政府、企业、社会共治的格局，不断提升长江航运安全的管理水平和保障能力。

在推进航运绿色发展方面，坚持"法规推动、市场带动、技术驱动"，推进实施"美丽长江"工程，加强船舶与港口污染防治、节能减排和生态保护，推动形成航运绿色发展方式，更好服务于长江经济带绿色生态廊道建设。

在提升长江航运治理能力方面，坚持"强化统筹、深化联动、优化合作"，改革完善长江航运行政管理体制机制，加强统筹协调，充分发挥中央和地方两个积极性，不断提升长江航运现代治理能力。

1.3.2 更好发挥支撑引领经济社会发展作用

支撑国家重大战略实施。 围绕黄金水道航道畅通、枢纽互通、江海联通，以"通干线、强支点、联网络"为重点，实施了一系列重大标志性工程，以长江黄金水道为主轴的航道网络布局不断优化，以航运中心和主要港口为重点的港口布局不断完善，有力支撑了长江经济带、"一带一路"以及海运强国、自贸试验区建设等国家战略的布局和实施。

服务经济社会发展。 围绕实施国家重大战略，以重大项目为依托，用足用好中央专项建设基金，吸引社会资本增加投入。2016年，长江水系14省市内河建设完成投资486.1亿元、沿海建设完成投资344.6亿元，在拉动投资、扩大消费、促进就业等方面发挥了积极作用；积极适应运输需求规模和结构的变化，完成水路货物运输量44.0亿吨、港口吞吐量78.1亿吨，在支撑经济增长、促进区域和城乡协调发展等方面发挥了基础性先导性服务性作用。

服务和改善民生。 以港口枢纽为载体，推进综合化布局、高端化服务、一体化发展，推行公水联运、铁水联运、水水转运及江海联运等多种模式的多式联运服务，提高了货运效率。积极应用"互联网+"、大数据、物联网等先进信息技术，建设多层次公共信息服务平台，通过智慧航运建设不断完善民生服务体系。提升安全监管和应急处置能力进一步提升，行业安全体系进一步夯实，依法行政水平有力提升，为行业持续健康发展提供坚实保障。加快城乡水运设施建设，加强集中连片特困地区航运基础设施建设，加快建设有市场需求的内河客运码头、乡镇渡口和城乡便民停靠点，加快推进渡口标准化建设和改造，完善渡口设施设备和标志标识，促进渡口建管养一体化。

促进生态文明建设。 各级交通运输部门充分发挥长江航运的生态优势，把生态优先的理念贯穿到长江航运建设发展的每一个环节，有力支撑沿江绿色生态廊道的构建。处理好长江航运建设与生态环境保护的关系，大力实施"生态航道"示范工程，加大建设项目环保投入力度，落实环境保护和生态修复措施。有序利用长江岸线资源，开展非法码头专项整治，加强生态环境协同保护。大力推进长江船型标准化，加强船舶节能减排技术的研发和应用，加快淘汰能耗高、污染大的运输船舶，加强LNG、太阳能等清洁能源的推广应用。配合开展推进长江经济带"共抓大保护"中存在的突出问题专项检查和专项整治行动，积极推进落实《船舶与港口污染防治专项行动实施方案（2015～2020年）》，继续实施绿色港航建设典型示范工程，在港口等重点领域推进电能替代，在水运行业继续推广应用液化天然气(LNG)船舶，通过政策引导和技术进步促进长江航运绿色发展。

1.3.3 供给侧结构性改革实现新突破

航运基础设施短板得到加强。在继续增强长江航运基础设施总体供给能力的同时，加快推进干线航道系统治理，重点解决下游"卡脖子"、中游"梗阻"、上游"瓶颈"问题，长江南京以下12.5米深水航道成功初通，中游荆江航道整治工程进入试运行，上游重庆朝天门至九龙坡段航道整治工程等稳步推进，三峡升船机试通航，进一步提升了干线航道通航能力；统筹推进支线航道建设，围绕解决支流"不畅"的问题，有序推进航道整治和梯级渠化，加快形成与长江干线有机衔接的支线网络。在枢纽节点上，加强港口枢纽能力建设和功能整合，推进集疏运体系建设，重点推进航运中心多式联运港区建设。推进多式联运示范工程建设，促进水运与各种运输方式深度融合，发挥组合效益，进一步补齐水路运输短板。积极探索"以电养航"、PPP、特许经营等投融资模式，推进设立交通投资基金，破解水运投融资难题。

运输装备加速提档升级。船型及多式联运等装备设施标准化稳步推进，老旧运输船舶和单壳油轮报废更新进一步加快。积极发展新能源和清洁能源运输装备，引导高端化、智能化的先进运输装备推广应用。

港航业"降本增效"成果显著。大力发展多式联运，促进铁水联运、江海联运升级发展，不断提升运输效率、降低运输成本。大幅减少行政事业性收费、清理规范经营性收费。针对水运企业的减负，航运主管部门推进多项帮助企业减负降本的政策举措。

航运业转型升级加速推进。推进航运与物流业融合发展，加强市场主体培育，加快构建以港口多式联运为特征的综合运输服务体系。物流供需高效对接，港口资源整合成效显著，江苏沿江港口发展一体化改革试点工作取得了突破性进展，国有大型航运企业兼并重组有序开展。积极推进"互联网+"行动决策部署，加快推进"互联网+航运"，推动信息互联互通，推动新技术、新产业、新业态蓬勃发展。建设生态型基础设施，大力推进资源全面节约和高效利用，提升岸线等资源利用效率。

1.4 长江航运行政管理体制改革

按照交通运输部《关于深化长江航运行政管理体制改革的意见》，以"精简、高效、安全、畅通"为目标的长江航运行政管理体制改革的主要任务基本完成，"统一政令、统一规划、统一标准、统一执法、统一管理"初步实现，"一体化管理、一条龙服务"格局基本形成，"集中统一、权责一致、关系顺畅、协调有序、运转高效"的长江航运行政管理体制机制基本建立，长江航运治理体系和治理能力现代化得到明显提升，为推动长江经济带发展提供更加坚实的体制机制保障。

1.4.1 强化长航局作为部派出机构作用

进一步明确长江航运管理方面的事务归口长航局统一管理，进一步理顺长航局和交通运输部机关相关司局的工作关系，部机关司局通过长航局统筹安排长航局系统单位业务工作机制已经建立、运行顺畅，强化长航局对系统单位的统一管理。研究制定《长航局关于加强系统单位管理的通知》《长航局关于系统资源整合的实施方案》《长航局关于建立区域工作联动协调机制的通知》《长航局关于提升长江航运行业公共服务能力的意见》等系列文件。

1.4.2　长江干线实现一体化管理

长航局受部委托管理长江海事局、长江航道局、长江航运公安局、长江三峡通航管理局等单位，建立了"长航局统一领导、系统单位各司其职、基层单位整体联动"的管理格局。江苏海事局、长江干线四川段水上安全监督管理事权划转长江海事局管理，长江海事局统一负责长江干线四川宜宾至江苏浏河口段水上安全监督工作；长江口航道管理局纳入长江航道局管理，长江航道局统一负责长江干线四川宜宾至长江口段（含长江口北支水道）航道建设、运行、维护工作。

制定了《长江航务管理局区域联席会议工作管理办法（试行）》，长江干线9个区域联席会议先后成立并运转良好。积极推进长航系统资源整合，研究印发了《长航局系统资源整合实施方案》，并在此基础上编制了《长航系统"十三五"期码头整合建设方案》《长航系统"十三五"期信息化建设整合方案》，系统内部资源共享融合、协调配合提速推进。

1.4.3　长江航道局实现政事企分开

按照"归政、离企、留事"的要求，长江航道局航道行政管理职责交由长航局承担，航道现场执法职责移交长江海事局。长江航道局机关、6个所属区域航道局以及长江航道局所属研究院、测量中心等单位，履行航道公益服务职责；将长江航道局所属的4个航道工程局和武汉长江航道救助打捞局等单位整体剥离，组建长江航道工程局有限责任公司，公司由长江航道局管理。

1.4.4　全面实施长江干线水上综合执法改革试点

交通运输部对长江海事局的"三定"规定中明确综合执法职责。完成长江航道、通信行政管理和现场执法职能移交长江海事机构。自2016年7月1日起，长江干线重庆界石盘至江苏浏河口段正式实施水上综合执法。

长航公安机关与长江海事机构建立综合执法整体联动机制，开展常态与专项联合执法巡查；建立了海事、航道、通信协调工作机制，航道、通信提供技术支撑；信息资源初步实现了互联互通。"海事执法、公安保障、技术支持"的联动执法模式已经形成。

1.4.5　不同层面的协调合作机制更加健全

长航局依托交通运输部推进长江经济带交通运输发展联席会议制度，继续完善与沿江各省市交通运输主管部门和沿江地市人民政府的"2+N"合作机制，形成了"年初有计划、年末有检查，社会有需求、双方有响应，合力推进、互利共赢"的工作机制。

长航局加强与水利部长江水利委员会的全面战略合作，与农业部长江流域渔政监督管理办公室签署了《共同开展长江大保护合作框架协议》，发挥部派出机构共同管理长江的优势。

第2章 基础设施和运力发展

围绕补齐短板、提升功能、优化结构，推进实施航道"联通、联网、联运"工程，推进实施港口"整合、联合、融合"工程，加快推进运输船舶专业化、标准化、现代化，网络化格局进一步完善，运输装备发展不断升级，对国家战略支撑作用进一步强化。

2.1 航道建设和管理养护

2.1.1 内河航道基本情况

2016年末，14省（市）内河航道通航里程9.47万公里，比上年增加117.2公里，占全国内河航道通航里程的74.5%，主要分布在长江水系、京杭运河与淮河水系、珠江水系及其他水系；其中长江水系6.64万公里。等级航道4.69万公里，占总里程49.6%。其中三级及以上航道8361公里，占总里程8.8%。二、三、四级航道里程分别比上年增加238公里、55公里和287公里。

在全国内河高等级航道"两横一纵两网十八线"布局方案中，14省（市）范围内有"一横一纵一网十三线"。其中，长江水系高等级航道布局为"一横一网十线"，即长江干线、长江三角洲高等级航道网以及岷江、嘉陵江、乌江、湘江、沅水、汉江、江汉运河、赣江、信江、合裕线；京杭运河与淮河水系高等级航道布局为"一纵二线"，即京杭运河和淮河、沙颍河。另外，珠江水系高等级航道"一横一网三线"布局中，北盘江一红水河是贵州省南下珠江、沟通两广及珠江三角洲的重要水运通道。以长江干线为主轴，以内河高等级航道为核心和骨干、其他等级航道为补充，干支直达、江海连通的内河高等级航道网络得到进一步优化和改善，内河高等级航道体系基本形成（表2.1-1）。

2016年14省市内河航道通航里程构成（单位：公里） 表2.1-1

省（市）	总计	长江干流			支流水系							等外航道
		一级	二级	三级	一级	二级	三级	四级	五级	六级	七级	
合计	94672.8	1140.1	1283.5	384.1	68.0	889.6	4595.7	7449.0	4922.4	13647.0	12532.2	47731.2
云南省	4122.8			（30.0）				14.0	1360.0	230.6	838.9	889.6	759.7
贵州省	3664.1							740.0	168.2	993.3	500.5	1262.1

续上表

省（市）	总计	长江干流			支流水系							等外航道
		一级	二级	三级	一级	二级	三级	四级	五级	六级	七级	
四川省	10722.5			224.3		74.7	1022.0	535.1	415.6	1577.9		6872.9
重庆市	4467.8		515.0	159.8		18.0	302.5	171.5	200.7	126.2	419.4	2554.7
陕西省	890.0						151.9		135.5	248.0		354.6
河南省	1588.3						366.0	367.7	460.0	278.1		116.5
湖北省	8433.4	229.5	688.1			841.6	390.1	861.1	1763.2	1206.4		2453.4
湖南省	11887.3		80.4		220.0	559.0	375.0	155.0	1524.2	1221.0		7752.7
江西省	5637.9	78.0			175.0	283.5	87.0	166.6	399.1	1159.8		3288.9
安徽省	5728.6	342.8				499.6	585.8	546.9	2461.4	707.0		585.1
山东省	1150.1					271.7	72.4	59.9	392.3	238.4		115.4
江苏省	24365.7	369.9			464.6	1381.4	825.6	1021.2	2149.1	2496.9		15657.0
浙江省	9769.3				14.4	12.0	239.1	1185.6	486.8	1581.2	1472.8	4777.4
上海市	2245.0	119.9			53.6		128.6	116.1	122.6	407.0	116.4	1180.8

注：长江干流统计范围为云南水富至长江口（水富至宜宾段30公里为五级），上海市支流水系包括黄浦江。

内河航道构筑物中，枢纽数量2725处，其中具有通航功能的1430处，分别比上年增加7处和减少4处。通航建筑物中，有船闸621座（新增5座，减少6座），正常使用427座；升船机46座（新增1座，减少5座），正常使用23座（表2.1-2）。

2016年14省市内河航道构筑物基本情况　　表2.1-2

省（市）	枢纽数量（处）	具有通航功能（处）	通航建筑物数量			
			船闸（座）	升船机（座）	正常使用	
					船闸（座）	升船机（座）
合计	2725	1430	621	46	427	23
云南省	11	2	1	1	1	1
贵州省	80	0	1	2	0	0
四川省	390	100	102	2	60	
重庆市	166	46	46	1	34	1
陕西省	1	1	1			
河南省	37	4	4			
湖北省	173	56	38	6	33	2
湖南省	525	154	141	13	46	7
江西省	86	23	19	2	11	1
安徽省	97	49	48	1	37	1

续上表

省（市）	枢纽数量（处）	具有通航功能（处）	通航建筑物数量			
			船闸（座）	升船机（座）	正常使用	
					船闸（座）	升船机（座）
山东省	43	19	16		11	
江苏省	692	587	113		113	
浙江省	326	298	37	17	32	10
上海市	98	91	55		49	

2.1.2 内河高等级航道建设

以提高长江干线等内河高等级航道通航能力为重点，继续加强长江干线航道系统治理，加快推进支流航道建设，加快实现干支航道的对接和骨干航道网的贯通，全面提升区域内航道层级和航道整体通过能力。国家发展和改革委员会在中央预算内投资中设立长江等内河高等级航道建设专项，并于2016年3月印发了《长江等内河高等级航道建设中央预算内投资安排工作方案》，支持《全国内河航道与港口布局规划》确定的"两横一纵两网十八线"内河高等级航道规划河段的内河航道、船闸、航电枢纽建设项目。

1. 长江干线航道建设

启动长江干线航道发展规划修编工作，推动落实《关于进一步加强长江航道治理工作的指导意见》，继续按照"深下游、畅中游、延上游、通支流"总体思路，浚深上延下游深水航道，整治畅通中游航道，提高上游航道等级，提高上、中、下游航道尺度衔接畅通水平。

（1）稳步推进规划修编和重点项目前期工作

交通运输部印发了《关于开展长江干线航道发展规划修编工作的通知》，长航局组织启动了长江干线航道发展规划修编工作。

三峡枢纽水运新通道项目列入国家发展和改革委员会《交通基础设施重大工程建设三年行动计划》2017年重点推进项目，为配合国务院三峡办组织开展的三峡枢纽水运新通道预可行性研究工作，有关科研单位开展了三峡枢纽水运新通道预可阶段航运关键技术研究工作、三峡枢纽水运新通道航运关键技术比较研究工作。

"十三五"规划项目前期工作陆续启动。水富至宜宾段航道整治工程进入环境影响评价公示阶段。宜宾至重庆段"Ⅲ升Ⅱ"航道整治工程项目前期工作全部启动，完成了东溪口水道、羊石盘至上白沙河段、江津至胜中坝河段航道整治工程工可报告。开展重庆主城至涪陵4.5米水深航道建设研究工作。三峡—葛洲坝两坝间水域启动了大沙坝—南津关河段航道整治工程等6个项目前期工作。武汉至安庆段6米水深航道整治工程工可报告上报交通运输部（2017年3月通过部审）。荆江河段二期、宜昌至昌门溪河段二期、蕲春水道、新洲至九江河段二期等航道整治工程完成工可研究，其中蕲春水道航道整治工可通过部审。土桥二期、芜裕河段航道整治工程完成工可研究。长江口12.5米深水航道减淤工程南槽航道治理一期工程前期工作加快推进。

（2）加快推进在建项目，稳步实施新开工项目

长江中游武桥水道航道整治工程等项目竣工验收，长江中游鲤鱼山水道航道整治工程等项目交工验收，长江下游东北水道航道整治工程等项目开工建设（表2.1-3）。

长江干线航道整治工程重点项目进展情况 表2.1-3

	重点在建项目	项目进展
1	三峡水库变动回水区碍航礁石炸除一期工程	竣工验收
2	长江中游戴家洲河段航道整治二期工程	竣工验收
3	长江中游武桥水道航道整治工程	竣工验收
4	长江中游新洲至九江河段航道整治工程	竣工验收
5	长江下游马当南水道航道整治工程	竣工验收
6	长江中游界牌河段航道整治二期工程	竣工环境保护验收
7	长江中游杨林岩水道航道整治工程	竣工环境保护验收
8	长江中游宜昌至昌门溪河段航道整治一期工程	交工验收/试运行
9	长江中游赤壁至潘家湾河段燕子窝水道航道整治工程	交工验收/试运行
10	长江中游鲤鱼山水道航道整治工程	交工验收/试运行
11	长江口南坝田挡沙堤加高工程	交工验收/试运行
12	长江中游荆江河段航道治理工程昌门溪至熊家洲段工程	建设内容全面完成
13	长江南京以下12.5米深水航道二期	实现初通
14	长江上游朝天门至九龙坡段航道整治工程	新开工建设
15	三峡—葛洲坝两坝间莲沱段河段航道整治工程	新开工建设
16	长江下游东北水道航道整治工程	新开工建设
17	长江下游安庆河段航道整治二期工程	新开工建设
18	长江下游黑沙洲水道航道整治二期工程	新开工建设
19	长江下游江心洲河段整治工程	新开工建设

2. 支流航道建设

岷江：有序推进老木孔和龙溪口航电枢纽、龙溪口枢纽至合江门航道整治工程以及岷江中段虎渡溪、汤坝、板桥、尖子山、张坎、季时坝航电枢纽建设项目前期工作。犍为航电枢纽工程完成主体工程；岷江汉阳航电枢纽工程已完工。

嘉陵江：推进亭子口枢纽、利泽航运枢纽工程建设；开工建设上石盘电航枢纽船闸工程。川境段航运配套一期工程完成70%险滩整治、二期工程开工建设。

乌江：乌江（乌江渡—龚滩）航运建设工程通过竣工验收，沙沱、思林水电站升船机500吨标船成功试航。乌江河口至白马河段航道建设工程加快推进，银盘船闸成功进行大流量下实船适航试验。乌江在断航13年后迎来全线复航。

湘江：土谷塘航电枢纽实现4台机组全

部投产发电；2000吨级航道建设一期工程（株洲至城陵矶）、长沙综合枢纽工程完成全部投资，2000吨级航道建设二期工程（衡阳—株洲）进展顺利。

沅水：贵州境内已开工建设沅水旁海、平寨航电枢纽，推进三板溪枢纽以下500吨级航道整治工程前期工作。湖南境内正在开展浦市至常德航运建设工程，推进洪江至浦市、金紫至洪江航运建设项目前期工作。

汉江：安康至白河航运建设工程全面完工，洋县至安康航运建设工程进展顺利。汉江五级枢纽（夹河、孤山、雅口、新集、碾盘山）项目开工建设。汉江碾盘山至河口段高等级航道基本建成。河口至蔡甸2000吨航道整治工程项目工可报告获得批复。

江汉运河：进一步规范通航设施建设，完善船闸过闸警示标志、过闸文明提示标志和标牌。

赣江：新干航电枢纽项目建设稳步推进。井冈山航电枢纽、石虎塘—神岗山Ⅲ级航道整治工程开工建设。界牌航电枢纽开展技术改造工程。

信江：八字嘴航电枢纽、双港航运枢纽等项目前期工作加快推进。

合裕线：南淝河段航道改造工程、航道船闸ETC项目、裕溪船闸扩建工程加快推进。

淮河：河南境内实施了淮滨至息县航运工程淮滨段建设项目。安徽境内三河尖—蚌埠闸河段整治工程开工建设，蚌埠闸—红山头河段等航道整治工程加快前期工作。江苏境内出海航道（红山头—京杭运河段）整治工程疏浚工程完成交工验收。

沙颍河：河南境内实施沙河漯河至平顶山航运工程漯河港至北汝河口段、北汝河口至平顶山港段以及周口至省界航道升级改造工程等工程建设项目。安徽境内继续开展省界至阜阳市北京路桥段整治工程、颍上复线船闸工程，耿楼复线船闸开工建设，汾泉河杨桥船闸扩建工程通过交工预验收。

京杭运河：山东境内主航道升级改造工程、湖西航道工程、东平湖湖区航道等项目完成初步设计审批。江苏境内邵伯三线船闸工程、扬州芒稻船闸扩容改造工程通过验收，常州段三级航道整治工程戚墅堰段通过交工验收，横林段航道工程已基本完成扫尾，镇江段"四改三"航道疏浚工程通过交工验收，苏州段三级航道整治工程二期疏浚工程开工建设。浙江境内三级航道整治工程杭州段、嘉兴段和湖州段相继开工建设。

长江三角洲高等级航道网：安徽境内芜申运河青弋江入江口至荆山河口段航道整治工程，江苏境内芜申线航道、丹金溧漕河、锡澄运河、杭湖锡线、通扬线、杨林塘、秦淮河等航道整治工程加快推进，常溧线牛塘段航道整治护岸工程通过竣工验收。上海境内苏申外港线、黄浦江上游（分水龙王庙—大涨泾河口）航道整治工程通过验收，杭申线航道整治工程全面完工，赵家沟航道整治工程东沟船闸、大芦线航道整治一期工程基本完成，大芦线航道整治二期工程、平申线航道整治工程（一期）、长湖申线航道整治工程、赵家沟东段航道整治工程、大治河西枢纽新建二线船闸工程等在建工程加快推进；油墩港航道整治工程预可行性研究报告编制完成。浙江境内实施杭平申线浙江段航道改造工程、丁诸线航道整治工程、钱塘江中上游衢江航运开发工程等，富春江船闸全面建成。

此外，引江济淮工程（江淮运河）开工建设。工程以城乡供水和发展江淮航运为主，结合灌溉补水和改善巢湖及淮河水生态环境。金沙江攀枝花至水富段航运资源开发建设步伐加快。完成了金沙江航运发展规划研究工作，推动乌东德和白鹤滩电站翻坝转运系统建设、溪洛渡通航设施和翻坝转运系统建设前期工作，启动向家坝翻坝转运系统扩能建设。金沙江中游库区航运基础设施综合建设项目一期工程、二期工程以及溪洛渡至水富高等级航道建设工程、向家坝枢纽通航建筑物建设工程加快推进。

2.1.3 内河航道管理与养护

1. 推进管理养护法治化制度化

加快建立《航道法》配套法规体系。航道管理部门加强《航道法》配套法规体系制定和完善工作，开展法规规章及规范性文件的"立改废"工作，加快制定并出台航道通航条件影响评价审核、航道保护范围划定、通航建筑物建设"五同步"等重要制度等。同时推进地方性配套法规的制定和修改，逐步形成上下协调、基本完善的航道法律法规体系。长江航道局、地方交通运输主管部门会同水行政主管部门或者流域管理机构、国土资源主管部门，启动了长江干线及内河航道保护范围划定研究工作。

完善航道管理养护制度体系。交通运输部印发《全国航道管理与养护发展纲要（2016~2020年）》。航道管理部门进一步完善航道管理养护制度体系，加快推进管养标准化建设，推进养护工作规范化。四川省印发《四川省内河高等级航道专项养护工程项目管理试行办法》，省级专项补助资金使用得到全过程管控。湖北省研究制定了《汉江航道养护定额》，开展了《汉江航道养护管理考核办法》的修编，编制完成《湖北省航道应急抢通维护专项资金管理办法》。江苏省推进航道养护职责由以省为主向明确事权、分级分类养护的转变。

2. 推进航道管理养护体制机制改革

深化航道管理体制改革。加大中央对跨省区重要干线航道管理统筹协调力度，充分发挥交通运输部派出机构的作用，全面推进长江航道管理体制改革，推进集中统一管理和政事企分开，理顺干线航道管理事权关系。开展三峡枢纽通航建筑物管理体制改革研究。各地区结合本地实际，完善各级航道管理体制。

推进航道养护领域引入市场竞争机制。在航道维护性疏浚、清障扫床、整治建筑物维护、航道设施（除航标外）保养维修等领域，具备条件的积极引入市场机制，推进政府购买服务。湖北省在清江水布垭至恩施段航道、湖南省在长沙市地方航道推行了地方航道航标管养社会化试点改革。

3. 加强航道养护管理

继续加强和规范航道养护管理工作，推动航道养护手段向规范化、智能化转变，养护模式向预防性、主动型转变，保障航道畅通，提高航道养护质量和服务水平。继续做好维护疏浚、航道测绘、航道整治建筑物和航标的维护、标志牌的建设以及应急抢通等养护工作，加强枯水期、洪水期以及枢纽蓄水期航道维护管理，加强航道养护基地、船艇等设施设备配置和日常管理，全力保障航道畅通安全稳定运行。

（1）长江干线航道养护

长江干线航道全年航道水深保证率、航标维护正常率、信号揭示正常率、信息发布准确率均达到100%。全年最大设标数7283座天，完成航标养护259万座天；各信号台实际开班5805台天，指挥各类船舶23.1万艘次；完成航道测绘5.4换算平方公里；21艘疏浚船舶对23处水道实施航道养护疏浚施工3981万立方米；完成航道整治建筑物检查6830艘班和16处航道整治建筑物维修工程。加强枯水期、洪水期、三峡水库及向家坝蓄水期航道维护管理，及时调整和优化航标配布，及时准确发布航道信息；强化重点水道疏浚，派遣疏浚船舶驻守芦家河、太平口、武桥、福北、浏海沙、南通、浏河等重点浅水道，对芦家河、太平口水道、福姜沙、南通、浏河等水道实施了维护疏浚；积极应对长江中下游1998年以来最大洪水，及时启动三级和二级应急响应。加强长江南京以下深水航道一期工程常态化运行维护工作，开展二期工程初通期航道维护工作。

继续向社会发布长江干线宜宾至浏河口段航道分月养护水深计划，提高中洪水期航道维护标准；并根据水位季节性变化情况，按周向社会发布航道维护尺度预报，仅供行轮配载和航行参考（表2.1-4）。

2016年长江干线（宜宾至长江口）主航道最小航道维护尺度表　　表2.1-4

起止区段	航道尺度（深×宽×弯曲半径，单位：米）	航道维护水深 年保证率
宜宾合江门—重庆羊角滩	2.7×50×560	≥98%
	2.9×50×560	2015年3月26日起试运行，不计保证率
重庆羊角滩—涪陵李渡长江大桥	3.5×100×800	≥98%
涪陵李渡长江大桥—宜昌中水门	4.5×150×1000	
宜昌中水门—宜昌下临江坪	4.5×100×750	
宜昌下临江坪—大埠街	3.2×80×750	
	3.5×100×750	2015年1月1日起试运行，不计保证率
大埠街—城陵矶	3.3×80×750	≥98%
	3.5×100×750	2015年1月1日起试运行，不计保证率
城陵矶—武汉长江大桥	3.7×150×1000	≥98%
武汉长江大桥—吉阳矶	4.5×200×1050	
吉阳矶—安庆皖河口	4.5×200×1050	
	6.0×200×1050	2015年10月23日起试运行，不计保证率
安庆皖河口—芜湖高安圩	6.0×200×1050	≥98%
芜湖高安圩—芜湖长江大桥	6.0×500×1050	
芜湖长江大桥—南京燕子矶	9.0×500×1050	
南京燕子矶—江阴鹅鼻嘴	10.5×500×1050	
江阴鹅鼻嘴—南通天生港	10.5×500×1050 (理论最低潮面下)	
南通天生港—长江口	12.5×500×1500 (理论最低潮面下)	

注：2016年7月5日零时起长江南京以下12.5米深水航道二期工程（南京新生圩—南通天生港段）开通初通航道。

继续试运行提高长江干线部分河段航道维护尺度。自2016年7月1日起,试运行提高长江干线荆州至武汉河段航道维护尺度;荆州至城陵矶河段,1~3月、10~12月航道计划维护水深由3.5米试运行提高至3.8米;城陵矶至武汉河段,1~3月、11~12月航道计划维护水深由3.7米试运行提高至4.0米。自2016年2月25日起,试运行提高福姜沙中水道航道维护水深至9.0米(理论最低潮面下)。2016年7月5日起,长江南京以下12.5米深水航道二期工程(南通天生港—南京新生圩段)在建设过程中先期开通初通航道;以江阴大桥为界,江阴大桥以下维护理论最低潮面下水深,每年12月~次年3月和4~11月分别为11.5米和12.5米;江阴大桥以上,全年维护航行基面下水深11.5米,其中4~11月利用自然水位维护航道水深12.5米。

继续做好长江干线海轮航道的上延工作。长江中游武汉至城陵矶河段海轮航道开放期为5月1日至9月30日,安庆(钱江嘴)至武汉河段海轮航道开放期为4月1日至11月15日(表2.1-5)。

2016年长江干线航道城陵矶至安庆海轮航道分月维护水深计划表 表2.1-5

河 段	分月养护水深(米)											
	1月	2月	3月	4月	5月	6月	7月	8月	9月	10月	11月	12月
城陵矶—武汉长江大桥					5.0	6.0	6.5	6.5	6.0			
武汉长江大桥—安庆皖河口				5.5	6.5	7.0	7.5	7.5	7.0	6.0	5.0	
安庆皖河口—安庆钱江嘴	6.0	6.0	6.0	6.5	7.5	8.0	8.0	8.0	7.5	7.0	6.5	6.0

长江口12.5米深水航道通航水深保证率100%,完成维护疏浚量5851万立方米,比上年减少13%;南槽航道完成维护疏浚量254万立方米,保证了5.5米水深畅通;继续组织开展了耙吸装驳工艺实船试验,编制完善了船机调度管理办法、现场操作规程等多项制度;2艘自有耙吸船完成维护疏浚量2036万立方米,占深水航道维护疏浚总量的34%;2艘绞吸船完成吹泥1211万立方米。

(2)主要通航支流航道养护

各地区航道养护管理部门继续加强主要通航支流的航道养护,确保航道通航尺度的有效衔接;部分地区建立了航道维护尺度信息定期发布机制,如湖北省首次公布汉江航道维护尺度信息。积极争取更大力度的养护管理资金政策,加强队伍与装备建设,以保障内河高等级航道的安全畅通为重点,继续做好日常养护工作。加快推进航道专项养护工程建设,及时维修和清理骨干航道破损护岸、航道内碍航物和浅滩。注重库区、湖区、山区等航道的养护。加强航道应急保畅工作。

推进船舶便利过闸,推广船舶过闸远程申报和智能调度指挥系统,优化船舶过闸交通组织,推进梯级枢纽通航联合调度;在收费船闸推广ETC系统和联网建设,提高船舶过闸效率。江苏省完成13座船闸水上ETC建设项目。

4. 加强三峡坝区通航保障

提高通航供给保障能力。 三峡—葛洲坝船闸监测管理设施工程已报部待批,平善坝锚地工程等项目已具备竣工验收条件并申请验收,南津关监管救助基地改扩建工程等项目已完成全部建设内容,三峡坝上锚地完善建设工程正有序推进,新开工建设三峡通航船舶吃水检测设施工程、三峡—葛洲坝船舶监管系统改扩建工程等。另外，启动了船舶过闸安检系统建设，完成了至喜长江大桥过江光缆及CCTV监控项目建设。

保障船闸运行畅通高效。 做好船舶过闸交通组织和调度指挥优化，协调防洪、发电调度与航运调度相配合，推行船闸运行风险防控及绩效考核。三峡船闸、葛洲坝2号船闸平均闸室面积利用率维持在70%以上，葛洲坝1号、3号船闸超过60%。加强两坝设备运行维护、同步保养和日常修理，及时疏散积压船舶。2016年日均待闸船舶262艘次，最高489艘次，船舶平均待闸时间43.93小时，最高379小时。充分利用航标遥测遥控、视频监控系统等信息技术，加强对坝区航道和船闸的安全检查和保卫工作力度，加强运行管理中的风险防控与隐患治理，保障船闸安全高效运行。

三峡升船机试通航保障工作。 积极稳妥开展三峡升船机试通航工作，指导客船、集装箱船、商品汽车滚装船等适航船舶通过升船机过坝。2016年9月18日试通航以来，共安全运行328厢次，设备运行总体稳定。

此外，湖北省加快建设翻坝物流运输体系，三峡翻坝江北高速公路开工建设。继续做好川江滚装载货汽车、过坝运输保障工作。

5. 优化梯级枢纽调度衔接

配合水利部门开展长江流域控制性水库群联合调度和相关课题的研究。以向家坝、亭子口等大中型水库为核心，综合考虑防洪、河势控制、供水、生态、航运、发电等需求，加快推进建立长江上游及主要支流的水库群联合调度机制，优化调度规程，完善水情信息传递，在确保充分发挥综合效益的前提下，适度加大金沙江、岷江、嘉陵江、大渡河、雅砻江等长江上游水库群枯水期下泄流量，加强相邻拦河闸坝之间的通航水位衔接，综合利用水资源，确保长江等高等级航道安全畅通运行。

利用协作平台，完善长江、京杭运河航道管理部门与水利等部门的协调机制，依法参与梯级枢纽调度规程的制定，充分利用江河治理、环境整治、国土开发等改善航道通航条件。湖北省政府批复《湖北省汉江干流丹江口以下梯级联合生态调度方案（试行）》，针对当前汉江、江汉运河已建枢纽通航设施各自调度运行管理的实际，初步搭建了各枢纽下泄流量提前预报及航运资源信息共享平台，在汉江各枢纽和江汉运河通航设施统一运行管理的联席会议制度方面达成共识。

6. 加强航道资源保护

（1）与航道有关的工程建设活动监管

依照《中华人民共和国航道法》对涉航工程航道通航条件影响评价制度的明确要求，各地区进一步加强临、跨、拦河建筑物航道通航条件的审核管理，规范项目审核范围及审核权限，对通航河流上临、跨、拦河建筑物工程的实施加强检查监管，切实保护航道资源不受破坏，保障航道资源的可持续发展。长航系统组织开展了约60处涉水工程航道通航条件影响评价审核和专设航标许可工作，协助部做好了20座桥梁的航评工作。

推进通航建筑物建设"五同步"制度的落实。推动碍航闸坝复航，乌江构皮滩枢纽升船机复建工程取得重大进展。

规范通航建筑物运行方案管理，推进运行方案的编制、审核、公布、执行及其监督管理等程序与标准建设，保障通航建筑物运行安全、有序、高效。

（2）对危害航道通航安全行为的监管

加强航道执法巡查，有序开展航道日常巡查、专项检查和打非治违等行动，加强与水利、水电等行业部门的协调，通过跨行业、跨地区的联合执法行动，依法严惩损害航道资源的非法行为。

加强航道采砂活动监管。长江航道部门积极参与《长江中下游干流河道采砂规划（2016~2020年）》的研究工作，进一步深化交通运输部和水利部长江河道采砂管理合作机制，加强与地方政府采砂合作管理，以非法码头治理为契机，积极配合地方政府及水行政主管部门开展非法采砂整治。长江口航道管理局强化与水务、渔政、海洋、公安、港口等相关单位的联合协作机制，有效遏止长江口区域影响航道的非法采砂、非法倾废等行为。2016年，开展水上巡航42次，参加联合执法行动11次，夜间执法6次，发现制止违规采砂4次、捕捞30余起，有力保障了长江口航道建设和维护。相关地方政府加强赣江、湘江、汉江等河段内非法采砂整改。严厉打击其他破坏航道的违法行为，及时发现、制止和处置各种破坏航道资源的行为。

2.2 港口发展与转型升级

2.2.1 码头泊位和能力状况

2016年末，长江水系14省市内河港口拥有生产用码头泊位22593个，占全国内河港口的92.2%；散货、件杂货物年综合通过能力36.52亿吨，集装箱年综合通过能力2535万TEU（表2.2-1）。

2016年14省市内河港口生产用码头泊位和能力基本情况 表2.2-1

省（市）	全社会生产用码头泊位		综合通过能力				
	泊位个数（个）	码头总延米（米）	散货、件杂货物（万吨）	集装箱（万TEU）	旅客（万人）	重载滚装车辆数（万辆）	商品汽车（万辆）
合 计	22593	1289427	365204	2535	25355	275	274
云南省	99	3452	284	0	393	0	0
贵州省	490	27613	3956		3225	21	
四川省	2106	76707	8264	233	6312		
重庆市	813	70837	13530	410	5950	73	79
陕西省	258	11127	359		518		
河南省	71	3213	187		30		
湖北省	1826	154225	31145	442	3336	181	48
湖南省	1859	83492	17103	86	2505		10
江西省	1741	68616	17023	64	770		
安徽省	1148	82437	51022	119	790		74
江苏省	7116	455526	162243	1101	602		63
浙江省	3083	148880	34532	80	906		
山东省	213	15190	6347				
上海市	1770	88112	19209		18		

长江干线港区共拥有生产性泊位3858个，散货、件杂货物年综合通过能力18.91亿吨，集装箱通过能力2195万TEU。其中，万吨级以上的码头泊位417个（江苏省400个，安徽省17个），较2015年新增6个（江苏、安徽各新增3个）（表2.2-2）。

2016年长江干线港口生产用码头泊位和能力基本情况　　表2.2-2

省（市）	生产用码头泊位		综合通过能力				
	码头泊位数（个）	码头总延长（米）	散货、件杂货（万吨）	集装箱（万TEU）	旅客（万人）	重载滚装车辆（万辆）	商品滚装车辆（万辆）
总计	3858	415761	189132	2195	10600	223	272
云南省	3	240	30		50		
四川省	188	19070	3290	150	682		
重庆市	645	61454	11813	410	5679	73	79
湖北省	1073	104885	24415	442	2869	150	48
湖南省	85	7291	3395	33	419		8
江西省	161	16286	8687	39	320		
安徽省	524	46856	35461	64	581		74
江苏省	1179	159679	102041	1057			63

2.2.2 港口基础设施和集疏运体系建设

坚持"专业化、集约化、现代化"发展方向，以"强支点、联网络"为重点，加快推进上海国际航运中心、武汉长江中游航运中心、重庆长江上游航运中心、南京区域性航运物流中心和舟山江海联运服务中心核心港区建设；继续实施枢纽港口和重点港口规模化港区项目，进一步提升港口码头等级和专业化水平；着力完善主要港口和重要港口集疏运体系。宁波—舟山港总体规划（2014~2030年）、芜湖港总体规划（2016~2030年）、马鞍山港总体规划（2016~2030年）获批复。武汉港江北铁路二期，宜昌港紫云地方铁路，荆州港车阳河港区至焦柳铁路连接线，长沙港新港铁路专用线，岳阳港松阳湖铁路支线，重庆珞璜港进港铁路专用线改扩建等列入交通物流融合发展首批重点项目。

调整港区功能，整合港区资源，积极推进以航运中心核心港区为重点的规模化、专业化港区建设，诸多重点项目稳步有序推进。江苏省港口建设完成投资123.8亿元，其中沿海港口67.6亿元，沿江港口45.4亿元，内河港口10.7亿元；新建成万吨级以上泊位19个，其中5万吨级以上泊位11个，新建成内河码头1000吨级以上泊位30个，新增港口货物通过能力8000万吨。浙江省港口建设完成投资126.2亿元，其中沿海港口116.8亿元，内河港口9.6亿元；建成梅山保税港区多用途码头等沿海万吨级以上泊位5个、内河500吨级泊位10个。安徽省港口建设完成投资22.4亿元。江西省港口建设完成投资24.6亿元，新增4个2000吨级泊位，1个3000吨级泊位，5个5000吨级泊位，新增年通过能力1315万吨、20万TEU。湖北省新增港口通过能力2200万吨。湖南省港口建设完成投资11.76亿元，18个码头项目，包括4个千吨级码头。四川省港口建设完成投资13.0亿元。

在航运中心核心港区建设方面，继续实施重庆港果园二期、万州港新田一期、武汉港阳逻三期、南京港扩容提升工程、上海港洋山四期等规模化港区项目，推进核心港区建设一批江海联运专业化码头。重庆主城果园枢纽港完成港区铁水联运接驳改造，珞璜、龙头、新田港区一期主体工程建成投产。阳逻铁路进港一期工程开工建设。江苏继续推进南京港龙潭、西坝、七坝、铜井四大公用港区建设和配套的集疏运公路建设，完成龙潭港区疏港铁路和化工园铁路专用线扩能改造前期工作，龙潭港区四期、铜井港区三期、五期等工程竣工验收，西坝五期、梅钢原料码头、七坝起步、南钢、弘阳等码头试运行。浙沪共同签署《关于共同推进小洋山区域开发等重大合作事项的框架协议》，小洋山北侧集装箱内支线泊位项目加快推进。

其他主要港口建设方面，湖南省长沙港霞凝港区三期工程、霞凝港区金霞作业区一期工程、铜官港区一期工程，岳阳港君山港区荆江门码头工程、道仁矶港区（云溪）彭家湾作业区一期工程、华容塔市驿长江货运码头工程、湘阴港区城关作业区（漕溪港）二期工程、城陵矶港区（松阳湖）二期工程、汨罗港区推山咀作业区一期工程等项目稳步推进。湖北省宜昌港宜都港区红花套3000吨泊位综合码头工程正式复工建设，荆州煤炭储配基地一期、宜昌港主城港区白洋作业区二期等项目开工，黄梅小池滨江综合码头等建成投产；黄石港疏港铁路项目进展顺利，宜昌紫云铁路项目基本建成。江西省南昌龙头岗综合码头一期工程建成试运营，建成九江港新洋丰肥业生产基地码头工程、江西蓝天玻璃制品专用码头改扩建工程等项目，开工建设九江港彭泽港区红光作业区综合枢纽码头一期工程项目。芜湖中桩物流码头加快推进；推进马鞍山港郑蒲港区铁路、安庆港皖河农场作业区月山站至皖河新港铁路专用线、安庆港长风作业区至城东铁路专用线等疏港铁路项目前期工作，马鞍山郑蒲港区铁路专用线开工建设。江苏省南通港吕四港区通州作业区一期工程建成投用，镇江扬中港区长旺作业区一期工程等项目开工建设、徐圩港区一期工程等续建项目有序推进。浙江省开工建设杭州港萧山港区义桥作业区、建德港区十里埠综合作业区、嘉兴内河港海宁港区、湖州港安吉港区梅溪作业区公用码头等工程。

其他港口建设方面，云南水富港改扩建一期工程、金沙江中游航运基础设施综合建设项目二期工程（新建12个码头）以及贵州乌江乡镇渡口、城乡便民码头等项目加快建设。四川南充港都京作业区一期工程、河西作业区化工园区专用码头工程基本建成，广安新东门作业区一期工程计划2017年完工，新开工建设广元港张家坝作业区一期工程、宜宾港志城作业区散货泊位项目。陕西安康火石岩客运码头改扩建工程全面完工。河南省新建平顶山港叶县港区、许昌港襄城港区、漯河港舞阳港区，加快完善漯河港、鹿邑港等港区配套设施。安徽省阜阳港综合码头、蚌埠新港二期、蚌埠五源码头、淮南潘集港区架河作业区散货码头等码头相继建成投产，滁州港来安汉河码头、宣城港宣州综合码头、南坪港一期工程等港口项目加快推进，推进铜陵港江北港区铁路专用线项目前期工作。江苏省泰州高港港区永安作业区国电泰州电厂二期工程、常州港录安洲港区4号泊位暨夹江码头二期工程等项目建成投用。山东省京杭运河枣庄港台儿庄港区马兰屯作业区和峄城港区魏家沟作业区投入试运行。浙江省开工建设绍兴港上虞港区曹娥作业区等工程。

与此同时，长江干线加快推进公共锚地和待闸锚地建设。完成长江干线安徽段太子矶水道三江口水域航行锚地试点建设工作，试运行一年期由当地航道部门负责维护；完善了长江湖南段航行锚地研究报告。

2.2.3 港口资源整合和一体化发展

浙江省海洋港口发展委员会挂牌运作，管理省海港集团和宁波舟山港集团，负责推进浙江省海洋港口一体化发展。完成了全省沿海港口和义乌陆港的"一体化"整合，宁波舟山港基本实现了实质性一体化，内河港口整合有序展开，浙江省港口形成以宁波舟山港为枢纽，嘉兴港、温州港、台州港和义乌陆港、内河港口联动发展的新格局。

江苏省沿江港口一体化改革被交通运输部列为全国交通运输九大改革试点之一，已在锚地、岸线和集装箱航线资源整合上取得了阶段性成果。在锚地资源整合上，加快省级锚泊调度中心与港口所在地锚泊管理单位的业务融合，统筹利用现有锚地资源。在岸线资源整合上，实现了对岸线资源的动态化监控，初步建立起岸线使用的准入、转让和退出机制。在集装箱岸线资源整合上，以南京、太仓为龙头，通过港口、航运企业联合开辟航线等多种方式，实现沿江港口外贸集装箱直达运输能力的进一步提高。由省国资委主导的省级港口集团公司组建工作正在加紧筹备（2017年5月正式挂牌）。

安徽省《长江三角洲城市群发展规划安徽实施方案》提出推动芜湖港、马鞍山港、合肥港等一体化发展。

湖北省政府办公厅印发《关于支持武汉港航发展集团有限公司加快发展的通知》，加快整合武汉、黄石、鄂州、黄冈、咸宁等鄂东南5市沿长江岸线的现有港航资源。武汉港航发展集团组建运营，鄂东港口资源整合迈出实质性步伐。

江西省加快对九江港、南昌港现有港区功能布局优化调整，促进两港差异发展，加强两港服务衔接；九江市加快整合沿长江岸线和港口资源。

湖南省岳阳市加快引导长江沿线和湘江内河岸线港口资源的整合；加强长株潭地区港口资源整合，推进港口经营一体化发展，建设长株潭组合港。

重庆港务物流集团作为重庆市政府港口码头投资建设平台，与万州区政府、重庆航运建设发展有限公司签署框架协议，共同推进万州区港口资源整合。

2.2.4 港产城融合发展

促进港口与沿江开发区、物流园区等协调发展，推动港产城融合发展。重庆主城果园港区"前港后园"功能基本形成。湖北、江西、安徽等省继续推动沿江"港产城一体化"建设。湖北省推进"以港兴城、以港兴园"示范项目，配套建设港口与临港工业园，初步实现"港为城用，城因港兴"双赢格局。江苏省以航运物流产业为支撑，优化调整产业结构，重点发展航运物流产业、临港商贸产业、航运文化产业、临水型装备制造产业和传统临水型产业，促进港口、物流、园区、产业、城市"五位一体"发展。浙江省湖州市成为全国首个内河水运转型发展示范区，推动形成内河水运、临港产业、生态城市"三位一体"融合发展的"湖州模式"。

以自由贸易区、综合保税区、国际航线为核心，推动港产城一体化的对外开放新格局。上海自贸试验区积极探索在洋山保税港区等部分区域实施自由港区运作模式。2016年，我国在辽宁省、浙江省、河南省、湖北省、重庆市、四川省、陕西省新设立7个自贸试验区。其中，浙江省自由贸易试验区聚焦舟山，努力打造东部地区重要海上开放门户示范区、国际大宗商品贸易自由化先导区和具有国际影响力的资源配置基地。湖北省自由贸易试验区，探索形成具有国际竞争力的航运发展机制和运作模式，支持依托自贸试验区加快建设武汉长江中游航运中心，发挥其在实施中部崛起战略和推进长江经济带建设中的示范作用。重庆自由贸易试验区依托两路寸滩保税港区、果园港区等，着力打造多式联运物流转运中心，重点发展国际中转、江海联运，发挥重庆战略支点和连接点重要作用，带动西部大开发战略深入实施。四川省自由贸易试验区，依托川南临港片区重点发展航运物流、港口贸易等现代服务业，打造内陆开放型经济高地，实现内陆与沿海沿边沿江协同开放。

2.3 船舶运力与结构调整

2.3.1 船舶运力总体状况

2016年末，长江水系14省市拥有水上运输船舶13.33万艘，比上年末减少3.3%，占全国水上运输船舶的83.3%；净载重量19972.49万吨，增长3.1%；载客量60.27万客位，减少0.4%；集装箱箱位142.31万TEU，减少22.9%；船舶功率5127.16万千瓦，减少4.5%。其中，机动船11.84万艘，减少3.2%；驳船1.50万艘，减少4.2%（表2.3-1）。

2016年长江水系14省市水上运输船舶拥有量　　表2.3-1

省（市）	船舶数（艘）	其中		载客量（客位）	净载重量（吨位）	标准箱位（TEU）	总功率（千瓦）
		机动船（艘）	驳船（艘）				
总计	133346	118366	14980	602717	199724870	1423102	51271587
内河	126075	111119	14956	507585	121395330	213830	29647465
沿海	6757	6733	24	89231	44011602	161198	11660456
远洋	513	513	0	5901	34317938	1031306	9963667
云南省	1092	1090	2	24365	133175	0	114862
贵州省	1339	1332	7	25860	110516	0	101308
四川省	7265	6216	1049	77272	1220864	5453	561480
重庆市	3368	3323	45	56378	6418780	99977	1573014
陕西省	889	872	17	17118	31046	0	43357
河南省	5592	5286	306	14144	9447499	0	2232909
湖北省	4010	3857	153	45012	7557985	3718	2165576
湖南省	6167	5910	257	70196	4154180	4884	1426517
江西省	3293	3284	9	12276	2232807	3127	722631

续上表

省（市）	船舶数（艘）	其　　中		载客量（客位）	净载重量（吨位）	标准箱位（TEU）	总功率（千瓦）
		机动船（艘）	驳船（艘）				
安徽省	28847	27580	1267	14396	46971822	96701	10839169
江苏省	41353	34888	6465	50957	44590921	82087	10399938
浙江省	15971	15904	67	85514	25853243	26888	6537088
山东省	12688	7374	5314	69899	19086820	7500	3520301
上海市	1472	1450	22	39330	31915212	1092767	11033437

按航行区域分，内河运输船舶12.61万艘，载客量50.76万客位，净载重量12139.53万吨，分别比上年末减少3.3%、1.3%和增长6.8%；沿海运输船舶6757艘，载客量8.92万客位，净载重量4401.16万吨，分别减少2.6%、增长5.1%和减少3.7%；远洋运输船舶513艘，净载重量3431.79万吨，分别减少10.0%和0.2%。

1. 客运船舶

客运船舶（包括客船、客货船，不含客运驳船）艘数和载客量分别为1.34万艘、59.9万客位，同比分别减少1.6%、0.9%。其中，内河客运船舶艘数和载客量分别为1.26万艘和50.4万客位，同比分别减少1.6%和1.9%（表2.3-2）。

2016年长江水系14省市客运船舶运力情况　　　　表2.3-2

省（市）	合　计		其　　中					
			内河		沿海		远洋	
	船舶数（艘）	载客量（客位）	船舶数（艘）	载客量（客位）	船舶数（艘）	载客量（客位）	船舶数（艘）	载客量（客位）
总计	13376	599227	12614	504095	754	89231	8	5901
云南省	920	24365	920	24365	0	0	0	0
贵州省	921	25860	921	25860	0	0	0	0
四川省	2482	77272	2482	77272	0	0	0	0
重庆市	910	55090	910	55090	0	0	0	0
陕西省	616	16914	616	16914	0	0	0	0
河南省	542	14144	542	14144	0	0	0	0
湖北省	627	45012	627	45012	0	0	0	0
湖南省	2233	68198	2233	68198	0	0	0	0
江西省	311	12276	311	12276	0	0	0	0
安徽省	518	14396	518	14396	0	0	0	0
江苏省	392	50957	390	50857	2	100	0	0
浙江省	1343	85514	1162	44236	181	41278	0	0
山东省	1442	69899	868	18304	567	46010	7	5585
上海市	119	39330	114	37171	4	1843	1	316

2. 货运船舶

货运船舶（包括货船、驳船）艘数和净载重量分别为11.78万艘和19944.52万吨，同比减少3.5%和增加3.1%；船舶平均吨位1693.7吨/艘，增加108吨/艘。其中，内河货运船舶艘数和净载重量分别为11.14万艘和12125.67万吨，同比减少3.5%和增加6.9%；船舶平均吨位突破1000吨，达到1088.3吨/艘，增加105吨/艘（表2.3-3）。

2016年长江水系14省市货运船舶运力情况 表2.3-3

省（市）	合计		其中					
			内河		沿海		远洋	
	船舶数（艘）	净载重吨（吨）	船舶数（艘）	净载重量（吨）	船舶数（艘）	净载重量（吨）	船舶数（艘）	净载重量（吨）
总计	117754	199445199	111418	121256709	5831	43921937	505	34266553
云南省	169	121815	169	121815	0	0	0	0
贵州省	418	110516	418	110516	0	0	0	0
四川省	4612	1220864	4612	1220864	0	0	0	0
重庆市	2434	6418596	2432	6395189	0	0	2	23407
陕西省	269	22829	269	22829	0	0	0	0
河南省	5033	9446181	5033	9446181	0	0	0	0
湖北省	3287	7557985	3103	5974311	184	1583674	0	0
湖南省	3918	4154180	3893	3909949	22	26231	3	218000
江西省	2980	2232807	2940	2045389	40	187418	0	0
安徽省	28183	46965905	27712	44815525	471	2150380	0	0
江苏省	39839	44545807	38456	32323114	1277	8212441	106	4010252
浙江省	14564	25842893	11595	4512337	2929	18305696	40	3024860
山东省	10730	18955090	10286	9968938	387	2697745	57	6288407
上海市	1318	31849731	500	389752	521	10758352	297	20701627

集装箱运输船舶（不包含驳船）664艘，标准箱位605632TEU；平均箱位912TEU/艘。其中，内河集装箱运输船舶364艘，标准箱位55895TEU；平均箱位154TEU/艘（表2.3-4）。

2016年长江水系14省市集装箱运输船舶运力情况 表2.3-4

省（市）	合计				其中：内河			
	船舶数（艘）	标准箱位（TEU）	净载重量（吨）	总功率（千瓦）	船舶数（艘）	标准箱位（TEU）	净载重量（吨）	总功率（千瓦）
总计	664	605632	7278963	4122354	364	55895	927332	242095
四川省	21	2734	57762	13432	21	2734	57762	13432
重庆市	84	26071	370792	86222	84	26071	370792	86222
湖北省	16	3718	64783	15925	13	2299	45614	10467

续上表

省（市）	合计				其中：内河			
	船舶数（艘）	标准箱位（TEU）	净载重量（吨）	总功率（千瓦）	船舶数（艘）	标准箱位（TEU）	净载重量（吨）	总功率（千瓦）
湖南省	14	2833	43317	10164	12	2343	36614	8737
江西省	1	94	1691	660	1	94	1691	660
安徽省	60	22319	308605	109773	32	5530	93649	25545
江苏省	118	40641	580944	211208	48	6409	115883	31229
浙江省	122	25003	440269	183639	87	3987	100372	28181
山东省	7	4387	69006	30004	3	176	3145	1452
上海市	221	477832	5341794	3461327	63	6252	101810	36170

2.3.2 运力结构的调整和优化

1. 运输船舶标准化、大型化、绿色化

交通运输部研究制定加快推进长江船型标准化的行动方案，长航局组织开展了长江水系船型标准化主尺度系列修订工作，与长江水系14省市港航（海事）管理部门签订了《长江水系内河船型标准化工作任务书》，加快推进长江水系内河船型标准化工作，积极推进老旧船舶拆解改造，加速淘汰能耗高、污染重、技术落后的船舶。延续内河船型标准化补助资金政策。通过补助资金政策等形式，促进船舶运力结构调整，提高内河船舶安全和防污染水平，加快运输装备提档升级。2016年，核准中央财政补贴资金1506万元，发放中央财政补贴资金1.09亿元。重庆市船型标准化率达到77%，四川省三峡过闸船舶标准化率达83%；川江载货汽车滚装船标准化率达到100%。

2016年底，长江干线货船平均吨位达到1490吨，通过三峡船闸的货船平均吨位达到4236吨，同比分别增加110吨和216吨，三峡过闸船舶3000吨以上船舶艘次所占比例为64.7%，5000吨以上船舶艘次比例达到38.9%。

从四川、重庆、贵州、湖南、湖北、江西、河南、安徽等省市船检机构的登记船舶情况来看，2016年登记船舶总吨位（5161.7万总吨）和主机功率（2070.9万千瓦）较2015年分别增长4.9%和1.8%，河船单船平均吨位（539吨）和单位主机功率（216千瓦）较2015年分别增长9.9%和6.8%，海船单船平均吨位（2168吨）和单位主机功率（918千瓦）较2015年分别增长9.1%和5.0%。

2. 老旧船舶强制报废和新型船型的推广应用

继续加强老旧船舶管理，年底交通运输部、国家发展和改革委员会、财政部等部门联合发布修订后的《关于实施运输船舶强制报废制度的意见》，保障运输船舶强制报废制度的顺利实施。

加快节能环保船舶推广应用。继续利用内河船型标准化补助资金政策，推广应用LNG高能效示范船、三峡库区大长宽比示范船。

研究推广江海直达船型。围绕特定区域、特定航线、特定船型开展江出海直达运输研发和推广应用，《特定航线江海通航船舶法定检验暂行规定》和《特定航线江海通航船舶建造规范》通过交通运输部评审。长江马鞍山至宁波舟山港2万吨级江海直达散货船完成设计并将在2017年开工建造。湖北省6800吨级/547TEU的江海直达集装箱船投入"阳逻—洋山"江海直达航线，首条1.5万吨级/980TEU的江海直达集装箱船完成技术设计。

3. 船舶运力的宏观调控

重视运力总规模与市场需求的平衡，引导普货船运力有序投放。加强省际客船、液货危险品船、载货汽车滚装船运力调控。印发《长航局关于引导延缓投放长江水系省际液货危险品船舶运力的通知》，2016年共注销9家液货危险品运输企业，淘汰船舶204艘，其中油船153艘，共计64215载重吨；化学品船50艘，共计11548载重吨；液化气船1艘，150立方米。印发《长航局关于引导延缓投放长江水系省际客船运力的通知》，2016年省际滚装船运输企业数量减少5家（现有11家），运输船舶减少了11艘（现有61艘）；省际客船减少了24艘（现有64艘）。印发《长江水系内河单壳化学品船、600载重吨以上单壳油船禁航的实施意见》，严格控制禁航船舶进入禁航水域。印发《长航局关于做好禁止部分客船通过三峡船闸工作的通知》，严格按规定禁止部分客船通过三峡船闸。研究制定《长航局关于公开择优投放新建长江中下游客船运力的意见》，明确将采取公开竞争择优的方式，选择确定经营者新建2艘旅游客船。

第3章
航运经济运行情况

长江航运经济运行稳中有进、稳中向好，景气指数企稳回升，货运量和港口货物吞吐量实现同比增长，市场主体发展方式加快变革创新，传统航运服务业加快整合、融合发展，在经济社会发展中发挥更加重要的示范引领和战略支撑作用。

3.1 航运经济指数走势

3.1.1 航运景气指数走势

1. 中国航运景气指数

根据上海国际航运研究中心发布的中国航运景气报告，2016年中国航运景气指数总体呈现一路上扬的态势，第四季度中国航运景气指数达到106.45点，系近2年以来首次回归景气区间（图3.1-1）。

具体来看，船舶运输企业景气指数回归至景气区间。其中，大型船舶运输企业经营好转力度最大，景气指数达到123.53点。而小型船舶运输企业依旧处于不景气区间。干散货运输企业触底反弹，自2013年年底以来首次回归至景气区间；集装箱运输企业景气指数大幅上升至较为景气区间。港口企业景气指数保持在微景气区间，港口企业经营状况保持稳定。航运服务企业景气指数仍处于微弱不景气区间（表3.1-1）。

资料来源：上海国际航运研究中心

图3.1-1　中国航运景气指数（2013~2016年）

2016年中国航运景气指数　　　　　　　　　　　　　　　　　　　　　表3.1-1

项　　目	第一季度	第二季度	第三季度	第四季度
中国航运景气指数	77.96	91.69	96.00	106.45
航运企业景气指数	77.94	88.70	97.94	115.94
干散货运输企业	62.28	76.67	97.06	106.22
集装箱运输企业	82.59	96.75	112.25	133.67
港口企业景气指数	79.04	95.58	103.47	109.68
航运服务企业景气指数	76.91	91.80	85.93	90.57

资料来源：上海国际航运研究中心

2. 长江航运景气指数

长江航运景气指数于一季度创出2013年以来的新低，随后进入稳步复苏通道，于四季度重新回归至景气区间，长江航运信心指数也重新回归至景气区间（图3.1-2）。

图3.1-2　长江航运景气指数和信心指数（2013~2016年）

具体来看，货运景气指数好于客运，港口企业景气指数好于航运企业，中、下游地区企业景气指数好于上游地区企业。随着运费的较快增长，干散货运输企业的经营状况好转力度最大；载货汽车滚装运输依旧处于不景气区间（表3.1-2）。

2016年长江航运景气指数和信心指数　　　　　　　　　　　　　　　　表3.1-2

项　　目	第一季度	第二季度	第三季度	第四季度
长江航运景气指数	89.16↓	93.97↑	98.17↑	105.56↑
长江航运信心指数	91.24↑	92.73↑	95.98↑	104.99↑
港口企业景气指数	96.32↓	97.49↑	100.86↑	108.21↑
航运企业景气指数	83.84↓	89.26↑	94.22↑	101.86↑
上游企业景气指数	83.05↓	86.09↑	92.55↑	107.31↑
中游企业景气指数	93.17↑	99.06↑	98.93↓	105.77↑

续上表

项　　目	第一季度	第二季度	第三季度	第四季度
下游企业景气指数	94.13↓	91.60↓	98.48↑	104.79↑
客运景气指数	82.79↓	88.12↑	88.26↑	94.23↑
货运景气指数	97.36↓	98.76↑	96.08↓	104.92↑
其中：干散货运输	94.26↓	96.97↑	95.45↓	104.16↑
液体散货运输	100.90↑	99.02↓	99.67↑	101.09↑
外贸运输	95.54↓	101.54↑	101.26↓	100.24↓
集装箱运输	98.74↓	100.57↑	101.00↑	102.78↑
载货汽车滚装运输	100.67↓	98.72↓	98.50↓	95.03↓

3.1.2　航运运价指数走势

1. 波罗的海干散货运价指数

2016年全球干散货海市场处在历史最差水平，但年内有所回暖。年初，波罗的海干散货运价指数（BDI）持续了2015年的下跌势头，2月10日跌至20世纪80年代以来的最低点290点。二季度，随着2016年煤炭和铁矿石价格的上涨，BDI指数开始反弹，并一路走高，至11月18日，BDI指数涨至1257点的年内高点，之后再次出现一定下跌，年末收至928点。全年，BDI指数均值为657点，创历史最低（图3.1-3）。

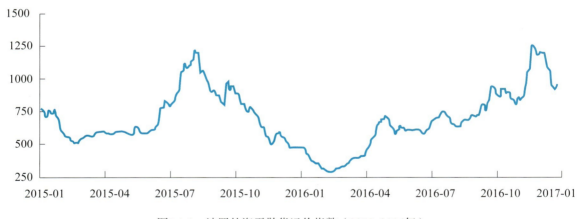

图3.1-3　波罗的海干散货运价指数（2015~2016年）

2. 中国沿海散货运价指数

随着供给侧结构性改革的大力推进、下游电厂采购积极性回暖、市场运力缩减等利好的作用，中国沿海干散货运价迎来近些年最好的行情。上海航运交易所发布的中国沿海散货综合运价指数(CBFI)全年平均值为898.12，同比增长5.3%，其中煤炭、粮食、金属矿石同比分别上涨5.2%、11.3%、8.8%，原油与去年基本持平。CBFI指数全年呈现震荡上行的态势，于2016年5月13日跌至历史最低值771.01点，至6月中下旬开始出现跳涨，9月出现回落后继续猛涨，11月18日涨到三年来的最高点1233.13，而后又一路下跌，年末仍高于1000（图3.1-4）。

3. 中国出口集装箱运价指数

2016年世界经济复苏动力不足，供需关系改善效果有限，中国出口集装箱运价指数继续在低位运行。上海航运交易所编制的中国出口集装箱运价指数（CCFI）全年平均值为709.8，较2015年下跌19.0%，除南美航线外，其他航线均有较大程度的下降。CCFI指数全年呈"V"字形态势，上半年持续下挫，降到自发布以来的历史最低点632.36，下半年一路上升，年底涨至全年最高点811.14（图3.1-5）。

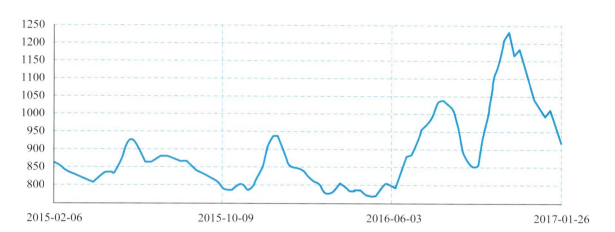

资料来源：上海航运交易所

图3.1-4　2015~2016年中国沿海（散货）运价指数

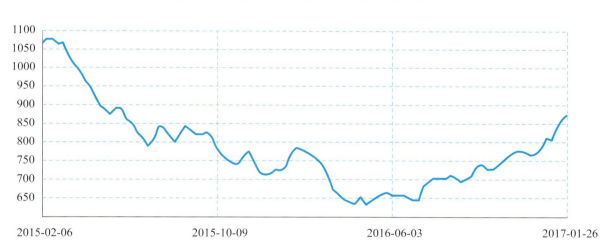

资料来源：上海航运交易所

图3.1-5　2015~2016年中国出口集装箱运价指数

4. 长江航运运价指数

2016年上半年，长江水路运输市场行情延续2015年下半年低迷走势，运输价格总体仍处在震荡寻底阶段；下半年，随着供给侧结构性改革成效逐渐显现，宏观经济企稳向好，工业生产需求回升，带动上游原材料运输市场回暖，长江航运干散货、集装箱运输价格均出现年末翘尾行情。

（1）长江干散货综合运价指数

2016年，长江干散货综合运价指数在660~668点间运行，平均综合运价指数为663.98点。干散货运输市场2016年上半年维持震荡寻底态势，下半年市场行情逐渐回暖，并于12月收于年内最高667.53点，干散货综合运价指数年内增幅为0.94%（图3.1-6）。

主要大宗货类运价基本呈现先低后高走势。其中，煤炭运价指数维持在570~579点，平均574.39点；金属矿石运价指数维持在621~628点，平均624.86点；矿建材料运价指数维持在1264~1273点，平均1268.62点；非金属矿石运价指数维持在947~958点，平均952.85点。煤炭、金属矿石、矿建材料、非金属矿石运价指数较2016年初分别上升1.41%、0.73%、0.49%、0.95%，煤炭运价全年增幅最大。

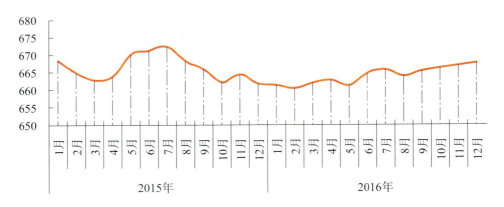

图3.1-6 长江干散货运价指数（2015~2016年）

（2）长江集装箱综合运价指数

2016年长江集装箱运输市场总体波动不大，集装箱综合运价指数运行在976~982点之间，2月指数值最低，为976.89点，12月指数最高，为981.46点，平均综合运价指数为979.45点，集装箱综合运价指数年内增幅0.42%（图3.1-7）。

从区域分布看，上游集装箱综合运价水平最高，下游运价水平最低，上、中、下游平均运价指数分别为1001.75点、982.74点、939.68点，4季度为长江水路运输市场传统旺季，集装箱运输市场全线均出现年末翘尾行情，年内增幅分别为0.47%、0.58%、0.40%。

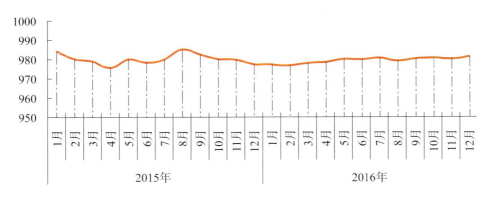

图3.1-7 长江集装箱运价指数（2015~2016年）

3.2 水路运输生产情况

3.2.1 水路旅客运输

2016年,长江水系14省市完成水路客运量17829.4万人、旅客周转量42.7亿人公里,比上年分别增长0.8%和减少1.4%,分别占全国水路客运量和旅客周转量的65.4%和59.0%;平均运距24.0公里,同比减少2.2%。其中,内河运输完成客运量13099.4万人、旅客周转量25.0亿人公里,同比分别增长1.6%、减少2.5%;平均运距19.1公里,同比减少4.1%。

上游地区(云南省、贵州省、四川省、重庆市)完成客运量5886.5万人、旅客周转量13.2亿人公里,分别比上年增长0.4%和减少5.9%,分别占水路旅客运输总量的33.0%和31.0%;中游地区(陕西省、河南省、湖北省、湖南省、江西省)完成客运量3103.6万人、旅客周转量8.2亿人公里,分别增长3.0%和3.3%,分别占总量的17.4%和19.1%;下游地区(安徽省、江苏省、浙江省、上海市、山东省)完成客运量8839.3万人、旅客周转量21.3亿人公里,分别增长0.4%和减少0.1%,分别占总量的49.6%和49.9%,其中内河4109.3万人和3.6亿人公里,占下游总量的46.5%和16.9%(表3.2-1)。

2016年长江水系14省市水路旅客运输量　　表3.2-1

省(市)	客运量(万人)				旅客周转量(万人公里)			
	合计	内河	沿海	远洋	合计	内河	沿海	远洋
总计	17829.4	13099.4	4627.0	103.0	427438.3	250072.4	127011.2	50354.7
云南省	1255.0	1255.0			27035.0	27035.0		
贵州省	1308.0	1308.0			30104.0	30104.0		
四川省	2573.5	2573.5			24339.6	24339.6		
重庆市	750.0	750.0			51000.6	51000.6		
陕西省	367.0	367.0			6777.0	6777.0		
河南省	288.3	288.3			5663.6	5663.6		
湖北省	572.2	572.2			33503.9	33503.9		
湖南省	1614.8	1614.8			32239.0	32239.0		
江西省	261.3	261.3			3410.0	3410.0		
安徽省	213.0	213.0			4055.0	4055.0		
江苏省	2272.1	2266.6		5.5	23920.8	19609.4		4311.4
浙江省	3949.9	1018.2	2931.7		58354.4	9600.5	48753.9	
山东省	2000.1	611.5	1291.5	97.1	119976.9	2734.8	71762.0	45480.1
上海市	404.2		403.8	0.4	7058.5		6495.3	563.2

3.2.2 水路货物运输

长江水系14省市完成水路货运44.0亿吨、货物周转量45542.4亿吨公里，比上年分别增长2.2%和减少0.1%，分别占全国水路货运量和货物周转量的69.0%和46.8%；平均运距1035公里，减少2.3%。按航行区域分，内河运输完成货运量29.2亿吨、货物周转量12813.8亿吨公里，比上年分别增长1.9%和5.2%，分别占全国内河货运量和货物周转量的81.8%和90.9%，平均运距438公里；沿海运输完成货运量12.0亿吨、货物周转量13424.2亿吨公里，分别增长3.6%和1.6%，分别占全国沿海货运量和货物周转量的59.1%和53.3%；远洋运输完成货运量2.8亿吨、货物周转量19304.4亿吨公里，分别减少0.7%和4.5%，分别占全国远洋货运量和货物周转量的35.1%和33.2%。

上游地区完成货运量2.7亿吨、货物周转量2148.8亿吨公里，同比增长5.0%和11.8%，分别占水路货物运输总量的6.1%和4.7%；中游地区完成货运量8.2亿吨、货物周转量4344.5亿吨公里，同比增长1.5%和5.0%，分别占总量的18.6%和9.5%；下游地区完成货运量33.2亿吨、货物周转量39049.1亿吨公里，同比增长2.2%和减少1.3%，分别占总量的75.4%和85.7%（表3.2-2）。

2016年长江水系14省市水路货物运输量　　　　表3.2-2

省（市）	货运量(万吨)				货物周转量(亿吨公里)			
	合计	内河	沿海	远洋	合计	内河	沿海	远洋
总计	440017.0	291942.9	119945.9	28128.2	45542.4	12813.8	13424.2	19304.4
云南省	646.0	646.0			15.2	15.2		
贵州省	1191.0	1191.0			34.8	34.8		
四川省	8130.6	8130.6			222.7	222.7		
重庆市	16648.5	16558.9		89.6	1876.1	1872.8		3.3
陕西省	224.0	224.0			0.8	0.8		
河南省	11544.3	11544.3			808.6	808.6		
湖北省	35715.8	29897.8	5728.0	90.0	2680.3	2040.8	600.7	38.8
湖南省	23444.6	23311.9		132.7	619.5	398.2		221.3
江西省	10888.8	10498.1	390.7		235.3	184.0	51.3	
安徽省	110776.0	106774.0	4002.0		5261.0	4872.4	388.6	
江苏省	79314.0	56656.0	18016.0	4642.0	5224.6	1863.7	1974.4	1386.5
浙江省	77646.4	20134.1	54663.6	2848.7	7950.8	293.6	6187.6	1469.4
山东省	15060.3	4122.2	9525.2	1412.9	1587.3	166.2	709.4	711.7
上海市	48786.7	2254.0	27620.4	18912.3	19025.6	40.0	3512.2	15473.4

从水路集装箱运输情况看，14省市完成水路集装箱运输量3585.95万TEU，货运量42.67亿吨，同比分别增长28.8%和19.2%（表3.2-3）。

2016年长江水系14省市全社会水路集装箱运输量　　　　表3.2-3

省（市）	箱运量（TEU）	其中：远洋（TEU）	货运量（吨）	其中：远洋（吨）
总计	35859535	1335252	426715024	15711582
云南省	1000	0	22434	0
四川省	21867	0	510410	0
重庆市	787122	0	10368930	0
湖北省	90949	0	914104	0
湖南省	274380	0	3896550	0
江西省	64331	0	729890	0
安徽省	2149142	0	19220814	0
江苏省	4993045	73058	47027328	536174
浙江省	3222093	244910	47777159	3248178
山东省	829963	365351	8784856	3543683
上海市	23425643	651933	287462549	8383547

3.3 港口生产情况

3.3.1 旅客运输服务

长江水系14省市港口完成旅客吞吐量11679.1万人，比上年增长14.0%，占全国港口旅客吞吐量的63.2%。其中，内河港口完成旅客吞吐量9311.0万人，增长17.3%，占全国内河港口旅客吞吐量的90.3%（表3.3-1）。

上游地区港口完成旅客吞吐量6363.7万人，增长12.4%，占全部港口旅客吞吐量的54.5%；中游地区港口完成旅客吞吐量2769.1万人，增长29.4%，占全部港口旅客吞吐量的23.7%；下游地区港口完成旅客吞吐量2546.3万人，增长4.3%，占全部港口旅客吞吐量的21.8%。

2016年长江水系14省市港口旅客吞吐量　　　　表3.3-1

省（市）	旅客吞吐量（万人）		
	全　港	其中：（1）内河港口	（2）沿海港口
总计	11679.1	9311.0	2368.1
云南省	1373.8	1373.8	
贵州省	3019.1	3019.1	
四川省	1225.8	1225.8	
重庆市	745.0	745.0	
陕西省	618.0	618.0	
河南省	54.3	54.3	
湖北省	347.9	347.9	
湖南省	1425.6	1425.6	
江西省	323.3	323.3	

续上表

省（市）	旅客吞吐量（万人）		
	全港	其中：（1）内河港口	（2）沿海港口
安徽省	64.3	64.3	
江苏省	4.9		4.9
浙江省	780.0	113.9	666.1
山东省	1353.0		1353.0
上海市	344.1		344.1

3.3.2 货物运输服务

1. 货物吞吐量总体情况

长江水系14省市港口完成货物吞吐量78.1亿吨，比上年增长3.4%，占全国港口货物吞吐量的59.2%。其中，完成外贸货物吞吐量20.6亿吨，增长6.4%，占全国的53.5%；集装箱吞吐量10782.8万TEU，增长3.5%，占全国的49.1%；滚装汽车759.9万辆，增长6.6%（表3.3-2）。

2016年长江水系14省市港口货物吞吐量　　表3.3-2

省（市）	货物吞吐量				集装箱吞吐量			滚装汽车（万辆）
	合计（万吨）	其中：外贸	出港（万吨）	其中：外贸	箱数（万TEU）	重量（万吨）	货重	
总计	780716.3	206423.0	313588.7	56236.3	10782.8	116238.3	94439.0	759.9
云南省	816.1	35.7	441.9	9.6	0.3	3.0	2.2	0
贵州省	966.5	0	731.2	0	0	0	0	0
四川省	9477.0	64.6	3336.3	26.2	80.2	1069.3	899.4	0
重庆市	17372.0	551.5	7335.3	302.5	115.2	1406.6	1166.3	79.3
陕西省	315.1	0	146.5	0	0	0	0	0
河南省	221.6	0	51.5	0	0	0	0	0
湖北省	35191.9	1310.3	16347.3	570.0	141.6	1979.0	1692.5	72.2
湖南省	31678.0	411.9	14674.4	232.6	42.0	503.5	418.6	0
江西省	31075.1	447.3	16534.2	268.0	38.8	567.5	489.9	0
安徽省	51917.4	1619.5	28575.0	307.4	114.8	899.4	691.6	14.1
江苏省	241486.9	44780.0	86828.9	9665.4	1629.0	19162.5	15872.6	7.9
浙江省	140866.0	45708.1	54395.9	12641.3	2398.8	24821.4	19865.3	238.4
山东省	149156.1	73481.8	54308.7	14457.3	2508.8	29090.1	23738.4	218.5
上海市	70176.6	38012.3	29881.6	17756.0	3713.3	36736.2	29602.2	129.5

上游地区港口完成货物吞吐量28631.5万吨，比上年增长8.2%，占全部港口货物吞吐量的3.7%；中游地区港口完成货物吞吐量98481.7万吨，增长3.5%，占12.6%；下游地区港口完成货物吞吐量653603.0万吨，增长3.2%，占83.7%。

沿海港口完成货物吞吐量35.0亿吨，比上年增长3.9%。其中，外贸货物吞吐量17.0亿吨，增长5.5%；集装箱吞吐量9074.4万TEU，增长2.8%；滚装汽车586.7万辆，增长5.5%（表3.3-3）。

2016年长江水系14省市沿海港口货物吞吐量　　　　表3.3-3

省（市）	货物吞吐量 合计（万吨）		货物吞吐量 出港（万吨）		集装箱吞吐量 箱数（万TEU）	集装箱吞吐量 重量（万吨）		滚装汽车（万辆）
		其中：外贸		其中：外贸			其中：货重	
总计	349597.3	170407.5	130606.7	46915.1	9074.4	95256.4	76892.5	586.7
江苏省	28057.5	13371.8	9274.8	2113.6	490.0	4990.6	3993.3	0.3
浙江省	114202.5	45541.6	44332.6	12588.2	2362.3	24439.5	19558.6	238.4
山东省	142855.7	73481.8	48507.1	14457.3	2508.8	29090.1	23738.4	218.5
上海市	64481.6	38012.3	28492.2	17756.0	3713.3	36736.2	29602.2	129.5

2. 内河港口吞吐量情况

内河港口完成货物吞吐量43.1亿吨，比上年增长3.0%，占全国内河港口的90.8%。其中，外贸货物吞吐量36015.4万吨，增长11.0%，占全国的90.4%；集装箱吞吐量1708.5万TEU，增长7.6%，占全国的70.8%；滚装汽车173.2万辆，增长10.3%。上游地区港口货物吞吐量增长8.2%，占全部内河港口的6.6%；中游地区增长3.5%，占22.8%；下游地区增长2.4%，占70.5%（表3.3-4）。

2016年长江水系14省市内河港口货物吞吐量　　　　表3.3-4

省（市）	货物吞吐量 合计（万吨）		货物吞吐量 出港（万吨）		集装箱吞吐量 箱数（万TEU）	集装箱吞吐量 重量（万吨）		滚装汽车（万辆）
		其中：外贸		其中：外贸			货重	
总计	431118.9	36015.4	182982.0	9321.2	1708.5	20982.0	17546.5	173.2
云南省	816.1	35.7	441.9	9.6	0.3	3.0	2.2	0
贵州省	966.5	0	731.2	0	0	0	0	0
四川省	9477.0	64.6	3336.3	26.2	80.2	1069.3	899.4	0
重庆市	17372.0	551.5	7335.3	302.5	115.2	1406.6	1166.3	79.3
陕西省	315.1	0	146.5	0	0	0	0	0
河南省	221.6	0	51.5	0	0	0	0	0
湖北省	35191.9	1310.3	16347.3	570.0	141.6	1979.0	1692.5	72.2
湖南省	31678.0	411.9	14674.4	232.6	42.0	503.5	418.6	0
江西省	31075.1	447.3	16534.3	268.0	38.8	567.5	489.9	0
安徽省	51917.4	1619.5	28575.0	307.4	114.8	899.4	691.6	14.1
江苏省	213429.4	31408.2	77554.1	7551.8	1139.0	14171.7	11879.3	7.6

续上表

省（市）	货物吞吐量				集装箱吞吐量			滚装汽车（万辆）
	合计（万吨）		出港（万吨）		箱数（万TEU）	重量（万吨）		
		其中：外贸		其中：外贸			货重	
浙江省	26663.5	166.4	10063.3	53.1	36.5	382.0	306.7	0
山东省	6300.4	0	5801.6	0	0	0	0	0
上海市	5694.9	0	1389.4	0	0	0	0	0

内河港口吞吐量达到亿吨大港的增加至14个，新增马鞍山和铜陵两港（表3.3-5）。

内河港口完成液体散货吞吐量2.05亿吨，占总量的4.8%，比上年增长10.8%。其中，原油2841.2万吨，减少4.1%，占13.8%；成品油6372.6万吨，增长11.6%，占31.0%，液化气天然气及制品671.6万吨，增长32.1%，占3.3%（表3.3-6）。

2016年长江水系14省市货物吞吐量超过亿吨的内河港口　　　　表3.3-5

序号	港口	货物吞吐量		其中：外贸货物吞吐量	
		吞吐量（万吨）	比上年增长（%）	吞吐量（万吨）	比上年增长（%）
1	苏州港	57936.6	7.3	15142	7.5
	其中：张家港	26067.9	3.7	6103	2.4
	常熟	8664.7	1.9	1567	5.8
	太仓	23204.0	13.8	7472	12.7
2	南通港	22614.8	3.6	5811.2	12.8
3	南京港	21973.5	2.4	2369.3	5.3
4	重庆港	17372.0	10.8	551.5	7.8
5	泰州港	17000.1	1.2	1559.8	4.6
6	武汉新港	15639.6	-4.2	811.9	-3.3
7	岳阳港	14082.2	7.1	319.1	23.1
8	江阴港	13197.3	7.9	2379.6	55.1
9	镇江港	13136.9	1.0	2749.5	20.9
10	芜湖港	13101.2	9.1	296.8	23.7
11	九江港	11328.0	8.7	281.7	1.1
12	铜陵港	11003.6	37.3	34.6	-15.0
13	马鞍山港	10571.3	14.8	1214.6	-6.9

注：（1）重庆港、岳阳港、芜湖港、铜陵港、马鞍山港按全市港口计算。
（2）武汉新港包括原武汉港和黄冈市、鄂州市、咸宁市的沿江区域港区。
（3）江苏港口、九江港为长江港区，不包括全市内河港区。

2016年长江水系14省市内河港口液体散货吞吐量　　表3.3-6

省（市）	液体散货（万吨）			
	合计	其中		
		原油	成品油	液化气天然气及制品
合计	20540.6	2841.2	6372.6	671.6
云南省	0			
贵州省	0			
四川省	85.9	64.0	21.9	0
重庆市	937.8	0	476.3	1.4
陕西省	0			
河南省	0			
湖北省	1087.8	166.8	483.5	49.9
湖南省	1038.7	544.5	456.3	6.6
江西省	463.8	12	358.4	61.2
安徽省	589.1	0	402.4	2.7
江苏省	15462.8	2051.6	4048.5	549.8
浙江省	853.8	2.3	110.4	0
山东省	0			
上海市	20.9	0	14.9	0

内河港口完成干散货吞吐量33.43亿吨，占77.6%，增长3.5%。其中煤炭及制品8.49亿吨，增长9.6%，占25.4%；金属矿石5.39亿吨，增长3.9%，占16.1%；散水泥1.94亿吨，增长21.3%，占5.8%（表3.3-7）。

2016年长江水系14省市内河港口干散货吞吐量　　表3.3-7

省（市）	干散货（万吨）					
	合计	其中				
		煤炭及制品	金属矿石	散水泥	散粮	散化肥
合计	334349.0	84876.2	53932.5	19435.7	4206.5	4730.4
云南省	627.1	51.1	35.1	0	0	0
贵州省	534.1	400.2	101.8	10.9	20.3	1.0
四川省	7401.7	596.2	98.7	0.3	4.3	10.6
重庆市	10967.3	1801.4	855.7	1333.7	175.3	221.1
陕西省	308.0	0	0	0	0	0
河南省	203.9	1.5	15.0	0	0	0
湖北省	26134.2	2815.8	3285.9	305.9	717.8	3799.2
湖南省	27868.0	1802.3	1828.3	74.4	73.4	68.6

续上表

省（市）	干散货（万吨）					
	合计	其 中				
		煤炭及制品	金属矿石	散水泥	散粮	散化肥
江西省	27585.2	2460.3	1597.4	1462.1	22.3	0
安徽省	46860.9	8665.4	3952.9	8999.7	268.9	2.7
江苏省	151768.6	57694.4	42106.9	4010.5	2795.6	624.9
浙江省	23062.5	2890.9	39.6	2636.7	114.4	2.2
山东省	6228.7	4977.3	1.9	0	0	0
上海市	4798.8	719.4	13.3	601.5	14.2	0.1

内河港口完成件杂货吞吐量5.11亿吨，占11.9%，减少3.0%。其中粮食5957.0万吨，与上年持平%，占11.7%；水泥6329.2万吨，减少22.5%，占12.4%；木材4052.3万吨，增长8.9%，占7.9%；化肥2682.2万吨，增长12.8%，占5.3%（表3.3-8）。

2016年长江水系14省市内河港口件杂货吞吐量 表3.3-8

省（市）	件 杂 货				
	合计	其 中			
		木材	粮食	化肥	水泥
合计	51101.9	4052.3	5957.0	2682.2	6329.2
云南省	186.0	2.5	2.1	0.5	38.4
贵州省	432.3	109.6	74.9	95.6	152.3
四川省	895.3	12.7	19.3	114.7	211.3
重庆市	2009.4	123.4	42.0	151.5	329.3
陕西省	6.3	0	0	6.3	0
河南省	17.6	0	17.6	0	0
湖北省	4151.3	2.7	296.7	547.8	642.3
湖南省	2267.9	364.2	542.0	177.4	247.7
江西省	2458.7	82.4	240.8	34.9	76.5
安徽省	3427.5	14.0	118.7	37.1	953.3
江苏省	31937.2	3118.9	4410.0	1508.5	3352.0
浙江省	2365.4	220.1	75.1	6.7	236.1
山东省	71.7	0	71.7	0	0
上海市	875.3	1.8	46.1	1.2	90.0

内河港口完成集装箱吞吐量1708.5万TEU，增长7.6%。吞吐量超过20万TEU的港口达到18个，比2015年增加3个，分别是马鞍山港、合肥港和湖州港首次突破20万TEU（表3.3-9）。

2016年长江水系14省市内河港口集装箱吞吐量排名　　　表3.3-9

序号	吞吐量超过20万TEU的港口			序号	支流重点港口		
	港　口	吞吐量（万TEU）	比上年增长（%）		港　口	吞吐量（TEU）	比上年增长（%）
1	苏州港	547.9	7.4	1	湖州港	206189	11.5
2	南京港	308.1	4.8	2	合肥港	201182	25.4
3	重庆港	115.2	13.8	3	淮安港（京杭运河）	150383	11.6
4	武汉新港	113.3	6.7	4	嘉兴内河港（京杭运河）	136669	-17.5
5	南通港	82.7	9.0	5	长沙港	119305	-1.4
6	芜湖港	60.2	20.2	6	南昌港	114141	6.2
7	泸州港	50.1	19.3	7	无锡港（京杭运河）	25734	-9.6
8	扬州港	49.8	-18.4	8	宿迁（京杭运河）	8074	105.4
9	江阴港	47.7	4.4	9	常德	6531	0.8
10	镇江港	37.3	-8.4	10	沙洋港	970	上年为0
11	宜宾港	30.1	50.5	11	广安	40	-71.2
12	岳阳港	29.4	22.5				
13	九江港	27.4	9.2				
14	泰州港	25.3	19.3				
15	马鞍山港	22.3	20.5				
16	常州港	21.5	-0.9				

内河港口滚装船汽车（按辆计算）吞吐量173.2万辆，增长10.3%，增长主要来自于商品汽车的拉动，总体上呈现商品汽车滚装增长和载货汽车滚装下降的两极分化的趋势，南京港商品汽车滚装吞吐量增长1.5倍，重庆港、武汉港、芜湖港分别增长17.7%、31.0%和29.4%，宜昌港、重庆港载货汽车滚装吞吐量下降21.5%和15.1%（表3.3-10）。

2016年长江水系14省市内河港口滚装船汽车吞吐量　　　表3.3-10

港　口	滚装汽车吞吐量（万辆）	比上年增长（%）
1. 重庆港	79.3	5.3
其中：商品汽车滚装	55.2	17.7
载货汽车滚装	24.1	-15.1
2. 宜昌港	22.3	-21.5
3. 武汉新港	49.9	31.0
4. 芜湖港	14.1	29.4
5. 南京港	6.5	150.0
6. 苏州港	1.2	-14.3

3.4 主要航道货物通过量

3.4.1 长江干线货物通过量

2016年，长江干线货物通过量23.1亿吨，同比增长6.0%。按照运输区域分，干线至干线的通过量为6.33亿吨，支流进入干线、干线进入支流或支流通过干线进入支流的通过量为3.56亿吨，海进江和江出海通过量为13.21亿吨，分别占干线货物通过总量的27.4%、15.4%和57.2%。主要货类的通过量分别为：煤炭5.52亿吨、金属矿石4.39亿吨、矿建材料3.98亿吨，分别占总量的23.9%、19.0%和17.2%（图3.4-1）。

图3.4-1　2006~2016年长江干线货物通过量

在长江干线上的各港区完成货物吞吐量26.08亿吨，比上年增长6.3%。其中，外贸货物吞吐量3.55亿吨，同比增长11.1%；集装箱吞吐量1608.1万TEU，同比增长7.6%（表3.4-1）。

2016年长江干线港区吞吐量　　　　表3.4-1

省（市）	货物吞吐量				集装箱吞吐量			汽车滚装吞吐量（万辆）		旅客吞吐量（万人）	
	合计（万吨）		出港（万吨）		箱数（万TEU）	重量（万吨）		商品汽车	载货汽车		出港
		外贸		外贸		箱重	货重				
总计	260832.8	35510.5	112617.1	9058.6	1608.1	19728.2	16504.3	126.8	46.4	652.9	367.1
云南省	478.9	0	299.8	0	0.3	3	2.2	0.0	0.0	66.9	33.4
四川省	4583.5	64.6	2191.6	26.2	80.2	1069.2	899.4			0	0
重庆市	15990.2	551.5	6532.4	302.5	115.2	1406.6	1166.3	55.2	24.1	366.8	187.7
湖北省	31102.4	1310.3	13920.5	570	141.5	1976.1	1690	49.9	22.3	194.9	134.6
湖南省	3152.6	319.1	769.4	172.8	29.4	372.6	313.7	0	0	0	0
江西省	11328.0	281.7	6673.7	162.2	27.4	386.8	332.1	0	0	24.3	11.4
安徽省	36144.5	1599.9	19915.8	291.9	93.5	680.2	515.4	14.1	0	0	0
江苏省	158052.7	31383.4	62313.9	7533.0	1120.6	13833.7	11585.2	7.6	0	0	0

三峡船闸通过量1.305亿吨，超过设计能力30%，同比增长9.08%；葛洲坝船闸通过量1.308亿吨，同比增长11.68%。两坝船闸通过量再创历史新高，通航潜力得到有效挖掘和充分发挥。三峡升船机2016年9月18日试通航以来，共安全运行328厢次，通过船舶245艘次、货物2.43万吨、旅客2114人次，平均过厢历时1小时零6分（表3.4-2）。

2016年三峡船闸、葛洲坝船闸交通流量状况 表3.4-2

通过量		2016年			同比变幅（%）
		上行	下行	合计	
三峡船闸	艘次	21642	21590	43232	-2.8
	货物通过量（万吨）	6515.5	5468.1	11983.6	8.4
	船闸通过量（万吨）	7095.3	5954.6	13049.9	9.1
葛洲坝船闸	艘次	24231	24237	48468	2.9
	货物通过量（万吨）	6611.7	6135.4	12747.1	10.8
	船闸通过量（万吨）	6786.7	6297.7	13084.4	11.7

三峡枢纽载货汽车滚装运输量降幅明显。三峡坝上港口进出滚装船7173艘次，同比下降22.4%；作业滚装车22.3万辆，同比下降22.1%。

长江干线航道年平均日船舶流量662.6艘，比上年增长2.3%。其中，上游航道年平均日船舶流量213.6艘，增长6.0%；中游航道年平均日船舶流量290.8艘，增长7.1%；下游航道年平均日船舶流量874.2艘，增长1.8%。全年通过长江口深水航道船舶总量69326艘次（表3.4-3）。

长江海事局2016年辖区主要断面日均交通流量统计 表3.4-3

序号	断面	1月	2月	3月	4月	5月	6月	7月	8月	9月	10月	11月	12月
1	江津	99	29	68	92	89	73	95	74	101	92	74	30
2	朝天门	281	253	240	240	216	254	233	229	228	219	208	279
3	万州	258	236	228	229	249	243	236	231	246	245	248	245
4	巫山	199	151	161	120	144	175	160	179	168	185	192	169
5	三峡大坝	397	400	405	402	399	412	403	396	392	393	395	394
6	枝城	206	211	214	205	211	204	207	201	210	209	203	215
7	荆州	206	127	165	227	186	180	163	180	199	250	221	147
8	城陵矶	319	323	317	317	317	323	296	311	209	324	328	341
9	武汉大桥	397	191	341	381	402	402	241	332	385	329	351	353
10	阳逻大桥	316	287	261	381	379	382	205	343	196	338	321	344
11	黄石大桥	420	242	469	416	405	412	293	313	423	418	422	329
12	九江大桥	467	178	878	671	822	732	329	416	486	438	645	422
13	九江湖口	803	591	915	923	930	907	805	825	836	822	855	850
14	安庆大桥	762	525	860	800	920	735	365	620	722	883	855	839
15	铜陵大桥	1082	976	1055	1062	997	1153	418	897	947	993	1050	1020
16	芜湖大桥	1315	1250	1408	1292	1287	1331	1289	1268	1298	1284	1275	1239

3.4.2 主要支流货物运输量

金沙江： 主要有云南省昭通、昆明，四川省攀枝花、凉山等港口，完成港口吞吐量553.8万吨。云南省货物吞吐量510万吨，其中昭通港478.9万吨，水富至上海集装箱班轮航线开通后，集装箱吞吐量3000TEU；四川省港口吞吐量43.8万吨。

岷江： 是四川省大件运输通道，乐山、宜宾等港口完成吞吐量442.1万吨，同比增长5.3%。

嘉陵江： 嘉陵江及主要支流涪江、渠江在四川省境内港口完成吞吐量2920.6万吨，与上年基本持平；重庆市境内港口完成吞吐量506.1万吨，同比减少5.8%；集装箱40TEU，减少比较明显。

乌江： 贵州省境内港口完成吞吐量317.9万吨，同比减少28%；重庆市境内港口完成吞吐量310.3万吨，同比增长16.1%。

湘江： 有长沙、株洲、湘潭等港口，完成吞吐量1.02亿吨，同比增长11.5%。长沙综合枢纽货运量首次突破1亿吨，达1.05亿吨，同比增长5.8%，日均通航船舶200多艘。

沅水： 湖南省境内沅江、常德等港口完成吞吐量2618.3万吨，同比增长13.0%；贵州省境内黔东南等港口完成吞吐量51.2万吨，同比增长10.9%。

汉江： 湖北省境内襄阳、仙桃、汉川等港口完成货物吞吐量2811.4万吨，同比增长17.3%；崔家营航运枢纽完成通航船舶1274艘次、船舶总吨41.27万吨。陕西省境内完成货物吞吐量315.1万吨，同比增长5.4%。

江汉运河： 自2014年9月26日正式通航以来，累计通航船舶10274艘次，船舶总吨679.87万吨，货物337.2万吨，货种达44种。2016年全年完成通航船舶8106艘次、船舶总吨576.29万吨，同比增长318%、510%。

赣江： 有赣州、南昌等港口，完成港口吞吐量8769.1万吨，同比增长8.5%。

信江： 有景德镇等港口，完成港口吞吐量2269.9万吨，与上年基本持平。

合裕线： 有合肥等港口，完成港口吞吐量2811.3万吨，同比减少6.5%；集装箱吞吐量20.1万TEU，同比增长25.6%。

苏北运河： 10个梯级船闸累计开放闸次31.2万次，放行船队9.3万队，放行货轮90.8万艘，船闸船舶通过量累计20.1亿吨、货物通过量累计14.7亿吨，货物周转量达589亿吨公里，货物运量3.1亿吨，同比增长5.2%，其中集装箱10.1万TEU，同比增长14.3%。

杭甬运河： 杭甬运河宁波段累计过闸货船达5201艘次，累计过闸货运量达到130.4万吨。

3.5 市场环境发展情况

3.5.1 企业经营主体基本情况

2016年底，长江水系14省市拥有内河普通货船运输企业2918家，其中省际运输企业2757家。拥有省际旅客运输经营实体23家，液货危险品运输企业197家，滚装船运输企业11家。

根据2016年上半年开展的国内水路运输及其辅助业核查情况（核查对象为2015年12月31日前取得国内水路运输业、水路运输服务业经营资格的经营者），长江水系14省市国内水路运输及其辅助业基本情况如下：

云南省共有长江干线水路运输企业7家，36艘船舶，48120总吨，水运个体工商户24户，33艘船舶，13104总吨。合计69艘船舶，61224总吨。

贵州省长江水系普通货船运输企业8家，73艘船舶，25753总吨。

四川省共有水运企业198家，其中省际运输企业83家，通过核查70家；个体工商户4839家，通过核查3402家。省际运输船舶427艘、51.08万总吨，普货船425艘、50.7万总吨，集装箱船36艘、8.87万总吨。

陕西省应核查水运企业367家，实际核查361家（6家停业），通过核查360家(1家企业被取消经营许可)，核查通过率99.7%，其中省际运输企业3家，省内运输企业60家，个体工商户297家。核查客船1477艘，货船265艘，核查率为100%。

重庆市有水路运输企业共313家，辅助业（船舶管理企业）2家，船舶3135艘，517万总吨。

湖北省共有省际水路运输企业346家，通过核查258家；省内运输企业86家，通过核查65家；个体经营户388户，通过核查104家；运输辅助企业91家，通过核查88家；通过核查的省级运输船舶2218艘，3560278总吨，省内运输船舶386艘，75228总吨。

河南省通过核查的省际运输企业93家，省内运输企业45家，个体工商户1家。从事省际内河运输的普通货船5048艘，964.6万吨，省内内河运输的普通货船7艘，共1963总吨。

湖南省共核查水路运输企业196家，水路运输辅助企业100家，个体运输经营者4868户，全省共有营运船舶7912艘，同比减少11.7%，运力总计3783670总吨，同比增加0.1%。

江西省有全省水路运输经营人应核查数248家（其中企业194家，个体经营户54家），全省营运船舶应核查数2102艘，1520414总吨，运输船舶平均吨位1068载重吨，同比增加2.6%，平均船龄10.3年。

安徽省有水路运输企业813家，实际核查761家。其中，沿海运输企业69家，通过核查48家；省际内河运输企业711家，通过核查613家；省内内河运输企业33家，通过核查32家；个体工商户1469家，通过核查1448家。应核查船舶共计25297艘、22571736总吨。

山东省应核查国内水路运输企业137家，船舶9351艘，4230183总吨。

江苏省应核查省际运输企业929家，通过核查825家；省内运输企业111家，通过核查100家；个体工商户19家，通过核查14家；运输辅助企业535家，通过核查463家。应核查船舶总计42763艘，22826483总吨。

浙江省长江水系省际内河运输企业74家，船舶887艘，293530总吨。

上海市应核查水路运输企业233家，在沪央企21家，个体运输户32家，船舶管理企业47家，实际参加核查的共计282家，本市地方航运企业平均运力规模达48420载重吨，船舶平均吨位8427载重吨。

3.5.2　港航企业创新发展

1. 央企战略重组

由中国远洋运输（集团）总公司与中国海运（集团）总公司合并重组后的中国远洋海运集团在上海正式挂牌，本轮重组按照规模、专业化路线整合三大产业链，分别包括租赁及投资、集运和码头、能源运输，重组完成后中国远洋海运集团在集装箱运力将跃居世界第四，油轮和干散货运力将成为世界第一。招商局集团正式并购了中外运长航集团，结合双方的海运、空运、陆运、仓储及客户等资源，将有利于提供全程供应链解决方案和一站式服务，有利于提高全球性的综合物流服务能力，有利于打造"海、陆、空"供应链体系一体化的综合物流企业。

2. 港口合作联盟

长江沿线港口间航线、口岸通关等业务以及资本和区域物流的合作走向深化，积极打造以航运中心核心港区和主要港口为核心的水水中转、江海中转平台，初步形成了以市场为主体的业务协作和资源协同机制，促进了上中下游良性互动。同时，在各区域内，强化枢纽港口的地位，加强港口企业间的分工合作、差异化发展、联盟式发展。

上港集团继续加快实施"长江战略"和"国际化战略"。进一步优化公司在长江流域的投资布局，涵盖了船队、港口码头、物流园区、仓库等资源，扩大与长江沿线港口合作和发展的空间。湖南省城陵矶、长沙集星、南京港、宜宾港等项目工作积极推进。长江港航公共服务信息平台扎实推进，完成了公司长江内10家投资码头的数据集中。强化洋山深水港的国际中转地位，2016年上港集团完成水水中转集装箱1726.3万TEU，水水中转比例达到46.5%。

舟山江海联运服务中心对接长江经济带。推进落实《江海联运港口联盟舟山宣言》，马鞍山市与舟山市战略合作在货源和产业（海鲜冷链物流）合作、港航合作、江海联运公共信息平台建设等方面取得重要成果。舟山江海联运服务中心与长江沿线主要港口城市达成《武汉共识》，舟山市与武汉市签订了战略合作协议书，将统筹推进港口资源整合，共同组建江海联运直达船队。宁波舟山港江海联运货物吞吐量占42%，水水中转箱量占23.4%。

江苏省沿江港口积极调整功能布局，强化江海转运功能，继续加强与中上游港口和沿海港口的合作，逐步实现了重点货种、货主、区域市场的分工协作，重点打造长江进口金属矿石、北煤南运以及南京以上沿江省份进口煤炭、进口成品油及液体化工品到长江沿线腹地的江海转运体系。

安徽省沿江港口，芜湖港与上港集团合作开展汽车中转物流业务，安庆港引入中远集团运营管理。

武汉港继续加强与宜宾、泸州港的合作，满足长江上游地区内外贸易集装箱中转联运业务的需求。武汉港中转箱比例40%。加强与岳阳港、九江港的分工合作，新开通中三角省际集装箱班轮公共航线。

重庆市继续加强川渝合作，拓展"重庆—宜宾、泸州、南充、广安"集装箱区间航线。周边地区货物经重庆港中转比重达到43%。

3. 发展江海直达运输

目前，交通运输部正在着力推进江海直达运输发展，在原有的海船进江型或江船出海型江海直达模式的基础上，创新江海联运新模式，开发先进适用的江海直达新船型，进一步提升江海直达运输的经济性和竞争力。重点围绕长江和长三角地区至宁波舟山港和上海港洋山港区江海直达运输系统，开展特定区域、特定航线、特定船型的江海直达运输示范，推进港航企业与货主合作，加强运输上下游产业链的资源整合，促进江海直达运输集约化发展。

4. 发展多式联运

通过"完善综合功能、培育一批试点和示范企业、积极开行集装箱班列、推动联盟合作、搭建信息平台"等多种手段，积极推进多式联运发展。

江苏省新亚欧大陆桥集装箱多式联运示范工程、"宁波舟山港—浙赣湘（渝川）"集装箱海铁公多式联运示范工程、湖北省武汉市推进"一带一路战略、长江经济带战略"集装箱铁水联运示范工程、重庆市渝新欧多式联运示范工程、四川省成都国际铁路港集装箱铁公水多式联运示范工程等列入国家首批多式联运示范工程项目。

集装箱铁水联运加快发展。宁波舟山港全年完成铁水联运24万TEU，同比增长42.3%。武汉港新开通"中远海运号"沪汉蓉铁水联运集装箱班列、沪汉陕铁水联运班列。重庆市新开通"万州至西安"铁水联运班列，重庆港散货、集装箱铁水联运量分别增长34%、77%。四川省新开通泸州港至攀枝花、宜宾至昆明集装箱铁水联运班列，启动泸州港—昆明铁水联运供应链一体化项目。

此外，部分港航企业打破单一产业界限，探索建立供应链战略合作关系，打造全链条、立体式交通物流体系。港航企业组建企业联盟，促进产业链、供应链和服务链的一体化整合、网络化发展、系统化集成。加快构建吨位共享、舱位互租、航线联营网络。

3.5.3 市场监管与服务

1. 健全水运管理制度

长江航务管理局制定并实施了《长江水系省际客船、危险品船运输经营人经营资质动态跟踪管理办法》《长江水系省际客船、危险品船运输经营人诚信监测管理办法（试行）》，修订并实施了《国内水路运输经营

许可内部工作流程》。按照相关要求，理顺了中央航运企业水路运输业务经营许可办理的程序，省际客船、液货危险品船运输经营许可改由通过地方水路运输管理部门转报。

2. 加强运输市场监管

落实长江等内河航运市场秩序专项治理行动方案，推进长江航运市场秩序专项整治行动，排查治理长江等内河航运市场存在的不规范、不安全、不公平的经营行为；对郭家沱、宜昌银杏沱港口经营行为及代理机构代理行为开展了专项检查，重点检查了调度机制、定价调整机制执行情况，综合运费构成与支出情况。

落实长江水系省际客船、危险品船运输经营人经营资质动态跟踪管理办法，先后对江苏省、安徽省、湖北省、四川省等4省9家市级运政管理部门的水路运输管理工作情况进行了检查；对13家水路运输企业（其中液货危险品船运输企业11家，客船运输企业2家）经营资质维持情况进行了现场抽查。

组织开展长江省际客船、液货危险品船运输企业清理工作。长航局先后对长江干线部分省际客运企业经营资质情况（涉及8家企业）和长江水系省际液货危险品运输企业自有运力规模情况（涉及不满足2008规定运力规模要求的29家企业）进行了通报，督促企业有效维持经营资质条件。

加大对事故船舶及其所属公司的处理力度。长航局先后对发生安全事故（或重大险情）的16家航运公司（涉及6个省市）的法人代表进行了约谈，对19艘事故船舶实施了7~10天的停航整顿，督促企业切实履行安全生产主体责任。

3. 深化服务港航企业举措

长航局制定并实施了《2016年促进港航

企业转型升级工作措施》（"10+5"工作措施），内容涵盖推进运力有序进退等10个船东重点服务需求领域，以及进一步提升行业发展质量等5个涉及行业健康发展的重点方面。加强行业信息引导服务。定期组织召开长江干线水运经济形势分析座谈会。开展政风行风走访和涉企收费检查活动，规范行政事业性收费，切实减轻企业负担。

4. 加强运输组织保障

长航局修订并实施了《三峡—葛洲坝水利枢纽通航调度规程（试行）》，保障了船舶安全、有序、便捷地通过两坝，发挥了水利枢纽工程综合效益。制定了《长江客船过闸管理规定（试行）》，提出了长江客船通过三峡船闸、三峡升船机及葛洲坝船闸的相关原则、过闸条件，明确了各级管理部门职责。做好春节、"十一"等特殊时段旅客运输、军事运输的组织保障与协调工作。

5. 创新口岸自贸区监管服务

上海海事局积极推进上海国际贸易"单一窗口"建设，实现船舶口岸查验电子化，办理国际航行船舶进出口查验41616艘次、电子离港证5510艘次，船舶进出港签证112万余艘次，船舶口岸查验电子化和集约登轮两项管理创新入选自贸区政策应用典型案例。推动口岸"信息互换、监管互认、执法互助"，浦东、洋山港海事局积极与口岸单位开展业务培训、联合执法、联建共建等口岸合作。积极跟踪落实自贸区国际船舶登记制度试点工作。

第 4 章
现代航运服务业发展

发展现代航运服务业，成为长江航运转型升级、进一步提升综合竞争力和服务经济社会发展能力的战略要求。以航运中心服务功能完善为重点，现代航运服务体系建设不断加强，更大程度地激发了长江航运服务业活力。

4.1 航运中心服务功能建设

加快推进上海国际航运中心，武汉长江中游航运中心、重庆长江上游航运中心及南京区域性航运物流中心、舟山江海联运服务中心功能建设，做大做强航运中心。重点围绕以下6个方面，加快推动航运服务与城市金融、贸易等功能的融合，加快构筑现代航运服务体系，推进传统航运服务向高端航运服务业转变。一是，航运服务集聚区的建设，集聚航运资源，发展总部经济；二是，航运交易和航运信息服务平台建设，发展船舶交易、人才交易、指数服务、公共信息平台等；三是，航运金融保险等高端航运服务体系建设；四是，航运发展智库平台建设；五是，电子口岸平台建设，提高口岸通关效率，促进贸易和物流便利化；六是，航运产业发展，加强港产城融合发展。此外，国家发展和改革委员会启动编制重庆、武汉航运中心总体规划。

为做大做强航运中心，2016年11月国家发展和改革委员会召开专题会议，明确将从信息共享、多式联运等10个方面加快长江经济带航运中心建设：一是加强信息共享，打通航运中心之间的阻隔，实现口岸服务、航线服务、信息化服务、交流机制等方面的资源共享；二是加快推进船型标准化，加大专项资金投入；三是抓紧制定和完善多式联运标准规范，尽快实现航运中心铁水、公水联运无缝衔接；四是促进区域港口一体化发展，整合岸线、航线、锚地、集疏运通道等资源利用，推进全流域港口一体化；五是推进绿色航运发展，制定和统一港口岸电标准，推动清洁能源运用；六是全面推进关检服务便利化，服务长江经济带区域外向型经济发展；七是加快江海联运服务基地建设，打通内河运输和海洋运输两个体系，提升黄金水道的运输效能；八是促进交通基础设施互联互通，完善路网布局，发挥综合交通运输优势；九是协同发展高端航运服务，拓展航运中心业务范围；十是进一步加大政府对航运中心发展的支持力度，研究航运中心发展措施。

4.1.1 上海国际航运中心

我国第一部关于航运中心建设的地方性法规《上海市推进国际航运中心建设条例》正式实施，《"十三五"时期上海国际航运中心建设规划》正式印发，上海国际航运中心建设工作由此进入了有法可依、有规可循的新阶段。继续以外高桥、洋山—临港、北外滩、陆家嘴、洋泾等航运服务集聚区为载体，吸引各类航运组织和功能性机构在沪集聚。中国船东协会正式迁址上海并挂牌，中船保商务管理公司、北英保赔协会中国区管理公司也相继落户上海。截至目前，已吸引和集聚1500家国际海上运输及辅助经营公司，以及约250家国际海上运输及其辅助业的外商驻沪代表机构，全球九大船级社在沪开设了分支机构。继续推进航运服务业扩大开放，促进船舶交易、船舶登记、海事仲裁、航运咨询发展。加强航运融资及资金结算能力，促进航运保险机构及产品发展，探索航运金融衍生品业务创新，完善航运金融口介服务体系。推进邮轮船舶供应和口岸服务便利化，支持组建邮轮公司和配套服务企业，积极开发邮轮航线产品，促进邮轮产业发展，中国首个国际邮轮产业园——上海中船国际邮轮产业园正式揭牌。上海海事法院积极推进航运金融专业合议庭建设。

4.1.2 武汉长江中游航运中心

湖北省人民政府印发《关于加快武汉长江中游航运中心建设的实施意见》，提出要全力构筑以"六中心、两体系"为标志的现代化庆河智能航运中心，即综合交通运输中心、多式联运中心、高端航运服务中心、航运金融中心、对外开放中心、产业集聚中心和绿色航运体系、应急救助体系；武汉航运交易所搭建船舶交易、货运交易、航运技术交易等8大平台，设立中西部船员招募中心和内陆第一家船舶网络司法拍卖服务平台。

4.1.3 重庆长江上游航运中心

重庆市人民政府政府印发《关于加快长江上游航运中心建设的实施意见》，提出在"十三五"期，依托长江黄金水道、高速公路和铁路网，构建沿江综合立体交通走廊，形成以"一干两支"航道体系和"四枢纽九重点"港口集群为构架，现代化船队为载体，航运服务集聚区为支撑的航运体系，建成"服务+辐射"型长江上游航运中心；截至目前，共吸引了220余家航运、物流、贸易企业注册保税港区，300多家港航、物流企业通过航交所交易，航运交易企业占重庆及长江上游地区骨干航运企业80%以上，马士基航运、中国中远海运集团等世界航运巨头前20强，均在重庆设立了分支机构。

4.1.4 南京区域性航运物流中心

江苏省政府公布《江苏省"十三五"物流业发展规划》，其中将在南京重点打造对接上海、辐射中西部的区域性航运物流中心。重点推进龙潭海港枢纽经济区和下关长江国际航运物流服务集聚区两个核心区，以及江北、七坝、滨江三个海港枢纽经济区建设，大力发展航运物流、仓储配送、国际贸易、跨境电子商务等高附加值产业，发展航运总部经济。加快南京航运交易中心服务网站及船舶交易、货运交易、人才交易、金融交易等平台建设，南京航运交易中心门户网站正式上线运行。

4.1.5 舟山江海联运服务中心

国务院批复设立舟山江海联运服务中心，国家发展和改革委员会正式印发《舟山江海联运服务中心总体方案》，舟山江海联运服务中心建设进入实质性启动阶段，并明确将建成国际一流的江海联运综合枢纽港、国际一流的江海联运航运服务基地、国家重要的大宗商品储运加工交易基地和我国港口一体化改革发展示范区。浙江省政府出台《舟山江海联运服务中心建设实施方案》，加快建设国际海事服务基地、加快建设大宗商品交易体系、组建舟山江海联运产业投资基金、建设江海联运公共信息平台，着力提升江海联运服务功能。舟山江海联运公共信息平台正在开发交易功能；以舟山保税燃油供应中心、外供配送基地、国际海事服务基地信息化平台、国际海员服务中心等建设为重点的舟山国际海事服务基地加快打造全业态海事配套服务格局；加快江海直达船型研发工作，相关规定标准研究制定已取得阶段性成果；大宗商品交易体系加快构建，浙江海港大宗商品交易中心有限公司在舟山注册。

4.2 现代航运服务业发展

4.2.1 航运交易服务

目前，船舶交易服务机构整体上仍处于起步阶段。交通运输部自2010年起先后公布了3批共17家船舶交易服务机构，另外相关省市还有一批未经公布的船舶交易服务机构也在开展船舶交易服务业务。这些机构的分布相对集中，主要位于沿海和长江沿岸地区，其中江浙一带较多。

武汉航运交易所自2015年10月16日重组运营一年来，全面搭建货运交易、船舶交易、航运人才服务、航运司法拍卖等8大平台，开展信息服务、交易服务等12项特色业务，至2016年10月底交易额已达7.5亿元，超过重组前三年交易量总和，初步形成了长江中游船舶交易、货运交易、船舶技术交易、航运人才服务等四大市场。

重庆航运交易所深入推进航运互联网+战略，建成航运交易综合服务大厅，搭建了货运交易、船舶交易、三峡旅游、航运人才，以及聚航网航运物资交易等航运电子商务平台。目前，年航运交易额70亿元以上，船舶交易190艘，上千家企业通过航交所开展交易，航运交易企业占重庆及长江上游地区骨干航运企业80%以上。通过航运交易平台完成的航运交易，约占重庆航运省际运输量的60%，长江上游地区航运省际运输量的40%。航交所建设的"聚航网"正式上线试运营，与长航集团、长江燃料公司达成战略合作协议，通过聚航网开展油料交易业务。截至目前，已有63家企业完成注册备案，其中航运企业44家，油企19家，共计水上加油站40余座；完成交易63笔，合计交易量2217吨，交易额1000余万元。

中国（浙江）大宗商品交易中心有限公司完成注册，筹建工作加快推进。浙江海港大宗商品交易中心有限公司完成注册。已建平台交易业务发展迅速，2016年完成线上电子交易2.5万亿元、线下现货贸易436亿元，新引进中大型实体贸易企业30家。

湖州船舶交易市场有限公司共完成交易船舶325艘、8.52万总吨，交易金额1.1亿元。芜湖市完成船舶交易581艘、交易金额12.05亿元，同比分别增长20%、26%。江西省昌胜船舶服务有限公司（南昌）2016年完成船舶交易105艘，交易金额10259万元。宜昌市船舶交易中心挂牌运行，成为长江沿线首家"零收费、一站式"交易平台，已完成船舶交易13艘，交易金额达4543万元。

4.2.2 航运金融保险服务

我国经营航运保险业务的保险公司已达60多家，经营航运保险业务的专业中介机构上百家。已有人保、太保、平安等10多家专业航运保险运营中心在上海设立。上海航运保险协会推出全国首单海事诉讼保全责任保险，国内首家航运自保公司——中远海运财产保险自保公司获准筹建。中船保商务管理有限公司在上海正式宣告成立。

由武汉航运交易所与湖北大同保险经纪有限公司、江苏远东海领保险经纪有限公司共同打造的"中国长江（武汉）航运保险服务平台"上线，涉及货物运输、船舶、船员、船东、污染等合计共47项具体产品。武汉航运交易所联合中国人保财险，共推小微企业出口信用全额补助保险，提供便利的保险申请、办理及保单再融资等一站式综合金融服务，助力企业降低成本、规避风险。与湖北金融租赁股份有限公司就共同助力长江中游航运金融建设达成共识。

重庆市投资组建了航运融资担保有限公司，首期资本金1亿元，融资担保能力10亿元。目前，已与建设银行、工商银行等10家银行、保险公司等金融机构建立了战略合作关系，成功推出"航运通"融资产品，为航运物资交易用户企业提供融资服务，创新了航运金融服务模式，提升了融资效率。重庆船东互保协会作为我国首家内河船东互保组织正式运行，推出内河承运人责任保险新产品，并正式成为中新（重庆）战略性互联互通合作示范项目新成员船舶保赔险服务的投保船舶已达157艘，并成功承保第一艘近海船舶，服务范围扩大到四川、江苏、福建、广东等省。

江西省港航建设投资有限公司在全国银行间市场成功发行2016年度第一期中期票据，江西省第一单水运行业项目债务融资工具成功落地。

4.2.3 航运法律服务

上海市发布《上海市推进国际航运中心建设条例》，这是一部国际航运中心建设的框架性立法，基本覆盖了航运中心的各个要素，也是中国第一部关于航运中心建设的地方性法规。

武汉新港管理委员会组织编制的《航运中心法律法规选编》正式发布，全书分为上、中、下三册，按照法律效力高低，分为法律、行政法规、地方性法规规章、部门规章及其他规范性文件共五章，每章根据"先专门法后一般法"的规则，按照"港口、船舶、航道、船员、金融、保险、经济、咨询、海关、国检、海事、安全"等12个要素分类排列。

武汉航交所与武汉市法律援助中心签订战略合作协议，启动法律援助平台，为船员提供一站式维权服务，开辟维权绿色通道。2016年9月5日，武汉航运交易所司法拍卖平台正式上线运营，是武汉航运交易所为各级人民法院依法处理涉诉资产而搭建的拍卖公共服务交易平台。

武汉、上海、宁波、青岛等海事法院

不断提升海事司法能力，积极稳妥推进海事司法改革。健全和完善海事审判体系，依法审理海事海商案件，充分发挥作为专门法院审理此类案件具有的人员优势和专业优势，进一步提升审判质量，为海事执法活动提供有力的司法支持和监督。《最高人民法院关于海事诉讼管辖问题的规定》明确了武汉海事法院对长江干线和支线水域及主要港口的司法管辖权，对维护长江经济带海事司法统一，为长江经济带发展战略的实施提供优良的司法环境具有重要意义。

4.2.4　航运信息服务能力

舟山江海联运公共信息平台2015年底上线运行以来，现已具备港航资源、企业查询、船舶轨迹等30多项功能，初步建成了可对货物流量、流向进行实时监测分析的江海联运大数据系统，实现了与长江航运物流公共信息平台、马鞍山等沿江物流数据互联共享，累计交换江海联运数据超过53万条，49个国家、国内31个省市、123个地市的用户访问平台，访客达40867户。

武汉航交所开发的货运交易平台正式上线。该平台可实现航线发布、订舱、查箱及船动态、散杂货订船、物流服务、个性金融服务、法律咨询等服务功能，被称为"滴滴打船"。该货运交易平台可发布江海直达、泸汉台快班、武汉—东盟四国等特色航线的武汉港全中转航班和船期信息，用户通过智能查询，可查到合适的航线、舱位、货源等，并通过快速下单模式产生订单。此外，用户也能通过该平台定位及查询长江流域的船舶动态，查询到已有订单中的集装箱动态信息。该平台最大特点是提供集卡运输、仓储物流服务、个性化金融服务、法律仲裁服务等，货运版"滴滴打车"强平台模式明显。

重庆航交所编制发布了重庆航运月度、季度和年度报告。编制发布航运物流流量流向、运力需求，市场运价、保本运价等价格信息，以及典型航线运价指数，增强了航运服务机构在价值发现、引导和稳定市场等方面起到重要作用。升级完善水运及物流发展的集装箱电子数据交换中心，提供多式联运信息服务，为全市海关、国检、海事等"单一窗口"建设提供了支撑。目前，全市97%的国际物流量通过EDI系统进行数据交换。

4.2.5　航运指数服务

长航局继续发布长江航运指数，包括长江航运景气指数和信心指数、长江干散货运价指数、长江集装箱运价指数等。着手开发信息化的采集系统，提高指数发布的频率，扩充样本范围，并根据宏观环境及微观市场的走势变化作出对后市的合理预判，加快探索新增细分市场指数。

上海航运交易所继续发布中国出口集装箱运价指数和中国沿海（散货）运价指数。上海航运交易所编制的"一带一路"货运贸易指数与"海上丝绸之路"运价指数顺利通过验收。由新华社中国经济信息社和波罗的海交易所共同编制的新华波罗的海国际航运中心发展指数在上海发布。根据指数报告，2016年全球前10位的国际航运中心分别为新加坡、伦敦、香港、汉堡、鹿特丹、上海、纽约、迪拜、东京、雅典。上海航运保险协会发布上海航运保险指数（SMII），在全球航运保险专业指数领域进行了首次探索。

重庆航运交易所继续发布重庆航运景气指数、典型航线干散货运价指数、重庆上海集装箱综合运价指数等。

在国家推进"一带一路"建设工作领导小组办公室的统筹协调和指导下，由国家发展和改革委员会、宁波市政府组织宁波航运交易所等单位编制了海上丝路指数，由出口集装箱运价指数、航运经济指数、海上丝路贸易指数等一系列指数共同构成。

由青岛国际航运服务中心、青岛航运发展研究院和青岛指数研究院三方联合研发编制的青岛航运指数，继青岛中韩航运指数、青岛中日航运指数、青岛东北亚航运指数之后，"一带一路"青岛航运指数对外发布。

4.2.6　船员劳务服务

《中华人民共和国内河船舶船员适任考试和发证规则》自2016年5月1日起施行，新版内河船员管理系统正式上线，中华人民共和国海事局启用新版船员管理系统（内河船员基础业务功能模块），包括船员基础信息采集、内河船员注册、内河船员培训合格证发证、内河船员适任证书发证、内河船员培训管理及内河船员考试管理等功能模块。2016年长江海事局共组织内河船员适任理论考试38期，考试人数2388人，共发放适任证书约1.5万个；海员考试74期，考试人数6749人，发放适任证书约1万余个。

武汉航交所联合武汉、大悟、麻城等地政府和相关海事院校、船员服务机构搭建的航运人才服务平台正式上线，巴拿马（中国）海事培训中心在武汉海事职业学院揭牌。

重庆市推进"双万工程"和"千人计划"，全年组织开展培训班123期，培训航运技能人才4900余人，实现航运人才培养与三峡移民、扶贫帮扶等工作的有机结合。实施"151"工程，共计培训航运骨干人才160余人次。全年争取市交委、移民局、扶贫办等各方面对航运人才的资金支持720余万元。开展重庆船员职业档案备案服务，共有308家企业、2163艘船舶、20171名船员完成备案。积极筹备设立重庆内河船舶系列高级职称评审委员会。

4.2.7　引航服务

2016年，长江引航中心共引领中外籍船舶59192艘次，同比增长7.4%；引航总里程达769万公里，增长8%。其中引领国际航线船舶44300艘次、净吨4.47亿吨，分别增长3.3%、13.1%；引领国内航线船舶14892艘次、净吨0.5亿吨，分别增长8.8%、25.7%；夜间引领船舶31506艘次，夜航率53.2%。全年引领外贸净吨4亿，增长11.5%，内贸净吨0.5亿，增长25.7%。共引领船长250米以上的受限船舶2421艘次，增长23.2%，吃水10.8米以上的船舶2189艘次，增长87.2%。

上海港引航站全年共完成引航任务70032艘次，同比增长2.36%。其中，进口33508艘次，出口33617艘次，移泊3450艘次；集装箱船舶30084艘次，危险品船舶12445艘次，增长10.01%。引领长度300米以上的超大型船舶7256艘次，增长9.64%；引领大型国际邮轮955艘次，增长51.59%。

第 5 章 平安长江建设

牢固树立"以人为本、安全发展"理念，贯彻落实国家安全生产工作的要求和工作部署，贯彻落实交通运输部进一步加强长江等内河水上交通安全管理的要求和工作部署，进一步落实安全工作责任，规范监督管理，提高从业人员素质，提升安全与应急保障能力，为人民群众安全便捷出行提供良好的水上交通安全保障。

5.1 航运安全形势

5.1.1 水上交通安全形势

长江水上交通安全形势总体稳定，未发生一次性死亡10人以上的重大水上交通事故和重大船舶污染事故（表5.1-1）。

2016年14省市运输船舶水上交通事故指标统计　　　　表5.1-1

区域		四项指标				比上年同期增减百分比			
		一般等级以上交通事故（件）	死亡失踪人数（人）	沉船艘数（艘）	直接经济损失（万元）	一般等级以上交通事故	死亡失踪人数	沉船艘数	直接经济损失
部直属海事局辖区	长江海事局	37	49	26	7233.3	−9.80%	−2%	−23.50%	25.70%
	上海海事局	14	28	15	7888	—	—	—	—
	浙江海事局	26	54	19	7019.3	−21.20%	1.90%	26.70%	−2.80%
地方海事辖区	云南地方水域	0	0	0	0				
	贵州地方水域	0	0	0	0				
	四川地方水域	1	1	1	5	−50.00%	−66.67%	—	−70.10%
	重庆地方水域	—	—	—	—				
	陕西地方水域								
	河南地方水域	1	8	1	—				
	湖南地方水域	2	3	2	7	−33.30%	0	0	−67.14%
	湖北地方水域	6	7	0	32.49	252.90%	600%	—	607.80%
	江西地方水域	3	3	2	121	−50%	0	−33.33%	—
	安徽地方水域	3.5	3	2	110	−46.15%	−50%	−83.33%	−68.69%

续上表

区域		四项指标				比上年同期增减百分比			
		一般等级以上交通事故（件）	死亡失踪人数（人）	沉船艘数（艘）	直接经济损失（万元）	一般等级以上交通事故	死亡失踪人数	沉船艘数	直接经济损失
地方海事辖区	山东地方水域	—	—	—	—	—	—	—	—
	江苏地方水域	12	11	—	—	9.09%	10%	—	—
	浙江地方水域	13	11	—	—	—	—	—	—
	上海地方水域	10	10	1	50	66.67%	233.33%	−50%	—

注：（1）长江海事局辖区为长江干线重庆至江苏段；上海海事局辖区为上海沿海水域和上海港区；浙江海事局辖区包括浙江沿海所有水域和宁波、舟山、温州、台州四市所有内河水域以及绍兴（上虞）部分内河水域。

（2）运输船舶与非运输船舶碰撞事故记为0.5件。

长江引航安全形势基本稳定，安全指标低位运行。长江引航中心全年共发生引航事故7起，其中引航责任等级事故2起（主要责任的较大事故和一般事故各一起），引航责任事故率0.034‰；未发生重大恶性事故和水域污染事故。

上海海事局辖区共发生船舶污染事故3起，无重大等级船舶污染事故，溢油量约0.17吨。

5.1.2 水上治安消防形势

2016年，长江航运公安机关共接处警3.91万起，同比下降6.7%；共立刑事案件2283起，立案数同比下降3%，破获2060起，破案率为90.2%；查处治安案件14693起，同比下降6%，查处率为99%。

全年共成功处置火灾38起（火灾共造成5人死亡、1人受伤，1人失踪），没有发生导致重大人员伤亡的群死群伤火灾责任事故。与去年相比，火灾数增加17起，死亡人数增加2人，受伤人数减少4人，失踪人数减少1人。从船舶类型分析，普通货船30艘，客船3艘（客渡船），化学品船2艘，趸船2艘，集装箱船1艘。起火原因分析，有16起是电器引起火灾，4起违章操作，8起机械故障，3起用火不慎，2起爆燃，1起自燃，1起电焊，1起雷击，2起原因不明。船舶的动态情况分析，航行期间19起，停泊期间15起，修造期间4起。从船属公司分析，8起火灾船舶为个体船舶，3起火灾船舶为"三无"船舶，其他均为由船舶公司管理。

5.1.3 航道（船闸）通航安全形势

长江干线航道安全畅通。全线航标维护工作量为259万座天，航道测绘5.4万换算平方公里，航标养护正常率100%，航道维护疏浚3981万立方米。未发生航道维护责任事故，未发生堵航事件。

三峡通航平稳有序。三峡船闸运行1.13万闸次，通过船舶4.32万艘次，旅客47.42万人次，船闸通过量1.305亿吨。葛洲坝船闸运行1.94万闸次，通过船舶4.85万艘次，船闸通过量1.308亿吨。未发生船舶漂流撞坝和污染事故。三峡升船机试通航安全平稳。全年辖区没有发生一般及以上等级水上交通事故，及时防控险情并确保没有发生船舶漂流撞坝事故，连续五年实现零死亡、零沉船、零污染，安全综合评价指数为2，航道畅通、锚地有序，内部安全无事故。

5.1.4 建设工程安全形势

2016年长航局监督的在建项目共82个，监督覆盖率达到100%，单位工程验收合格率达到100%。未发生等级以上施工事故。长江中游戴家洲河段二期航道整治工程荣获国家安监总局和交通运输部公路水运"平安工程"冠名项目。

5.2 安全管理体系建设

5.2.1 完善安全管理机制

1. 管理制度的制定与落实

根据《交通运输部关于进一步加强长江等内河水上交通安全管理的若干意见》，结合长江实际，交通运输部办公厅印发了"关于加强长江客运安全管理工作的实施意见"、"关于加强长江散装危险化学品运输管理工作的实施意见"，长航局和各地区有关部门也相继出台了实施方案，并通过定期总结、现场检查等方式督促落实。长江海事局制定实施"客船管理1+7长效机制"、"危险品船1+5长效机制"、"客船危险品船安检专班检查、同船安检、跟船行动"和"企业落实主要责任十要十不要"（要配齐海务机务，不要有证无人；要建立规章制度，不要有章不循；要船舶证照齐全，不要无证航行；要配足合格船员，不要无证驾驶；要查改船舶隐患，不要带病航行；要促船员守规矩，不要违法航行；要维护船长权威，不要违章指挥；要演练应急预案，不要临危忙乱；要培训教育船员，不要只用不训；要收传安全信息，不要船走不管）等强化安全监管新措施。同时，印发长江散装危险化学品运输公司和客船公司AIS、CCTV系统平台建设和运行要求。

研究制定更加严格的恶劣天气禁航、限航管理制度。自2016年12月1日起施行《长江干线恶劣天气等条件下船舶禁限航管理规定》。

加强三峡枢纽水上交通安全管理的制度建设，长航局代部起草了《长江过闸船舶安全检查管理办法》、《进一步加强三峡枢纽水上交通安全管理的意见》等政策文件。

深入推进通航水域分级监管，及时评估、调整一级水域和二级水域；制定并公布了南京以下12.5米深水航道二期工程初通期航路规定。

2. 研究构建双重预防机制

贯彻落实国务院《实施遏制重特大事故工作指南构建双重预防机制的意见》，各地区、各有关部门和单位将构建双重预防机制摆上重要议程、日程，周密安排部署。交通运输部组织起草了《关于构建交通运输安全生产风险分级管控和隐患治理双重预防体系的实施方案（征求意见稿）》《交通运输安全生产风险管理办法（征求意见稿）》《交通运输安全生产事故隐患治理监督管理办法（征求意见稿）》。

3. 健全完善行业执法监管制度

健全各行业行政处罚自由裁量基准体系，出台行政执法流程、执法法律文书管理规定、执法证件管理办法、特殊取证设备使用及视听资料证据管理办法等文件。进一步明确行业违法行为。继续聚焦重点区域、重点时段、重点行业、重点违法行为，在勤务上体现针对性、有效性、长期性，在执法效能上严格自由裁量、坚持企业责任传递、用好质量信誉考核、深化"行政+行政+刑事"（交通行政、公安行政、刑事）处罚，进一步加大执法力度、严格处罚。

5.2.2 加快现代化监管系统建设

1. 加快推进船舶交管系统建设

长江海事局积极构建重点港区、桥区VTS（船舶交通管理系统）、重点水域CCTV（闭路电视监控系统）、重点船舶AIS（船舶自动识别系统）和海巡艇互为补充的现代水上安全监管系统，完成武汉VTS二期、黄石VTS竣工验收和荆州VTS、岳阳VTS交工验收。上海海事局洋山港海事局研发水上交通智能服务系统，推进洋山港E航海示范区建设，有效提升码头泊位利用率和运输船舶周转效率。地方海事方面，不断完善内河主要航道的AIS基站、重点水域视频监控系统建设。

2. 加快推进电子巡航升级建设

长江海事局完成全线电子巡航监管设备的增配、更换以及34个气象站点建设，对电子江图航标和水位实时更新，完成电子巡航软件优化功能需求和CCTV系统的招标工作；完成电子巡航系统3.0版在宜昌的安装和试运行工作。

5.2.3 加强安全应急能力建设

1. 继续推进应急设施设备建设

长江海事局已建成7个巡航救助综合基地，万州、九江巡航救助综合基地正在建设。30米级、20米级海巡艇主要设备配置进行了适当提升，增配了部分救生救助设施。长江航道局1000吨应急抢险打捞起重船"长天龙"号建成并交付使用。长江三峡通航管理局通过向社会购买服务的方式，租用了3艘大功率拖轮在三峡河段实行24小时应急值守待命。

2. 加强应急队伍建设

针对船舶碰撞、火灾、溢油，库区船舶失控、山体滑坡等可能发生的长江航运突发事件，积极开展演习演练。组织举办了2016年第一期安全与应急管理培训班，宣贯安全法律法规和有关文件精神，深入讲解"平安交通"建设、安全风险管理、应急管理、案例分析等内容，进一步提升了相关人员应急管理水平、水上救助专业技能和突发事件应急处置能力。长江海事局积极推进长江搜救志愿者队伍建设，鼓励扶持推动社会应急救助力量发展壮大，组建了13支社会搜救志愿者队伍；健全完善水上搜救支援者队伍数据库，强化对社会搜救志愿者和公众应急能力培训，2016年共开展培训17次，累计培训2433人次。

3. 完善应急预案

修订《长江航运突发事件应急预案》体系，补充完善非常规突发事件应急预案等内容。进一步严格落实防汛防台工作责任制，完善防汛防台应急预案，根据长江防总《长江流域防汛抗旱应急预案》，长航局制定印发了《长航局防汛应急预案》。

4. 推动建立应急联动机制

长江海事局修订完善水上突发事件应急预案，分别与重庆市和安徽省签订应急合作备忘录，与湖北省及沿江20个市县签署了气象预警合作协议。长江干线水域海事管理机构联席会议机制进一步深化。

5.2.4 治安防控体系建设

积极推进长江干线水上巡逻防控网、单

位内部防控网、重点水(区)域防控网、船舶治安防控网建设，初步完成长江干线下游段（南京以下）治安防控视频监控系统工程设计，上、中、下游治安防控视频监控系统已列入"十三五"规划建设项目。开工建设了苏州分局江阴、张家港派出所趸船码头以及万州分局云阳、忠县派出所趸船接岸配套设施，加快推进芜湖、苏州分局警备码头和宜昌分局磨盘溪治安消防检查站等项目建设。采购了DNA实验器材、警用无人机航拍设备等现代化设备，提升了水域侦查破案、治安防控能力。全年，督导企事业单位投入735万元用于治安防控，建立巡逻队228个1505人，征集义务治安巡逻船121艘，义务治安志愿者715人，接入企事业单位视频监控探头1653个。

5.2.5　航运公共安全设施建设

1. 推进渡口改造和老旧渡船更新

长航局全面实施《长江客船管理"1+7"长效机制》，推动地方政府加快渡口、渡船标准化建设，推进建桥撤渡和渡线优化整合。四川省用好农村客渡船燃油补贴政策，加快老旧客渡船更新改造和退出；重庆市在"5+N"专项整治中，撤销渡口464个，修缮水毁渡口332个，280艘客渡船技术复核，一大批潜在安全隐患得到及时有效处置；湖北省发布7种标准化渡船新船型，申请中央专项奖励资金1636万元、完成160艘渡船报废更新，成功创建20处平安示范渡口，夯实渡运安全基础；安徽省改善渡运安全基础，开展公益性渡口"公交化"管理调研，实施"渡改桥"5座、渡口改造73道、渡船更新143艘；浙江省建成陆岛交通码头泊位15个，完成撤渡建桥项目2个、渡埠改造55个，渡船更新19艘。

2. 推进公用锚地建设

开展长江干线航行配套锚地研究试点工作，完成长江干线湖南段、重庆段锚地规划研究，组织实施长江干线安徽段三江口水域航行锚地试点建设工作。

5.2.6　规范推进企业安全生产标准化建设

贯彻落实交通运输部安委办关于进一步规范推进企业安全生产标准化建设工作的通知精神，按照《交通运输企业安全生产标准化建设评价管理办法》和交通运输企业安全生产标准化建设系列基本规范，进一步规范推进企业安全生产标准化建设，严格加强标准化建设评价监督管理，严格落实企业第三方机构评价主体责任。

5.2.7　贯彻落实水路旅客运输实名制管理规定

推进长江干线省际水路旅客运输实名制工作，全年旅客实名制系统录入身份信息44742人次。

5.3　安全生产监管

5.3.1　安全生产主体源头管理

船舶管理：长江海事局制定实施了《长江客船过闸管理规定（试行）》《三峡—葛洲坝水利枢纽通航调度规程（试行）》，完成了客船、危险品船AIS终端升级，组织开展了渡船"斑马线"继续深化年活动，全年安全渡运旅客8372万人次，车辆2356万台次。全年实施船舶进出港签证289.4万艘次，办理船舶登记8163艘，实施船舶安检12957艘次。

船员管理：继续开展"守规矩，开好船，争当好船员"专项活动；加强辖区船员服务类机构监督检查，注销6家不合格的船员服务机构；全面实施了新版船员违法记分办法；大力推进"幸福船员"服务品牌创建。江苏海事局船员电子公共服务体系在全国范围内率先建成并投入运行，"幸福船员"品牌服务团队荣获交通运输部"感动交通年度人物"称号。上海海事局全面执行船员考试收费减免政策；推进网上政务大厅升级改造，优化政务微信服务功能，实施船舶在航换证、简化海员证申办程序等措施，为企业和船舶提供切实便利。

船公司管理：长江海事局完成了与部海事局以及湖北、安徽地方海事局和分支局安全管理体系审核发证事权调整和档案材料交接工作；建立运行了审核员片区调派工作模式；组织开展了航运公司交叉检查。组织召开了8次服务长江港航企业区段通航安全保障座谈会，协调解决港航企业面临的问题和困难。

船检管理：开展了《船舶检验管理规定》宣贯工作，组织开展验船质量交叉检查，实施检验质量监督检查1673艘次。中国船级社武汉分社研究制定了《内河客船和渡船的抗风等级核定办法》，完成了78艘现有长江客船、客渡船的抗风等级核定工作；对三峡成库前建造的过闸客船检验发证情况进行了清理；开展了辖区和过境申请检验的危险品运输船舶隐患排查治理工作。

5.3.2 水上安全监督管理

1. 重点领域监管

加强涉客船舶监管。落实渡船"116"机制，深化"斑马线"行动，改造标准化渡船39艘，撤销（整合、调整）渡口73处。实施"1+7"客船长效管理机制，开展省际客船整改"回头看"，动态监管客船5万余艘次。加强危险品船舶监管。深入实施危险品船舶分类监管、动态监控及600总吨以下小型液货船夜间禁航措施，全程维护载运一类危险品船舶8917艘次，现场维护3140艘次；开展长江干线危险品运输安全专项整治；推广应用危险品运输联动监管信息平台。加强砂石船舶监管。实施砂石船舶分类管控，严厉打击超载、配员不足等违法行为；积极配合沿江地方政府开展"非法码头、非法采砂"专项治理和"未批先建"整治工作，取缔、拆除非法码头400余座。加强桥区水域监管。督促落实桥梁安全主体责任，深入开展桥区通航安全隐患排查。

开展专项整治行动，排查治理事故隐患。组织开展了"深化长江干线客运安全专项整治"和"集中开展危险品安全专项整治"活动，共排查治理客船、渡船、滚装船事故隐患2500余项；检查危险品船公司148家，查处缺陷428项，检查危险品运输船舶1403艘次，查处缺陷9335项，滞留危险品运输船舶38艘，检查浮式危险品码头、水上加油站396座次，查处缺陷1013项。组织开展了"安全生产月"活动，将6月1日定为"长江航运安全警示日"，6月1日至7日为"安全警示教育周"。开展"雷霆行动"，严厉打击超载、未按规定使用AIS等5类突出违法行为，有效遏制了事故险情多发的态势，共查处违法行为1.2万余起，禁止船舶离港55艘次，协查船舶493艘次，暂扣船员适任证书122本，船员违法记分2765分，罚款457万元。

2. 现场管理

2016年，长江海事局实施通航水域分级

监管，强化了41处一级水域和151处二级水域重点监管；制定实施电子巡航、现场巡航指导意见，实现远程监控和现场监管有机结合，全线共完成巡航次数83862次，巡航时间144784小时，巡航里程1741549千米，出动人员329005人次，检查船舶222501艘次。较2015年，巡航次数、巡航时间、巡航里程和出动人员数分别下降了7.98%、9.33%、5.66%和6.61%，检查船舶数上升了5.67%，现场巡航检查效能明显提升。制定实施《岳阳城陵矶至扁山水域通航安全管理规则（试行）》，深入推进航路规范；督促航道整治建筑物助航标志优化调整。开展汛期百日安全活动，有效应对1998年以来特大洪水，全力参与防汛抢险救灾，实施"7.22"黄石茅山段长江干堤崩窝水上管制。提前启动枯水期安全监管，采取11项措施有力遏制事故多发态势；开展专项综合分析及水上客运重大事故隐患判定标准研究。严格落实恶劣气况管控措施。发布安全预警1190条，航行通（警）告1520份；圆满完成"G20峰会"水上安保以及春运、"两会"、国庆等重大活动和节日期间监管工作。

上海海事局完成巡航次数15915次，巡航里程471495千米，出动执法人员47795人次。稳步深化执法事权调整工作，强化分支局现场管理；推动口岸"信息互换、监管互认、执法互助"，浦东、洋山港海事局积极与口岸单位开展业务培训、联合执法、联建共建等口岸合作。

3. 应急处置

长江海事局成功应对了巴东县燕子滑坡造成500千伏跨江电缆铁塔变形、塔基开裂，大型跨江电缆可能坠江的重大险情，维护近300艘次船舶安全通过管制水域；及时处置了"5·9""苏东油0021"轮和"苏东油0020"轮锚泊维修期间爆炸事故，"6·5""和济609"滚装船触礁事故、"6·6""皖南方0628"危险品船生活舱爆炸、外籍"银色小草"轮载运苯乙烯"冒烟"险情等突发事件。在三峡两坝间水域组织开展了应对三峡水库出库大流量（56700立方米每秒）及船舶遇险应急救援演练；成功举办了"2016年江苏省水上搜救综合演习"。有效应对了大雾、大风等极端恶劣气况，成功防抗了"尼伯特""莫兰蒂"等8次强台风的影响。全年实施水上搜救353次，救助遇险人员3888人，人命救助成功率98.4%。上海海事局协调搜救行动155次，出动海事巡逻艇225艘次，协调专业救助船45艘次，社会船162艘次，飞机114架次，成功救助961人，救助成功率94.40%。

5.3.3 水上治安消防安全监管

完善水上巡逻制度。加强重点水域、案件高发时段和案件多发部位的治安巡逻，不断提高见警率。全年，长航公安机关共开展巡逻13867艘次，检查船舶30031起，调解纠纷1096起，发现处置水上无名尸体771具，救助船舶141艘次，救助群众719人次，发现消防隐患23966起，查处行政案件14293起，破获刑事案件826起，抓获犯罪嫌疑人429起，处置水上突发事件173起。

加强治安管控。通过开展系列治安整治，水域治安环境不断净化，2016年警情数和治安案件发案数同比分别下降6.7%、6%；强化船舶派乘和上海国际邮轮港现场安保，确保了300余万人次旅客来长江乘船、通过上海吴淞口国际邮轮港期间的安全；落实乘船实名制工作措施，重点旅客身份核查数，比对船员数、抓获网上逃犯数同比实现"三增长"。

加强消防监管。 突出危化品监管重点，以创新监管方式促监管对象主体责任落实，通过持续高频率开展查隐患、督整改专项行动，消除了一大批消防安全隐患。全年，共开展消防专项检查1594次，检查陆域消防重点单位4719个次、各类船舶20906艘次，督促限期整改火灾隐患1312处，依法办理消防行政案件1646起。

5.3.4 建设工程安全质量

1. 健全安全质量工作的管理体系

严格执行国家和交通运输部有关法律、法规、规范和标准，秉承"本质安全"的工作理念，进一步完善安全质量监督管理制度，贯彻执行《公路水运工程重大事故隐患清单制度》、《公路水运工程建设质量安全违法违规行为信息公开工作细则》等文件要求；深入开展"安全生产月"、"汛期百日安全"、特殊时段安全专项检查等活动；加强夜间施工质量安全管理和施工企业项目负责人施工现场带班生产制度；认真开展防汛抗旱防台风等有关工作部署，督查参建单位严格落实；继续推行"平安工地"考核评价，规范参建单位安全管理行为。

2. 加强水运工程质量监督

长航局和交通（水运）建设质量监督机构严格履行质量监督职责，对管辖范围内水运建设项目依法监督、热情服务，通过开展水运建设工程质量安全综合督查、市场专项检查和深化"打非治违"专项整治行动，认真落实工程质量安全警告、"黑名单"、吊销资质等举措，严查借用资质、转包和违法分包等行为和质量隐患、质量事故；强调标准化规划、首件工程制度，将监督关口前移；强化质量问题整改跟踪闭合，确保工程质量安全受控。

对在建工程监理企业和检测机构及其相关从业人员信用评价，进一步提升水运工程质量安全管理水平，促进水运工程质量管理方式转变。

3. 开展水运工程施工标准化示范创建活动

继续开展水运工程施工标准化示范创建活动工作，14个重点水运工程试点项目取得阶段性成果。在13项标准化创建任务中，《施工标准化指南大纲（征求意见稿）》、《水运工程质量监督服务手册（初稿）》已经编写完成；各示范创建地区在积极开展调研、意见征集，将尽快形成涵盖质量安全的完整标准化管理体系；各技术创新任务承担单位均按照任务安排进行大纲编制和审查，部分技术创新课题已取得地区科研课题立项。各地区跟踪督促试点项目按计划有步骤地开展示范创建活动，各示范创建地区和试点项目围绕施工标准化和质量管理体系建设，重点从现场布设、施工工艺、管理行为等方面开展示范创建，初步形成了一批阶段性成果。

5.3.5 港口安全监管

聚焦港口客运和危险货物作业两个重点，突出港口安全监督、危险货物监管、反恐防范三项管控任务，不断改进和加强各项港口安全监管工作。

加强普货码头安全隐患排查治理，加快老旧港口设施改造进程，继续开展危险货物港口作业监管等工作，完善安全应急与救援预案建设，全面开展港口危险货物从业人员考核和从业资格发证工作，加大监管人员轮训力度，提高从业人员素质和监管队伍水平。

各地针对辖区内港口、码头安全生产实际，对水路危化品安全生产积采取相关安全措施，完善相关信息通报程序，确保港口、码头安全生产工作有序进行，防止事故发生。湖北省为进一步加强港口安全管理，选取危化码头集中、安全压力大的宜昌市猇亭区作为试点，给辖区10家水路运输企业20个点装上了重点港口远程视频云监控系统。

5.3.6 长江干线水上执法

长江干线水上综合执法：长航局按照交通运输部关于深化长江航运行政管理体制改革的要求，改革长江干线水上行政执法体制机制，实施长江干线水上综合执法。整合长江海事、航道、通信等部门承担的现场行政执法职责，自2016年7月1日起，在长江干线重庆界石盘至江苏浏河口段，由长江海事局统一实施水上综合执法。通过半年的实施，"海事执法、公安保障、技术支持"的联动执法模式已经形成，"资源整合、信息共享、动静结合、上下联动"的工作格局初步建立，"权责一致、规范高效"的工作运行机制基本建成，便民利民的社会成效日益显现。截至2016年12月底，航道、通信技术人员共计4200人次配合开展综合执法工作，航道部门向长江海事机构提供区段航行参考图50多套，安装电子航道图系统8套；长江海事部门开展水上综合执法现场巡查5万多次；除海事执法检查外，检查航道5万多次、与航道有关的工程及航道整治建筑物2万多次、船载电台设备及执照8万多艘次、船舶营运证10万多艘次；纠正处理1895起航道违法行为和近4000起通信违法行为，实施航道行政处罚26起。

长江海事公安联合执法：长航公安机关与海事机构积极开展常态与专项联合执法巡查，对非法采砂、触碰遮挡航标、非法安装大功率电台等违法行为联合查处。截至2016年12月底，共开展联动常态巡查5973次、专项巡查1237次，出动警力6805人次；已建成水上警务室23个；严格执行长江航运行政执法与刑事司法衔接规定，对海事移交的67件涉嫌犯罪案件及时受理和查办。

涉水部门联合执法：长航公安机关在与长江海事、航道、三峡通航管理局开展联合执法合作的同时，还积极与农业、水利、环保等部门及下属机构开展执法协作，强化对长江干线水域非法捕捞、非法采矿、非法倾废等违法犯罪行为的打击力度，打击破坏长江生态环境类违法犯罪取得重大突破。2016年，共侦破非法捕捞案件905起，缴获非法捕捞水产品10吨；联合水利部门开展联合执法856次，查获非法采砂运砂船舶584艘，捣毁采砂设备40台（套）；全力侦办江苏太仓水域"2016·12·18"长江污染环境案。

第6章 科技创新和智慧航运发展

推动贯彻落实国家创新驱动发展战略、信息化发展战略以及推进"互联网+"行动、交通运输信息化发展规划等决策部署，加强面向国家战略需求的基础前沿和高技术研究，加快长江航运和信息化、互联网深度融合，推进实施一批重大科技项目和工程，为有效提升长江航运数字化、网络化、智能化水平奠定了坚实的基础。

6.1 科技创新能力建设

6.1.1 科技创新环境建设

长航系统、地方交通运输主管部门、科研机构和港航企业积极落实国家和交通运输部关于科技创新的指导性文件，围绕科技创新、能力建设、标准化、信息化等重点工作，加强政策研究和制度建设，积极探索科技支撑行业转型发展新举措，指引行业重大技术创新。一是建立健全具有各自特点的发展规划、实施计划和发展政策，积极参与推动国家科技计划改革等重大任务的落实，补足基础研究短板，不断提升行业自主创新能力。二是制修订科技项目管理、科技项目招投标管理、科技项目信用管理等管理办法，创新管理政策，不断提升了行业科技管理的科学化、规范化和制度化水平。三是围绕服务国家战略和长江航运发展重大科技需求，全面推进基础设施工程建设、运输服务、安全应急、三峡通航、决策支持、绿色环保等领域科技研发和技术成果的转化推广，加强长江航运标准化、信息化工作，为长江航运提质增效、转型升级创造新供给，提供新动能。四是完善科技创新人才培养激励机制，进一步强化行业科学普及工作，全面激发行业创新热情、释放创新智慧。

6.1.2 科技创新能力建设

1. 行业重点科研平台建设

长江航道科研实验基地： 长江航道科研实验新基地正式运行，将全面开展航道整治、航道养护、港口码头的规划和工程咨询以及工程检测等各项科研，包括罗湖洲水道、张家洲水道、马当水道等在内的河工实验正有序开展。

重庆交通大学长江航运工程与智能航道技术协同创新中心： "复杂滩险航道整治技术"、"智能航道技术"、"内河港口码头长期性能及安全"、"内河航道通航安全技术"、"枢纽通航与扩能技术"等创新团队在国家重点研发计划、自然科学基金、实验室建设、科学研究和社会服务方面取得一批科研成果。

武汉理工大学国家水运安全工程技术研究中心： 面向多层次的事故分析与预防、全方位的安全监管与控制、全天候的应急指挥与搜寻，开展高水平的水运安全工程技术研发。

与此同时，"国家内河航道整治工程技术研究中心"和"长江航运技术行业研发中心"两个平台建设正在积极推进。

2. 科技创新人才队伍建设

贯彻落实交通运输行业科技创新人才推进计划，依托重大工程建设、重点科研项目和重点科研平台，培育了一批青年科技创新人才、创新团队和创新人才培养示范基地。长江航道规划设计研究院1名科研人员获第二届中国航海学会青年科技奖，QC小组获湖北省工程建设（勘察设计）优秀QC小组奖。长江荆江航道整治工程建设指挥部和长江三峡通航管理局各1名同志当选交通运输青年科技英才。

3. 大众创业万众创新

通过搭建创新创业平台，完善激励机制，支持基层专业技术人员深入生产建设一线开展科技活动，实现科技成果转化为现实生产力。长航系统已建立劳模创新工作室16个，涌现出以郑启湘、沙夕兰、陈国仿等劳动模范为领军人物的一批创建规范、示范带动作用强、职工认可度高的创新工作室，郑启湘劳模创新工作室被命名为全国示范性劳模创新工作室。这些工作室为单位培养了众多技能人才和创新人才，推出了一批创新成果，创造了可观的经济和社会效益，并获得交通运输行业和国家、省、市的表彰奖励。

6.2 科技研发与成果应用

6.2.1 重点科技研发成果

1. 国家重点研发计划"水资源高效开发利用"重点专项2016年度项目

根据国家水安全创新工程总体安排，科技部会同有关部门及有关省（自治区、直辖市）科技主管部门制定了国家重点研发计划"水资源高效开发利用"重点专项实施方案，本专项执行期从2016年至2020年。"长江水利水电水运关键问题研究"作为2016年第一批支持项目之一，有5个项目获立项支持并启动。其中，"长江黄金航道整治技术研究与示范"项目由长江航道局牵头承担；"重大水利枢纽通航建筑物建设与提升技术""长距离调水工程建设与安全运行集成研究及应用"和"长江上游梯级水库群多目标联合调度技术"由长江勘测规划设计研究有限责任公司牵头承担；"长江泥沙调控及干流河道演变与治理技术研究"项目由长江科学院牵头承担。

"长江黄金航道整治技术研究与示范"项目，将重点解决长江航道整治中的瓶颈问题，实现长江航道整治理论、方法、技术的突破，同时提高生态航道建设水平，促进航道整治与生态环境协调发展。项目的8个课题分别为新水沙条件下长江航道演变机理及趋势、长江生态航道架构及评价方法体系、多目标协同下长江黄金航道承载力及提升潜力、多库联调下卵石滩群联动航道整治技术及示范、防洪—通航协同下强冲刷河段航道整治技术及示范、复杂多分汊河段航道滩槽调控技术及示范、径潮流河段深水航道协调治理与减淤技术及示范和长江典型生态保护段航道整治技术及示范，分别由武汉大学、北京大学、长江勘测规划设计研究有限责任公司、重庆交通大学、长江航道局、交通运输部天津水运工程科学研究所、长江南京以下深水航道建设工程指挥部和水利部交通运输部国家能源局南京水利科学研究院承担。

"重大水利枢纽通航建筑物建设与提升技术"项目，将围绕长江航运存在的"三峡枢纽瓶颈"、"金沙江高坝阻隔"、"荆江中梗阻"等关键问题，以突破我国重大水利枢纽通航建筑物建设技术瓶颈，提升长江干线枢纽通过能力为总体目标，重点开展大型通航建筑物建设、复杂条件下高坝通航、多目标协同大型人工水道开发等研究工作。项目的8个课题分别为60米单级巨型船闸输水关键技术、200米级大型垂直升船机成套技术、高山峡谷复杂条件下的高坝通航技术、大型水利枢纽航道通航水流条件研究、长江中游高标准通航综合水利工程技术、巨型通航建筑物通航标准体系研究、重大水利枢纽既有通航设施通过能力提升技术及示范、重大水利枢纽增建和改建通航建筑物关键技术及示范，由长江勘测规划设计研究有限责任公司、水利部交通运输部国家能源局南京水利科学研究院、长江科学院、中交水运规划设计院有限公司、中国长江三峡集团公司、河海大学、重庆交通大学、武汉大学、长江航道规划设计研究院、长江三峡通航管理局、三峡大学、中国科学院水生生物研究所、长江航运发展研究中心、武汉船舶工业公司、武汉理工大学共15家单位承担。

2．国家发展和改革委员会基础产业2016年重点研究课题

国家发展和改革委员会基础产业司2016年度制定了一批重点研究课题。其中，上海海事大学承担的"长江及长三角地区集装箱船江（河）海联运发展问题研究"，研究提出推进长江及长三角地区集装箱江（河）海联运发展的总体思路、措施建议及实施路径；交通运输部水运科学研究所承担的"长江船舶标准化产业发展基金有关问题研究"，研究提出长江船舶标准化产业发展基金的总体框架；中国国际工程咨询公司承担的"十三五内河航道建设实施方案研究"，研究提出"十三五"期内河航道建设的总体要求、建设任务、投资匡算及保障措施等；长江航运发展研究中心承担的"川江上段航运发展问题研究"，研究提出川江上段航运进一步发展的总体思路、发展目标、主要任务、投资匡算及有关政策建议。

3．2016年度交通运输科技项目

2016年交通运输科技工作，结合各项国家重大战略实施，着力在基础设施、运输服务、信息化、安全应急、节能环保、决策支持等领域推进重大专项关键技术攻关。在内河水运方面，重点支持的研究方向主要有：

一是加强行业基础性、前瞻性和重大共性关键技术研究。重点围绕：航道整治和养护管理，提升货运与物流运输效率、提高运输装备水平等，水运工程、水路运输等方面的安全风险防控以及应急处置；能源资源节约、生态环境保护、新能源利用、污染控制、节能减排等方面开展关键技术研究。

二是支持对航运改革、规划、管理、服务所需的政策研究，支持对智能航运关键技术、信息服务技术、多式联运信息交换与协同技术以及"互联网+"、大数据等应用技术等方面的研究。上海市开展了船东互保协会立法调研、国际海上客运市场准入和安全

监督机制建设、上海国际航运中心全球航运资源配置能力研究、推进自贸区国际中转集拼业务流程再造、上海港岸线资源统计调查方法及统计制度建设研究等。

三是加强技术标准和工程标准的研究，推进相关标准规范的制修订。开展了《长江航运信息系统数据交换共享规范》、《航道整治工程施工规范》、《航道养护预算定额》、《航道养护船舶、机械、仪器艘（台）班费用定额》、《通航建筑物运行方案编制规定》等行业标准的编制工作。

4. 长江口航道维护施工和减淤措施研究

长江口航道管理局通过对深水航道开展多年的系统监测和研究，不断掌握航道回淤规律、分析航道回淤主要原因，并针对性地开展航道减淤工程措施研究，以期达到降低航道维护量、减少航道维护费用的目标。依据交通运输部批准的《长江口12.5米深水航道维护期回淤原因及减淤措施研究工作总体计划（2013~2017）》，由交通运输部天津水运工程科学研究院牵头实施的"长江口南港北槽深水航道常态回淤原因并行研究"于2016年9月20日通过验收。长江口航道近底水沙盐观测技术开发研究、长江口北槽中下段及相邻水域水沙输移过程初步研究、长江口非常态天气过程对航道回淤影响初步研究和三维悬沙数学模型在长江口航道维护疏浚中的应用研究等工作取得了阶段性成果。同时，坚持长江口河势、地形和水沙现场观测与分析研究，为航道维护施工和减淤措施研究提供和积累第一手资料。

5. 长航系统科技成果获奖和专利获得情况

2016年，长航局系统承担或参与的14个科技项目荣获省部级以上奖励，其中一等奖4项。特别是长江航道局参加的"国家内河高等级航道通航运行支持系统关键技术及应用"项目获得2016年度国家科学技术进步奖二等奖。"复杂条件下三峡船闸通过能力提升技术"等4个项目获得中国航海学会科学技术奖，"长江中游航道洲滩冲刷机理与防护技术研究"等7个项目获得中国水运建设行业协会科学技术奖，"长江航运信息化顶层设计和数据交换机制研究"等2个项目获得中国智能交通协会科学技术奖。

"一种船舶吃水及浮态实时监测系统"、"测深仪换能器固定装置"、"系留绳的旋转式防渣草装置"、"一种船载侧吃水检测系统"等20多个项目获国家专利，其中"一种水下铺排质量实时监控检测方法"、"基于北斗/GPS卫星的航标灯无线同步闪烁方法"、"用于人字闸门背拉杆调整的自动加力装置"等项目获国家发明专利。

6.2.2 科技成果推广应用

1. 科技成果推广政策

（1）科技示范工程

交通运输部组织实施了一批科技示范工程，推动新技术、新材料、新工艺的推广和应用。其中，实施绿色智能航道建设与维护科技示范工程，加快绿色航道护岸建设与维护技术、航道疏浚土资源化利用技术、智能航道营运管控技术等推广应用；实施船舶与港口污染防控科技示范工程，以典型港口的集装箱码头或散货码头为依托，集成应用港口与船舶大气污染联防联控、排放清单编制、污染源监测控制和节能减排等方面的技术，推进绿色港口建设，提高港口及船舶大气污染防治技术水平与防控能力等；实施大型通航枢纽扩能与运营安全保障科技示范工程，推广多线船闸设计与运行仿真模拟技术、建立通航安全监控系统，提高通航建筑物的通过能力，保障内河航运畅通、高效和平安等。

（2）科技成果推广目录

长江南京以下深水航道整治一期工程（白茆沙段）整治建筑物施工关键技术、航电枢纽高水头船闸工程改扩建施工关键技术、集装箱码头自动化装卸技术、水力驱动式升船机一体化原型观测技术等列入2016年度《交通运输建设科技成果推广目录》。

（3）交通运输科技丛书

交通运输部继续组织编制了2016年度《交通运输科技丛书出版计划》，其中港口物流枢纽建设和运营关键技术及创新、水运工程检测设备标准化与计量、山区河道型水库滑坡涌浪特性及对通航影响与预防技术、公路水路交通运输主要技术政策分析研究等列入2016年度《科技丛书》的学术著作。

2. 科技成果推广应用情况

"长江航道要素智能感知与融合技术研究及综合应用"项目，应用于国家及行业标准制定、内河电子航道图推广应用、长江数字航道工程建设与运行维护等实际应用中发挥了重要作用，为长江、赣江等航道信息服务能力提升提供了技术支撑和保障。"航道整治透水框架构筑物研发及应用"项目，已广泛应用于长江中下游、汉江等内河航道整治工程。"超大型耙吸挖泥船研制及工程应用"项目，应用于国内第一艘超大型耙吸挖泥船"通程"轮和亚洲舱容最大的超大型耙吸挖泥船"通途"轮的建造。"水下铺排实时监控系统"，应用于航道整治工程水下铺排监控和监测。"新型纳米超高分子量组合式航标标体"，在长江叙泸段航道投入使用。"三峡南线船闸一闸首导航墙待闸人字门防撞方案研究"、"用于人字闸门背拉杆调整的自动加力装置"，应用在三峡船闸实际运行工作中。

"长三角及京杭运河水系的智能航运信息服务（船联网）关键技术研究及应用示范"项目，针对长三角及京杭运河水系的智能航运信息服务的普遍性、关键性技术问题展开研发，建立了船联网体系框架、感知体系、信息传输与数据交换系统、服务与应用体系以及标准体系，取得了五大创新性成果。项目成果有力支撑了国家物联网应用示范工程建设。

6.3 航运信息化发展

6.3.1 信息网络建设

长航系统相继完成了长江干线传输网、城区宽带城域网、海事、航道、三峡通航、航运公安广域网等信息网络建设。目前，长江通信船岸VHF专网实现宜宾～上海链状覆盖，长江干线重庆～上海数字传输光纤电路全线贯通；海事、公安视频监控网逐步拓展和完善，远程监管可视化程度明显提升；长航局内网覆盖率（含各直属局二级以上单位）达到100%，海事、航道、公安等三、四级基层单位的用户接入覆盖率达到99%，长航局系统单位通过光纤实现互联互通。长航局办公网络平台已开通运行，办公自动化系统（OA）应用率达到90%；长航局政府网站年访问超过400多万人次，在2016年交通运输部直属单位网站共建考评中排名第一。同时，积极推动船岸宽带无线通信网络试点研究和建设，推进长江干线北斗地基增强系统建设思路和方案研究。

地方港航系统逐步拓展和完善AIS、CCTV等监控系统建设，重点推进AIS岸基系统设施、渡口渡运安全监管系统、渡船移动视频系统、港口码头视频监控系统等信息化项目实施。

6.3.2　要素资源数字化建设

长航系统单位相继建立了包括船舶、船员、航道维护、航运企业在内的长江干线信息采集和数据处理体系，初步实现了运政、海事、航道、三峡通航以及水上治安等业务工作的计算机处理。长江航运物流数据中心已建成长江干线港口信息数据库、长江干线航道基础信息数据库、长江航运船舶信息数据库、长江航运综合数据库、长江航运企业信息数据库、长江航运系统基建工程数据库、长江航运物流应用信息数据库、档案数据库、长江航运多媒体数据库九大数据库，九大数据库涉及150多张数据表，3000多万条数据记录（不含AIS位置数据，当前AIS位置数据每天增量约为2000万条）。长江数字航道"一主六分七中心"规划建设，长江重庆段和宜昌段已完成数字航道建设并投入运行，长江武汉段、南京段数字航道正在建设中，长江宜宾段和泸州段数字航道通过施工图设计审查并于2017年开工建设，长江航道局主中心建设工程正积极开展前期工作；长江电子航道图"数字航道与电子航道图数据交换与服务系统"与"长江电子航道图公共服务平台"等两个信息化系统的第三方测试工作通过验收，交通运输部推动长江电子航道图在具体条件的省际客船、过闸危化品船和载货汽车滚装船免费推广应用，覆盖率达74%。

地方港航系统单位加强推进基础设施、营运船舶、经营业户、从业人员等行业基础数据库建设，部分地区行业基础数据库群基本建成，基础设施、重点装备运行状态数据采集率稳步提升。芜申运河（安徽段）、嘉陵江河口至草街、汉江河口段等高等级航道数字航道建设有序推进；四川省建成嘉陵江南充段30公里电子航道图，湖南省基本建成覆盖湘江、沅江、资江、澧水等干线1371公里的电子江图，湖北省汉江河口段已率先使用网络电子航道图，江西省完成赣江樟树至湖口及环鄱阳湖约388公里电子航道图制作，浙江省完成350公里电子航道图制作。

6.3.3　推进公共数据资源开发共享

贯彻落实国家关于促进大数据发展和政务信息资源共享管理以及交通运输部推进交通运输行业数据资源开放共享实施意见的有关要求，加强管理与技术体系统筹，强化行业数据资源治理，推动各类平台有效对接，打破部门分割和行业壁垒，政企合作，上下联动，共同推进数据资源开放共享。

长航局着力规范长江航运数据交换共享行为，推动长江航运物流协同业务的行业标准，组织编写《长江航运数据交换共享管理办法》。依托长江航运物流公共信息平台，推进长航系统各单位、长航系统与沿江港航管理部门和港航企业等信息资源共享。长江航运物流公共信息平台，面向长江航运物流相关企业提供物流公共信息服务、物流商务信息服务、物流状态跟踪服务、集装箱物流信息服务、危险品物流信息服务、船舶动态定位信息、船期计划数据、船公司正式订舱数据、船公司船舶配载数据等数据交换服务。自正式对外提供服务以来，已实现与16家共建单位的数据信息交换共享利用，已通过审批的企业与个人用户200余个。

地方港航管理部门积极推进水运物流公共信息平台建设。如泸州水运物流公共信息平台上线运行，实现了"人、船、货、港、代"物流信息的高效运转和共享。

6.3.4 重点领域信息化应用

一是推进行政管理和执法信息化应用。继续加强跨部门电子政务系统的互联互通工作。在海事系统推广海事协同管理平台，实现船舶登记、船员管理、船舶检验等三大业务系统集成到海事协同管理平台，极大提升了海事业务信息共享和协同工作能力。各地区继续完善水路运政管理信息系统，推进"部—省—市—县"四级水运管理部门的信息互联互通。推进水上交通行政执法信息管理系统建设，长江海事和长航公安加强联合执法信息资源的有效整合。

二是推进水路建设和运输市场信用体系建设。长航系统和地方港航海事管理部门继续开展水路建设和运输市场信用信息服务系统建设，推动了行业信用体系建设。

三是加强行业运行监测与应急处置系统建设。各级交通运输主管部门统筹推进水路运输运行协调和应急指挥平台建设，继续完善船舶交通管理系统（VTS）和船舶自动识别系统（AIS），推动行业运行信息与公安、安监、气象、国土资源等相关部门的互联互通、信息共享和协调联动，综合运用各类信息资源，加强综合运输服务能力和运行动态监测分析。继续开展水路运输统计分析监测和投资计划管理信息系统建设，提高了行业统计和经济运行分析能力。

四是继续完善三峡枢纽通航管理系统。加强与华为等国内前沿IT企业交流合作，有效应用桌面虚拟化、小间距屏幕及甚高频数模同播等新技术；GPS综合应用系统数据库虚拟化平台迁移和原调度系统、气象水情服务器的虚拟化改造基本完成；利用信息化集中动态监控平台提前发现并准确定位故障，有效缩短了故障处理时间；完成了黄陵庙等5个机房标准化改造；启动实施了工作基地无线网络覆盖工程。加强信息网络安全管理，完成卫星导航定位基准站备案，通过公安部门网络安全检查。

6.4 推进智慧航运发展

6.4.1 基础设施智能化

推进航道基础设施智能化管理。长江航道在以长江电子航道图、航道信息动态采集管理为核心的数字航道基础上，进行数字航道大"升级"，内容涉及航道要素数据采集、航道条件预测、电子航道图生产服务、干线航道养护管理数字化、航道资源保护监测等多方面，加快推进航道管理养护智能化。

推进BIM技术在水运领域的应用。长江航道规划设计研究院组织开展了BIM技术软件应用培训，组建BIM中心，探索在长江航道工程科研、设计、施工、管理、运行维护中先行试点BIM技术运用。

6.4.2 生产组织智能化

推动智能化港口建设。依托信息化，重点在港口智慧物流、危险货物安全管理等方面，着力创新以港口为枢纽的物流服务模式、安全监测监管方式，推动实现"货运一单制、信息一网通"的港口物流运作体系。自动化、智能化技术应用成为降低港口运营成本、提高效率的主要手段。重庆果园港区成为长江上游第一个港口专用无线终端与TD-LTE宽带集群系统全覆盖的港口，可实现集群调度指挥、作业信息传送、大型设备远程监控、无线视频监控、集群通话、数据传送、视频上传、视频分发，船货代公司和货主也能通过网络及时了解货物状态等信息。上海港积极推进智能理货、E引航建设，继续推进智能化集装箱码头建设关键技术研究与应用，积极推进传统集装箱码头大型设备远程控制及自动化改造试点并形成成套技术，借助互联网、大数据打造智慧信息平台。港口危险货物安全监管方面，交通运输部印发了"港口危险货物安全监管信息化建设指南"，推动港口危险品作业信息网上申报备案和处理、港口危险品作业及设施动态监控和自动预警，并与港口行政管理部门交换信息，实现智能监控监管。

6.4.3 运输服务智能化

充分利用各类数据开放平台和互联网平台，推动相关政府部门、事业单位加快交通公共数据开放，推进运输企业和互联网企业的跨界融合和战略合作，提高物流公共信息平台建设质量和运营水平，引导新业态发展。

推进"互联网+"便捷交通、"互联网+"高效物流。由长三角江浙沪两省一市共同实施的长三角航道网及京杭运河水系智能航运服务物联网应用示范项目(船联网)在应用示范区域加快试点建设，取得了较好的应用示范效应，浙江船联网示范工程的主要建设任务（"一张感知网，四类应用平台，一个数据中心，四大保障体系"）已完成，基本实现了浙江省港航通航监测智能化、行业监管联动化、公共服务便捷化和内河物流产业化。"互联网+船员服务"步入实际应用阶段，包括船员移动服务平台、自助服务平台、远程教育培训平台和远程考试平台等四大服务支撑平台为载体的船员电子公共服务体系的建设和运行情况。在互联网平台物流服务方面，以"互联网+"为标志的一些新模式、新公司、新业态层出不穷。如船老大网是长江航运船货直接快速对接的移动信息服务平台，分为船端"船老大"APP和货端"船老大"网站及APP，是"长江上的滴滴打船"；国内首家"互联网+智慧水运"专业物流服务平台"新船帮"上线并试运营，专注于运用互联网O2O模式，面向货主企业、船户提供货船信息、船期信息、运力匹配、货物在途管理、行业资讯、在线结算等信息服务；苏北运河"船讯通"智能服务平台投入运行，安装"船讯通"船舶占常年航行船舶总数的90%；国内首个"互联网+"多式联运信息与交易平台——长江经济带多式联运公共信息与交易平台在江苏省正式上线，开启"互联网+物流"多式联运新模式；湖北省首个综合性货运交易平台在武汉航运交易所上线，在该平台上，货主、船东、港口、物流商、代理商等航运主体可一键发布运力及货源信息并在线交易，被称为武汉版"滴滴打船"。

6.4.4 决策监管智能化

基于大数据、移动互联网、地理信息系统等信息技术，依托行业数据资源交换共享和开放应用工作，构建大数据监测评估系统，提升宏观决策、业务管理和社会服务的能力和水平。长江航务管理局正在开展立足长航局系统单位，面向长江航运行业，以实现"云上长航"为发展目标，开展长江航运信息化中长期发展规划研究，开展长江航运信息化顶层设计研究，开展长江航运信息化发展行动方案研究等方面的研究工作。未来将搭建统一的云平台，整合信息资源，实现长航局系统单位以及长江航运业务各参与主体间的共享和交换，向相关企业和行业管理单位提供业务协同、市场运营和大数据应用等方面的相关服务。

港航海事部门积极推进"智慧监管"，大力推进电子巡航示范区建设，创新"互联网+水上安全"，在主要港口、核心港区、重要航道和船闸、重点码头和渡口加快推进安全巡航、监管和应急处置信息化。利用物联网、大数据等新技术，利用VTS、AIS、CCTV等技术手段，集成把船舶管理、船员管理、应急管理、通航保障等各类海事信息，促进海事系统跨区域、跨业务信息的融合共享，打造智慧海事监管服务平台。长江干线VTS、AIS等基本实现水上安全通信系统、船舶动态监测重点水域全覆盖。长江海事局基于其电子巡航平台开发了"危险品船舶动态跟踪系统"。实施"幸福船员"计划，船员"口袋工程"由江苏海事局在全国率先试点建设，船员电子公共服务体系日渐成熟。苏北运河"船讯通"智能服务平台投入运行，让船员也可以通过手机享受便捷的水上导航服务。完善三峡枢纽通航管理系统信息化建设，引领三峡智能通航发展。湖北省完成省重点水域电子巡航试点示范工程工可编制。安徽省综合利用海事动态监管资源，建设智能化、标准化的监视、指挥、协调、服务的一体化海事电子巡航平台。《浙江省智慧港航顶层设计（一期）》项目通过验收。江苏地方海事启动智慧海事建设工程，免费为本省籍船舶安装1万台船舶身份识别与轨迹传感器（VITS）船载终端。上海海事局推进洋山港E航海示范区建设，研发水上交通智能服务系统，实施大型船舶双向通航交会160次，双套靠离泊1980艘次，有效提升码头泊位利用率和运输船舶周转效率。

第7章 绿色航运发展

长江航运行业深入贯彻落实党中央、国务院关于生态文明建设和环境保护的一系列决策部署，坚持生态优先、绿色发展，将生态文明建设融入长江航运发展的各方面和全过程，把保护生态环境和资源节约集约利用放在优先位置，以改善生态环境质量为核心，坚持目标导向和问题导向，突出理念创新、科技创新、管理创新和体制机制创新，注重示范引领，加强基础设施生态保护和修复，强化环境综合整治和污染防治，持续推进清洁能源利用和资源节约集约利用，为推动形成长江航运绿色发展方式奠定了良好基础。

7.1 基础设施生态保护和修复

严格遵循主体功能区和生态保护红线等空间管控要求，将生态保护理念贯穿于基础设施规划、建设、运营和养护全过程。重点开展生态航道、绿色港口建设和绿色运营、绿色养护试点，降低基础设施建设和运营对生态环境的影响。

7.1.1 绿色发展统筹规划布局

遵循"优先保障生态空间，合理安排生活空间，集约利用生产空间"原则，强调资源环境承载力、环境影响评价的刚性约束，基于绿色发展统筹规划布局，控制港航资源开发强度，最大程度减少对长江生态环境的影响。

长江航道局开展了航道通过能力与生态承载能力的研究，在编制《长江干线"十三五"航道治理建设规划》时，本着"既充分利用，又不过度开发，不超出长江航道的承载能力"的原则，科学合理地确定航道开发强度，减小航道建设对自然资源、水域环境的消耗和占用。

严格遵循环境影响评价的环境引导和管控要求，依法绕避自然保护区、饮用水水源保护区等环境敏感区，科学合理地布局港航基础设施建设项目，尽量减少对生态环境的干扰和损害。2016年，长江沿江6个港口航道项目通过环境保护部规划环评审查。通过沿江港口规划环评，避让自然保护区等敏感目标36个，减少规划岸线210公里，缩减围填海面积380多平方公里，取消作业区9个。基础设施建设项目涉及环境敏感区的情况增多，一些地方谋划通过加速自然资源利用实现经济增长，部分基础设施建设与生态保护的矛盾增加潜在环境风险。

7.1.2 推进生态航道建设

在理论层面，生态航道理念已融入到整体建设过程；在航道整治过程中，局部生态型建设方法已开始应用，并在实践中不断探索、改良和成果推广。在航道整治工程措施方面，应用生态型整治工程结构，加强水域生态修复技术研究，并采取工程措施修复因航道整治局部影响或退化的江河鱼类产卵场等重要水域生态功能区，维护水域生态的完整性，尽可能地减少对生态的影响。推行生态护坡，并与自然环境、人文背景结合，构建沿岸绿化景观。在工程施工阶段，严格落实各项生态保护和污染防治措施，推行生态工程技术、环保驱鱼等新技术，全过程进行水生生态监测，最小程度影响和最大限度恢复生态环境。

长江干线航道工程环保专项验收合格率100%，实现了航道建设与生态环境保护的融合共生。交通运输部内河航道生态环保示范工程——长江中游荆江航道整治工程，为大型河流长河段生态航道建设和行业生态理念做出了积极探索。荆江航道整治工程的主要工程措施是"固滩稳槽"，通过守住洲滩和堤岸，以守为攻、借力打力，利用自然干线约束水流，让水流往航道需要的地方和方向冲刷，从而提高航道水深，这种方式对生态的影响相对较小。在水、岸、滩的生态修复方面，取得良好的生态效果，实现了建设与生态的和谐。在水下施工中，把透水框架工程设计成"人工鱼礁"；在岸上施工中，采用钢丝网格铺上草籽形成生态护坡；在滩上施工中，采取生态固滩技术，重建滩上植被，并通过护岸护滩的修建稳定河道岸坡。此外，建设单位还调整沉排、抛石等水上施工的时间，避让鱼类的产卵期以及中华鲟、豚类洄游期，最大限度地减少工程给水下生物和水下生态带来的影响。为弥补长江口深水航道工程可能给生态带来的不利影响，长江口航道管理局承担并资助了水生生态系统修复工程，通过制订一系列污染控制措施和应急预案、建立河口生态修复和生态补偿机制等，先后开展了10余次不同种类生态修复及渔业资源增殖放流工作。

在支流航道，浙江省湖嘉申线湖州段的护岸形式河岸堤坡采用环保的椰丝毯护坡技术，推进绿化美化工程建设；江苏省锡澄运河沿线采用"箱体+插板结构"等多种生态护岸形式，首创航道升级改造与沿岸全线生态建设同步推进；湖北省在汉江航运枢纽建设时，建设鱼类增殖放流站，为鱼类等水生动物和两栖类动物提供觅食、栖息和避难的场所，保护鱼类资源和生物多样性。

7.1.3 推进航道生态养护

研究制定生态航道和绿色养护相关技术标准，引导航道养护绿色循环发展。浙江省绿色内河航道评价体系通过专家鉴定，成为全国首个绿色内河航道评价体系，并在杭平申线（浙江段）等航道试评。该评价体系构建了绿色内河航道建设期和运营型的航道评价指标体系，确定了涉及节能减排、环境治理、生态保护、信息化和保障性措施等绿色航道的具体评价指标，其中建设期指标31项，运营期指标23项。

研究和倡导使用环保型疏浚设备，减少施工作业污染，提高疏浚土综合利用。长江口航道管理局进一步加强与上海市有关单位深度协调，密切配合，按照疏浚土市场化利用合作模式，积极推动深水航道疏浚土综合利用，着力推进了横沙七期、八期圈围造地等工程实施，努力提高疏浚土利用率，全年累计吹填疏浚土3496万立方米，深水航道疏浚土利用率近57%。

积极开展航道沿岸环境治理，构建环境友好、美观和谐的绿色航道。江苏省开展了内河干线航道绿化和环境整治专项行动，对重点干线航道两岸绿化缺口地段进行补植、修复，实施在建干线航道绿化工程，全力打造江苏内河干线航道绿色走廊。

推进航道养护设备设施应用岸电和LNG、太阳能等清洁能源。长江干线航道已实现全线使用太阳能一体化航标灯。在其他内河高等级航道太阳能航标灯得到推广应用。

已有设施造成的生态环境受损，生态修复模式以生态系统自我修复为主，结合鱼类增殖放流和景观建设等人工辅助措施，还需探索多元的生态修复利用模式，提升存量绿色品质和功能。

7.1.4　岸线资源有效保护有序利用

交通运输部出台了《关于进一步加强长江港口岸线管理的意见》，形成覆盖港口岸线审批、开发、使用等全过程的监管体系。水利部、国土资源部印发实施了《长江岸线保护和开发利用规划》，为科学合理开发利用岸线资源、依法依规加强岸线保护和开发利用管理提供有力支撑。各地方也纷纷完善长江岸线资源保护和开发利用的政策文件，加强现有港口资源整合，严格控制新增岸线开发项目，加快港口升级改造，优化已有岸线使用效率。同时，严格岸线开发项目审批程序，依法保护、依法治理，并鼓励企业释放岸线港口资源。

推动长江经济带发展领导小组办公室会同交通运输部、水利部、环境保护部、公安部、住房和城乡建设部等部门和沿江省市，开展了长江干线非法码头、非法采砂专项整治工作，改善了岸线生态环境条件。摸清了沿江非法码头和非法采砂的分布情况。经核实，截至2016年5月底，长江干线非法码头共有1256座，其中四川31座、重庆103座、湖北657座、湖南39座、江西63座、安徽245座、江苏118座，云南省、上海市没有非法码头。其中涉及自然保护区的非法码头共263座（核心区91座、缓冲区60座、实验区112座），涉及饮用水源地的非法码头共49座。水利部牵头核查长江干流河道非法采砂的重点江段、敏感水域，截至4月底，共核查出27个非法采砂的重点江段、敏感水域，总长度151公里，其中，省际边界水域6个，长度35公里。取缔和关停了一批非法码头和非法采砂。到2016年7月，共关停约600个，整改和提升351个，取缔非法采砂59处。与此同时，沿江各省在内河支流水域，也同步加强了内河港口码头的整治，关闭或整改提升了一批内河小散乱码头。湖北省汉江204个非法码头被关停取缔。浙江省在"十二五"关闭1420座基础上，2016年关闭内河小散乱码头353座，整改提升260座。

由于历史原因和缺乏规划执行的严肃性，长江局部江段还存在岸线资源配置不合理、利用效率低、岸线资源浪费等情况。特别是中上游港口规模化、集约化、专业化程度不高，仍存在不少"散、乱、弱、小"码头。各省（市）虽然在非法码头治理工作中取得了很大成效，但长效机制尚未完全建立，存在反弹的可能。

7.2 运输装备节能环保

继续推进内河船型标准化，推广应用高效、节能、环保型运输设备，鼓励淘汰老旧高能耗船舶和作业机械，鼓励节能环保型船舶建造和既有船舶实施污水储存处置设施改造。继续实施营运船舶燃料消耗量限值制度。鼓励在港口装卸机械和运输装备中使用电能或天然气等作为动力，推进水运行业应用液化天然气，推动船舶靠港使用岸电。

7.2.1 继续推进内河船型标准化

财政部会同交通运输部印发了《关于船舶报废拆解和船型标准化补助资金管理办法 的补充通知》，将内河船型标准化补助资金政策延续到2017年12月31日。延续后的政策在保留鼓励小吨位过闸船舶提前拆解、现有单壳液货危险品船拆解或改造、现有船舶生活污水防污染改造、老旧运输船舶提前退出市场，以及新建川江及三峡库区大长宽比示范船和高能效示范船的基础上，调整完善了两项补助政策，将符合一定条件的兼营内河运输的沿海单壳油船改造新纳入了补助范围；将新建内河液化天然气（LNG）动力示范船补助政策调整为对采用动力系统整体更新方式改建为LNG动力船予以补助。2016年，长江沿线省市利用内河船型标准化补助资金政策，累计核准拆改船舶4119艘，完成拆解、改造船舶2664艘（拆解1015艘、改造1649艘）；核准新建LNG动力示范船499艘，实际完工示范船63艘；核准新建三峡库区大长宽比示范船116艘，实际完工58艘。其中，重庆市拆解各类老旧船舶861艘。河南省改造老旧船舶812艘，拆解68艘，防污染改造730艘。江西省完成231艘运输船舶生活污水防污染改造，1艘单壳油船改造。安徽省拆改完工船舶1774艘，船龄15年以上的老旧运输船舶比例下降至1.7%。上海市拆解沿海老旧船4艘，新建船舶3艘。山东省共拆解小吨位和老旧运输船舶122艘，为726艘船舶加装生活污水处理装置。江苏省批准拆解改造船舶624艘，完工306艘，其中：批准拆解过闸小吨位船舶131艘，完工49艘；拆解改造单壳液货危险品船13艘，完工4艘；拆解老旧运输船舶480艘，完工253艘；新建LNG动力示范船10艘。

7.2.2 推广应用液化天然气

交通运输部对2014年确定的应用液化天然气7个试点、6个示范、3个示范区项目名单进行了动态调整，中外运长航长江干线主力船型船舶应用LNG试点项目、内河LNG移动加注船试点项目、中石化长江干线"油气合一"趸船式LNG加注站建设试点项目、昆仑能源南水北调水源地丹江口库区水运应用LNG试点项目、新奥能源长江中下游LNG加注站试点项目、川江及三峡库区水运应用LNG示范项目、长江干线江苏段水运应用LNG示范项目、安徽皖江与巢湖水运应用LNG示范项目、京杭运河江苏段水运应用LNG综合示范区等列入新发布的调整名单。湖南东江湖客船应用LNG试点项目、川江库区水位高落差岸基式船用LNG加注码头项目、上海内河水网主力船型应用LNG项目、长三角水系杭嘉湖地区水运应用LNG项目、鄱阳湖水域水运应用LNG项目、长江洞庭湖水域水运应用LNG项目、武汉新港综合应用LNG项目、三峡库区秭归县水运应用LNG项目等列入交通运输部发布的水运行业应用液化天然气第二批试点示范项目名单。

交通运输等相关部门出台了支持LNG水上加注站建设的规范标准及试点示范发展的政策，重点水域、港区的LNG加注站点建设启动，长江干线、京杭运河和部分封闭水域的普通货船试点示范和客船试点工作有序开展。但LNG加注站配套设施还不完善，船舶使用LNG燃料的成本优势不明显，LNG动力船舶在三峡过闸受限制，这些都影响了船舶改用LNG燃料的积极性。

7.2.3 推广应用岸电

国家发展和改革委员会等八部门联合发布了《关于推进电能替代的指导意见》，支持在沿海、沿江、沿河港口码头推广靠港船舶使用岸电和电驱动货物装卸。交通运输部继续倡导推广船舶靠港使用岸电，继续安排车辆购置税资金以奖励方式支持加快港口岸电设备设施建设和船舶受电设施设备改造项目，并公布了7个码头船舶岸电示范项目名单（包括连云港港连云港区新东方集装箱码头有限公司27号泊位码头船用岸电系统和"紫玉兰"号船载受电系统工程、上海港吴淞口国际邮轮码头1号泊位岸基船舶供电工程、宁波舟山港穿山港区散货和集装箱岸基船舶供电系统、中远集运10000TEU级集装箱船接收岸电装置改造项目等），积极推动岸电推广示范项目的落地，以示范推动岸电技术的普及。沿江省市也加快出台推广应用岸电的指导意见（"江苏省加快推广港口岸电系统意见"、"浙江省岸电推广应用指导意见"）或建设规划（"重庆市港口船舶岸电建设"十三五"规划"），引导港口企业建设岸电设施和船舶使用岸电。

长江干线、长三角等重要区域的岸电技术推广应用取得了显著成效。重庆朝天门码头、湖北武汉港集装箱码头、江西南昌龙头岗综合码头、安徽芜湖磊达码头等岸电项目相继投入使用。重庆市共有139个码头建有岸电供电设施，使用岸电的靠港船舶约占靠港船舶总数的60%。湖北宜昌港长江干线港口、趸船岸电使用率达90%，2016年在三峡库区锚地又建成80个自助岸电接电桩位，可同时为80艘1000吨级锚地待闸船舶提供安全可靠的清洁电能。江苏沿江沿海港口投资已经超过9000万元，建成9套高压岸电系统和290套低压岸电系统，在内河港口建成1900套小容量供电设施；上海已完成3套高压岸电设施建设任务，95%以上的内河码头已具备低压岸电供电设施，其中黄浦江游览码头已实现岸电设施全覆盖。岸电技术的普及还存在船舶岸电建设的前期投入费用高、一定的体制性障碍等问题，需要交通运输部门与电力部门协调港口用电优惠政策，降低岸电运营成本，协调港方、船舶、电力部门在岸电使用上的利益关系。

7.3 船舶与港口污染防治

推动落实《大气污染防治行动计划》、《水污染防治行动计划》，深入实施《船舶与港口污染防治专项行动实施方案（2015~2020年）》，以减少污染物排放和强化污染物处置为核心，发挥重点区域、重点领域示范带动作用，健全长效机制，强化环境监管，积极应对环境风险，持续推进船舶与港口污染治理。

7.3.1 大气污染防治

通过设立船舶大气污染物排放控制区、严格船舶燃油使用标准、加强船舶排放监管、推广岸电和清洁能源使用等举措，控制船舶硫氧化物、氮氧化物和颗粒物排放，改善空气质量。自2016年4月1日起，在长三角区域核心港口率先实施船舶排放控制区，要求船舶在核心港口靠岸停泊期间应使用硫含量不高于0.5%m/m的燃油，鼓励船舶在靠岸停泊期间使用硫含量不高于0.1%m/m的燃油，鼓励船舶进入排放控制区使用硫含量不高于0.5%m/m的燃油。长三角水域船舶排放控制区工作将分步实施。另外，长江沿江各地组织开展了内河水域船舶燃油质量专项检查，督促营运船舶贯彻环境保护部会同质检总局发布的《船舶发动机排气污染物排放限值及测量方法(中国第一、二阶段)》(GB 15097—2016)标准，推进内河和江海直达船舶使用合规普通柴油，鼓励船舶采取连接岸电、使用清洁能源、尾气后处理等与排放控制区要求等效的替代措施。

沿江各省（市）结合大气污染防治工作要求，加强码头堆场扬尘在线监测管理，开展干散货码头粉尘专项治理，推进主要港口大型煤炭、矿石码头堆场建设防风抑尘设施。在我国内河第一座机械化煤码头安徽芜湖港裕溪口煤码头，建设16米高的防风抑尘网封闭煤炭堆场，形成绿色屏障。江苏主要港口的大型煤炭、矿石堆场都建设了防风抑尘网，总长度达3.8万米；老旧散货码头粉尘综合防治率已达70%，新建码头粉尘综合防治率达到100%；建成喷淋设施覆盖堆场面积约为533万平方米，占比约33.4%。

推动原油成品油码头油气回收治理，交通运输部、环境保护部、商务部、质检总局等联合制定了《原油成品油码头油气回收行动方案》，交通运输部启动原油成品油码头油气回收首批试点工程（位于宁波—舟山港定海港区岙山作业区的中化兴中原油装船油气回收试点项目）。目前已开展油气（或化学品挥发气体）回收工作的港口包括南京港、舟山港等。

7.3.2 水污染防治

强化船舶流动污染的源头控制，推进港口污水处理和循环利用。推进沿海及内河船舶执行新修订的船舶污染物排放标准，加强对船舶防污染设施、污染物偷排漏排行为的监督检查，限期淘汰不能达到污染物排放标准的船舶，严禁新建不达标船舶进入运输市场。从2016年1月1日起，禁止内河单壳化学品船舶和600载重吨以上的单壳油船进入长江等内河高等级航道水域航行。推动船舶含油污水、生活污水、化学品洗舱水和垃圾等污染物的收集储存设施和接收设施建设。大部分地区按照交通运输部《关于开展港口船舶污染物接收处置有关工作的通知》、《港口和船舶污染物接收转运及处置设施建设方案编制指南》等相关文件要求，相继开展港口船舶污染物接收转运处置能力的评估和编制《港口和船舶污染物接收、转运、处置建设方案》。交通运输部选择京杭运河苏北段港口（内河港口）作为试点，编制建设方案，湖南省在全国率先完成了《湖南省内河港口和船舶污染物接收、转运及处置设施建设方案》的编制工作。长江航务管理局组织开展了《长江干线散装液体危化品船舶洗舱站布局规划研究》工作。浙江省开展以"三不一推"（运输船舶不违规排放油污水、船员不随意丢弃垃圾、液体危险化学品运输船舶确保不泄漏、推进内河船舶清洁能源应用）为主题的内河船舶水污染防治专项行动。目前，内河10个油污水接收项目、400余个船舶生活垃圾接收点已正常投入使用，杭州、嘉兴等多市通过政府购买服务的形式实现了航区内的船舶油污水、生活污水、生活垃圾接收处理社会化运营。

加强危险化学品运输船舶和码头防污和过程监管，强化污染风险管控。强化码头许可资质环保要求，结合非法码头专项整治行动，加强对饮用水源保护。组织开展了危险货物运输整治，对装卸作业码头、水上加油站点等设施进行重点排查。严厉打击未取得资质运输《内河禁运危险化学品目录》中的危险化学品等违法违规行为。

7.3.3 提升污染事故应急处置能力

长江海事部门和沿江各地相关部门编制、完善了突发环境事件应急预案，开展了应急人员培训与演练，健全完善了区域应急联动机制。出台了《水上溢油风险评估导则》、修订《港口码头溢油应急设备配备要求》。

根据国家水上交通安全监管和救助系统布局规划，在长江干线综合基地和基地设置13个船舶溢油应急设备库，其中中型船舶溢油应急设备库1个，小型船舶溢油应急设备库7个，可对抗50吨船舶溢油的设备点5个。海事部门继续开展溢油设备储备库完善工程，指导设备库的运行管理，促使设备库全面符合交通运输部海事局《关于加强国家船舶溢油应急设备库运行管理的指导意见的通知》等规定，不断提高应急能力。

7.4 生态文明综合治理能力建设

7.4.1 加强港口与船舶节能减排监测体系建设

继续强化港口和内河船舶节能减排统计监测，继续推进"车、船、路、港"千家企业低碳交通运输专项行动所在地区建立能耗监测系统平台，继续推进南通、淮安等全国交通运输能耗监测试点城市内河船舶能源消耗在线监测平台建设工作。

推动港口与船舶污染物监测体系建设。各地结合生态环境监测网络建设，启动港口与船舶环境监测网络建设专项规划的研究制订工作。

7.4.2 提升科技创新与支撑能力

以科技创新作为生态文明建设的重要抓手，重点支持运输组织信息化、节能降耗管理、能力建设、节能减排新材料、新产品、新技术等研究方向，鼓励企业作为创新主体开展交通运输节能减排科技创新与应用，促进节能减排科技成果转化工作。2016年，重点支持清洁能源应用、靠港船舶使用岸电、大气污染防治、生态型护岸、船舶尾气处理、码头油气回收治理、船舶与港口污染物监测与治理、危险化学品运输泄漏事故应急处置等技术研发和应用。

7.4.3 组织开展绿色港航试点示范项目

继续做好"十二五"期间交通运输部推进的节能减排环境保护试点示范项目的实施及收尾工作。淮安、成都、株洲等低碳交通运输体系建设试点城市，江苏、浙江、山东等绿色交通省，岳阳港等绿色循环低碳港口试点，逐步形成了一套绿色低碳交通运输区域性和主题性试点模式。

继续推进《上海绿色港口三年行动计划（2015~2017年）》，根据2016年上港集团创建绿色港口三年行动计划中期评估结果，上港集团创建绿色港口实施项目25项，节能减排总投资为99938万元，节能量为7970吨标煤，替代燃料量为4937吨标油。在LNG码头牵引车应用、拖轮节能技术应用、港口船舶岸基供电的技术研究与示范工程等方面积极实践。围绕节约能源和优化能源结构，开展了能耗统计检测、新能源应用、供电等能源系统优化等方面的研究。同时，持续加强现有码头生产经营过程中的管理，特别注意保护港口水域环境，加强突发情况的应急演练。对于新建设的码头项目采取必要的环境影响预防措施，并在施工结束前后进行生态补偿和修复。

作为创建绿色交通省的重要组成部分，浙江省继续推进落实《浙江省创建绿色港航实施方案（2015~2018年）》，出台了《浙江省绿色港航发展"十三五"规划》、《嘉兴绿色港航建设三年行动计划（2017~2019年）》等政策文件，以打造宁波港、温州港绿色港口以及钱塘江中上游衢江（衢州段）、杭平申线（浙江段）、京杭运河（湖州段）绿色航道五个主题性项目等区域性主题性试点和专项行动为重点创建绿色港航，从内河水运复兴和综合运输体系建设、绿色低碳生态基础设施建设、节能环保运输装备应用、集约高效运输组织模式、科技创新与信息化建设、提升监管能力方面入手，逐步推动浙江港航绿色发展、循环发展、低碳发展。

江苏省在推进绿色循环低碳交通运输示范省份建设工作中，继续推进落实《关于加快绿色循环低碳交通运输发展的实施意见》，以优化能源消费结构、提高能源利用效率、降低碳排放强度为核心，以示范港口、示范航道等区域性主题性试点和专项行动为重点，推动内河干线航道周边洁化绿化美化行动，推进加气站点规划建设、船舶污染治理、油品升级、岸电推广应用、港口码头防尘抑尘和水路交通运输环境污染突发事故应急处理等工作。

第 8 章
行业精神文明建设

精神文明建设在中国特色社会主义事业总体布局中具有十分重要的地位和作用，加强精神文明建设是全社会的共同责任。长江航运全行业以培育和践行社会主义核心价值观为引领，全面加强精神文明建设，不断提升行业发展软实力。

8.1 学习型行业建设

8.1.1 思想政治教育

全面贯彻落实党的十八大和十八届三中、四中、五中、六中全会精神，深入学习贯彻习近平总书记系列重要讲话精神，认真组织开展"两学一做"学习教育，把干部职工的思想和行动高度统一到中央精神上来。长航局系统各单位积极发挥领导班子龙头示范作用，依托理论学习中心组组织领导干部学，切实增强了领导干部的政治意识、大局意识、核心意识、看齐意识，紧紧围绕贯彻落实"四个全面"战略布局，学理论、出思路、谋发展。陕西省航运管理部门建立了"两学一做"学习教育微信群，定期发布"两学一做"学习内容、"两学一做"每日一题，结合自身实际制定了做合格党员的细化标准，全力构筑党员自己的"家"。重庆、山东、贵州、河南等地航运管理部门深入开展"两学一做"学习教育，进一步加强了思想政治教育，党风政风行风持续好转。河南省航运管理部门开展了省局党员与基层党员结对子活动，省局25名党员干部与基层党员结成对子，互帮互学，党员组织观念和党员意识明显提升。

落实全面从严治党，加强系统党建工作。长航局制定了落实从严治党要求实施意见，完善了党委议事规则，制定了《长航局党委落实党风廉政建设主体责任清单》，成立了长航局党建工作领导小组，大力加强基层党支部规范化建设，建立了党建工作督办工作机制，层层落实责任，级级传导压力，推动了全面从严治党向基层延伸。陕西省航运管理部门印发《党风廉政建设和反腐败工作目标责任分工表》，实行"一岗双责"，坚持政治学习固定学习日。上海市航运管理部门制定了共97条具体工作任务的落实党风廉政建设"工作清单"，与上海市检察院建立行贿犯罪档案查询机制，将预防腐败的关口前移。贵州、河南等航运管理部门严格落实从严治党要求，加强党风廉政建设，强化党员干部"四个意识"，干部队伍建设得到进一步加强。

8.1.2 宣传舆论引导

开展形式多样的主题活动。长航局以主题实践活动为载体，深入开展"中国梦"宣传教育，引导干部职工共谱"中国梦"长江篇。利用"七一"、国庆、长征胜利纪念日等，组织开展主题活动，大力弘扬时代主旋律。聚焦长江航运行政管理体制改革，宣传改革方案，积极解疑释惑，组织"当好发展先行官、我该怎么办"、"我与长江航运改革"大讨论，为改革实施营造了良好的舆论氛围。陕西省航运管理部门大力弘扬社会主义核心价值观和开展"厚德陕西"道德实践活动。贵州省航运管理部门在贵州日报刊发整版报道《乌江航运 光荣与梦想》，在省内外引起了广泛的关注和热议，水运行业社会关注度明显提高。河南省航运管理部门开展以"平安船舶、平安渡口、平安港口"、"平安工地"为载体的"平安交通"创建活动，联合河南省教育厅开展"水上交通安全知识进校园"活动。安徽省航运管理部门积极响应公众需求，开展了"信用交通宣传月"活动，深入推进行业信用体系和诚信文化建设。安徽省航运管理部门组织开展了"水运故事会"等活动。

积极做好舆论宣传。长航局抓住全国人大代表唐冠军同志参加全国"两会"的契机，精心组织专题报道，积极广泛传播长航声音。大力宣传报道"645"工程、12.5米深水航道初通南京、三峡升船机试通航等重大项目的进展和成效，展示长江航运建设发展的最新成就，为长江航运建设发展扩大声势、赢得支持。大力宣传报道各方合力推进黄金水道建设及服务港航企业的具体举措、成效。大力彰显在防汛抗洪、精准扶贫、打击非法采砂和强化船舶监管等工作中，长江航运人爱岗敬业、乐于奉献，同舟共济、扬帆奋进的动人风貌。

8.1.3 核心价值体系培育

注重先进典型选树宣传。长江海事局牛百龙同志、江苏海事局幸福船员品牌、河南省航运管理部门与商丘市交通运输局和商丘市地方海事局联合推荐的商丘市水上义务救援队队长黄伟同志、四川省航运管理部门沙国清同志入围2015年感动交通年度人物。宜昌海事局"激情海事 平安峡江"和九江海事局分别被评为"全国交通运输优秀文化品牌"和"全国交通运输文化建设优秀单位"。安徽省航运管理部门将含山县运漕港航(海事)所所长唐正祥同志的事迹拍摄成微电影《我的渡口》，在基层单位大厅电子显示屏滚动播出，大力宣传这位全省"五一劳动奖章"、交通运输部"2014年海事'三化'好形象好品牌"获得者，社会反响强烈。陕西省航运管理部门组织开展了"身边好人"和"最美干部（职工）"评选活动，树立具有行业特色的先进典型。河南省航运管理部门郑州厉风义务救援队队长王喜军同志，2016年11月入选了中宣部、中央文明办主办的"中国好人榜"。四川省航运管理部门制作并发布了行业形象宣传片《蜀水逐梦》，深入挖掘行业内基层一线干部职工坚守岗位、无私奉献的感人事迹。

培育践行社会主义核心价值观。长航局继续组织开展"行业核心价值体系学习实践教育月"活动，使行业核心价值体系内化于心、外化于行。继续实施送文化下基层的"春雨行动"，向基层"送温暖（送清凉）、送文化、送健康"，组织"长江梦——长航文艺小分队"赴基层慰问演出，使行业核心价值潜移默化、入耳入脑。

8.2 行业文化建设

积极讲好长航故事，着力打造行业文化精品，丰富行业文化成果。"讲述长江往事，共创文化经典"活动相继在宜昌、重庆、南京等地举行，组织召开了纪念鄢国培"长江三部曲"出版三十周年座谈会、纪念长江船王卢作孚座谈会，行业骨干和老同志共同讲述长江故事，共谱文化新篇。深入推进"万里长江文化长廊建设"，新增的万里长江文化长廊九江片建成开放。积极推进长江航运史陈列馆建设，完成建设方案初步设计，陈列物品征集工作全面展开。评选长江航运文化建设双十杰，推出20位在长江航运文化建设中做出杰出贡献的领军人物及拔尖人才。

积极开展各类文化活动，丰富职工生活。长航局成功举办第三届职工运动会和首届职工足球联赛，开展长航系统在汉单位单身青年职工联谊活动，组织19对长江儿女参加"江城之恋 情定长江"——第十五届市民集体婚礼，开展长航系统"智慧女性书香家庭"征文活动。长航公安局部署参加公安部第二届"我奉献·我快乐"微信、微博、微电影比赛等一系列丰富多彩的活动，编写制作《"东方之星"客轮翻沉事件搜救安保工作纪实》画册，录制2016年工作纪实片《护航》，长航公安局荆州分局微视频《千里还家》荣获第二届公安民警"三微"大赛二等奖。长江海事局编印《长江海事文化手册》，完成机关大楼文化图饰。安徽省航运管理部门大力开展形式多样的技能比武和文体活动，开展"身边的江淮工匠"推荐学习活动，提高职工工作和生活质量，提高单位的凝聚力和向心力，组织开展了全省水运职工象棋比赛。

长航局系统推出了首部以长江经济带建设为背景，讲述长江航运建设者投身黄金水道建设故事的话剧《又到满山红叶时》。该剧由长江重庆航道局、中华全国总工会文工团等联合打造，被誉为20世纪80年代经典电影《等到满山红叶时》的姊妹篇，将壮丽长江三峡透过勤劳善良、敢闯敢拼的航道工人故事生动展现在观众面前。话剧在全国巡演后，产生良好反响，中央文明办、全国总工会、交通运输部领导专程到场观看演出并给予针对指导，社会各界高度评价其公演意义。

8.3 行业文明创建

2016年，长航局系统继续保持全国交通文明行业称号，全系统80%的二级单位为省级文明单位，6个先进集体和6名先进个人新获2014~2015年度全国交通运输行业精神文明先进集体和先进工作者称号。长江海事局孙智凯荣获"全国交通运输行业文明职工标兵"、"直属海事系统十大杰出青年"等荣誉称号，江苏海事局杨宗保被评为全国交通运输行业文明职工标兵；长江海事局、江苏海事局所属7个局4个处站荣获省部级文明单位。宜昌海事局被评为全国交通运输行业文明单位，长江海事局政务中心、江苏海事局镇江大沙海事处、合肥市地方海事局行政服务中心被评为全国交通运输行业示范窗口。陕西省航运管理部门推荐全国海事系统文明执法示范窗口单位和文明执法示范窗口标兵单位4家。重庆市航运管理部门加快推进诚信体系建设，东江实业等3家企业、

"长江黄金5号"等5艘船舶分别荣获"长江诚信港航企业、诚信船舶"称号。湖南省航运管理部门积极推进平安单位和机关文明单位创建，获2016年全省机关文明标兵单位和综合治理标兵单位称号。山东全省航运管理部门保持全国交通文明行业，局机关保持全国交通系统文明执法示范窗口和省级文明单位，京杭运河（山东段）保持全国文明样板航道荣誉。贵州省航运管理部门获得交通运输部海事局授予"庆文式"标兵1人，被团省委、厅团工委授予青年文明号2个，命名全省水运系统文明单位（窗口）9个。安徽省航运管理部门文明办以"微笑服务、温馨交通"和"徽舟船检、亲情服务"品牌创建为抓手，深化文明创建工作，受到了社会各界的一致好评。四川省航运管理部门乐山等4个集体和遂宁范志强等6名个人受到部表彰，新建成部级文明单位2个、文明示范窗口2个。

第 9 章 航运发展展望

贯彻落实新发展理念，适应把握引领经济发展新常态，推动我国经济社会发展，是当前和今后一个时期我国发展的总要求和大趋势。在"新常态"下，长江航运的发展将随着我国经济结构调整的逐步深化和新技术新业态的全面发力，打开一个全新的局面。《长江经济带发展规划纲要》已经处于向纵深推进的关键阶段，面对交通运输发展的黄金时期，推进长江航运发展，使黄金水道更加展现黄金作为，是推动长江经济带国家战略实施的关键。长江航运的发展要切实推进供给侧结构性改革，切实推进转型升级，推动行业提质增效，当好长江经济带发展的先行官、主力军。

9.1 长江航运发展新形势

9.1.1 经济社会发展新趋势

中国经济发展进入了新常态，经济增速、经济发展方式、经济结构、经济发展动力都正在发生重大变化。在新发展理念指引下，中国将着力提升经济增长质量和效益，围绕供给侧结构性改革这条主线，转变经济发展方式，优化经济结构，加大重要领域和关键环节改革力度，积极推进去产能、去库存、去杠杆、降成本、补短板，培育增长新动能，实现实体经济升级，推进创新驱动发展战略，深入实施"互联网+"行动计划，扩大有效需求，更好保护生态环境，统筹抓好稳增长、促改革、调结构、惠民生、防风险工作，推动经济保持中高速增长、迈向中高端水平。同时，将深入实施西部开发、东北振兴、中部崛起、东部率先的区域发展总体战略，继续实施京津冀协同发展、长江经济带发展、"一带一路"建设三大战略，推进新型城镇化；将积极营造宽松有序的投资环境，建设高标准自由贸易试验区，构建对外开放新格局。

长江水系各省市地方两会政府工作报告中，围绕供给侧结构性改革、深度融入"长江经济带"和"一带一路"战略作出工作部署。

9.1.2 交通运输发展新目标

中国交通运输发展将按照统筹推进"五位一体"总体布局和协调推进"四个全面"战略布局，贯彻落实新发展理念，坚持适应把握引领经济发展新常态，坚持以推进交通运输供给侧结构性改革为主线，提高发展质量和综合效率，积极发挥不同运输方式的比较优势，坚持网络化布局、智能化管理、一体化服务、绿色化发展，建设国内国际通道联通、区域城乡覆盖广泛、枢纽节点功能完善、运输服务一体高效的综合交通运输体系，为全面建成小康社会提供交通运输保障，更好地服务中国经济发展，更好地连通中国与世界。

——全面深化交通运输改革。深入推进综合交通运输改革发展，促进各种运输方式深度融合，加快构建安全、便捷、高效、绿色、经济的现代综合交通运输体系。加快政府职能转变，持续推进简政放权、放管结合、优化服务，提高行政效能。

——构建内通外联的运输通道网络，建设现代高效的城际城市交通，打造一体衔接的综合交通枢纽。构建横贯东西、纵贯南北、内畅外通的综合运输大通道，推进对外交通走廊和海上丝绸之路走廊建设。建设城市群中心城市间、中心城市与周边节点城市间1~2小时交通圈，打造城市群中心城市与周边重要城镇间1小时通勤都市圈。优化枢纽空间布局，提升全国性、区域性和地区性综合交通枢纽水平，加强中西部重要枢纽建设，推进沿边重要口岸枢纽建设，提升枢纽内外辐射能力。完善枢纽综合服务功能，优化中转设施和集疏运网络，强化客运零距离换乘和货运无缝化衔接，实现不同运输方式协调高效，发挥综合优势，提升交通物流整体效率。

——推动运输服务绿色智能发展。推进交通运输绿色发展，集约节约利用资源，加强标准化、低碳化、现代化运输装备和节能环保运输工具推广应用。实施"互联网+"行动计划，加快智能交通发展，推广先进信息技术和智能技术装备应用，加强联程联运系统、智能管理系统、公共信息系统建设，加快发展多式联运，提高交通运输服务质量和效益。

——提升交通运输安全管理水平。完善安全生产法规制度体系，有效落实企业主体责任和管理部门监管责任。加强应急能力建设，全面提升应急处置和救援水平。强化事前预防，开展平安交通专项行动，加大隐患排查治理和风险管控力度，突出重点领域安全监管，全面实施安全生产风险管理，坚决遏制重特大事故多发频发。

9.1.3 长江航运发展新格局

"十三五"是交通运输基础设施发展、服务水平提高和转型发展的黄金时期，长江航运发展的内外部环境正在发生深刻变化，促进长江航运科学发展面临重大历史机遇，也存在诸多困难和挑战。着眼全面建成小康社会，着眼实施长江经济带等国家重大战略，各级政府把长江航运摆在先行发展的重要位置，以解决制约长江航运发展的突出问题为导向，以提升长江航运服务水平和治理能力为根本，坚持生态优先、绿色发展，着力改善通航条件，着力提高运输服务质量和效益，着力强化安全管理，着力完善发展体制机制，努力打造水脉畅通、功能完备的长江黄金水道。长江航运发展呈现国家战略中的主通道、沿江综合立体交通走廊建设中的主骨架、沿江产业布局中的主支撑、多式联运中的主枢纽、生态文明建设中的主基调的发展新格局。

——为全面小康奋力先行，围绕贯彻落实新发展理念这一主线，要求长江航运坚持创新发展，不断创新长江航运科学发展理论，深化长江航运体制机制改革，突出科技创新引领作用，强化长江航运文化创新，着力解决发展动力问题；坚持协调发展，推动东中西部水路运输协调发展，推动长江航运建、管、养、运、安协调发展，促进综合运输体系内部协调；坚持绿色发展，通过结构调整拓展绿色发展空间，通过技术进步推动绿色发展，通过制度设计引导绿色发展，着重解决人与自然和谐问题；坚持开放发展，服务国家对外开放新格局，加快推进基础设施互联互通和大通道建设，加快推进水路运输产能、技术装备、标准规范、服务和专业人才走出去；坚持共享发展，进一步改善贫困地区重要航道和库湖区水运基础设施条件，提升长江航运基本公共服务均等化水平，使长江航运发展成果更多更好地惠及全体人民。

——积极服务国家重大战略，围绕依托黄金水道构建沿江绿色发展轴这条主线，要求充分发挥长江水运运能大、成本低、能耗少等优势，加快推进长江干线航道系统治理，整治浚深下游航道，有效缓解中上游瓶颈，改善支流通航条件，优化港口功能布局，加快多式联运建设，打造畅通、高效、平安、绿色的黄金水道，为内河经济带建设提供支撑，为东中西协调发展奠定基础，为陆海双向开放创造条件，为生态文明建设做好示范。同时，对接"一带一路"战略，加强与海上互联互通和主要港口支点建设。

——适应经济发展新常态，围绕供给侧结构性改革这条主线，要求长江航运必须以提高供给体系的质量和效率为目标，优化水运网络结构，加强航道能力、港口服务功能和集疏运体系建设，补齐基础设施短板，提升运输组织水平，重点强化多式联运及干支运输的协同高效，多措并举降成本，用改革的办法推进结构调整，完善公平竞争、优胜劣汰的市场环境和机制，加快培育新的发展动能，改造提升传统比较优势，推动行业结构优化升级，以改善和创新供给更好满足、创造需求。

——增强转型发展的活力和动力，围绕智慧、绿色、平安航运建设这一主线，要求以提升长江航运发展的质量和效益为中心，将先进理念、制度和技术手段融入发展全过程各领域，推动长江航运向更智慧、更绿色、更安全的方向发展，基础设施运输服务更智慧，生态文明融入发展全过程，安全生产形势持续稳定好转，使长江航运发展成果更多更好地惠及全体人民。

——为发展提供制度支撑，围绕推进国家治理体系和治理能力现代化这条主线，要求长江航运以更大力度、更有效举措，深化体制机制改革，深化"放管服"改革，推进法治政府部门建设，加快推进投融资改革。

9.2 2017年长江航运发展目标任务

2017年是实施"十三五"规划的重要一年，是供给侧结构性改革的深化之年，是推进交通运输转型升级、提质增效的攻坚之年，也是巩固长江航运改革发展成果、推进长江经济带交通运输发展的关键之年。长江航运业将坚持稳中求进工作总基调，贯彻落实新发展理念，适应把握引领经济发展新常态，抓住"十三五"交通运输发展的黄金时期，依托黄金水道率先建成网络化、智能化、现代化的综合立体交通走廊，全力为长江经济带发展当好先行。

全力推进长江黄金水道建设，更好服务长江经济带发展战略；深化供给侧结构性改革，加快推动长江航运降本提质增效；主动推动现代综合交通运输体系建设，加快发展多式联运，更好发挥水运比较优势；进一步提高长江航运安全监管水平，全力打造"平安长江"；提升长江航运绿色发展水平，推广清洁燃料使用以及港口岸电建设；加快改革创新，继续深化长航管理体制改革，不断增强发展活力；加强干部人才队伍建设，为长江航运事业发展提供有力保障。

9.2.1 推进水运基础设施建设

继续加强长江干线航道系统治理，加快建设长江三角洲高等级航道网等支线高等级航道，促进航道等级提升和区域成网。有序推进大型综合性港区和重要货类专业化码头建设，促进区域港口协调发展。以主要港口和航运中心为重点，加强铁路、公路集疏运系统建设，强化集疏运服务功能。继续完善支持保障系统布局和能力建设。

1. 强化顶层设计和规划实施

完成《长江干线航道发展规划》修编等相关规划编制工作。加强《长江经济带发展规划纲要》、《"十三五"现代综合交通运输体系发展规划》以及《长江经济带综合立体交通走廊重点突破工作方案》、《"十三五"港口集疏运系统建设方案》等相关规划和实施方案的组织实施，完善相关配套政策措施，加强规划实施事中事后监管和动态监测分析，适时开展中期评估和动态调整。

2. 继续加快推进航道建设

加快推进长江干线系统治理。围绕进一步浚深下游航道、改善中游航道、提升上游航道的目标，加快推进黄金水道重大项目建设和重大工程研究论证。加快实施长江南京以下12.5米深水航道二期工程，启动实施宜昌至安庆段航道"645"工程，推进重庆朝天门至九龙坡段航道整治等后续工程，开工建设三峡坝区莲沱段、安庆河段二期等航道整治工程，推进长江干线重庆至宜宾段"三升二"航道建设前期工作。

统筹推进各支线高等级航道建设。加快推进岷江犍为枢纽、嘉陵江航运配套工程、乌江渡库区航运工程、汉江雅口航运枢纽、湘江二级航道二期工程、沅水浦市至常德航道建设工程、赣江新干航电枢纽工程、信江八字嘴航电枢纽以及长江三角洲地区高等级航道升级改造工程等。

继续做好三峡升船机试通航，配合推进三峡枢纽水运新通道建设前期工作。

3. 加强港口码头和集疏运体系建设

推进内河集约化、规模化港区和主要港口大型综合性港区、专业化码头建设。集约利用港口岸线、陆域、水域等资源，防止低水平重复建设，加快老旧小码头技术升级改造，鼓励公用码头、大型码头泊位发展。

加强规划协调，推进各种运输方式与港口有效衔接，加强重要港口集疏运铁路、公路建设，鼓励具备条件的城市建设港口专用公路和铁路专用线。

4. 推进支持保障系统能力建设

落实《长航局系统资源整合实施方案》和相关建设方案，全面推进长航局系统信息化、基地码头建设项目资源整合；落实《长江干线危险化学品船舶锚地布局方案（2016~2030年）》，加强长江干线危险品锚地规划建设，有序推进项目前期工作；加快推进安全防控体系建设；推进长江江苏段应急指挥综合系统建设；推进长江航道局1000吨应急抢险打捞起重船等技术设施装备的演练实操。统筹推进地方水域海事巡航应急搜救基地、站点和指挥中心建设，推动水上安全和应急管理网格化"全覆盖"。

5. 着力打造"品质工程"

加强水运工程建设质量监督制度建设，强化建设工程与建设市场管理。加强在建项目过程控制和动态管理，规范水运工程勘测、设计、施工、监理等企业信用评价工作，维护公平有序市场秩序；推进长江航运水运建设市场专项检查工作，组织实施工程建设质量安全违法违规行为信息公开，深化工程建设市场信用体系建设。落实交通运输部开展品质工程示范创建工作的精神，启动"品质工程"示范创建。

9.2.2 提升航运供给效率和品质

1. 继续做好航道（枢纽）管理和养护

加强航道资源保护。依照《航道法》对涉航工程航道通航条件影响评价制度的明确要求，进一步加强临、跨、拦河建筑物航道通航条件的审核管理，规范项目审核范围及审核权限，对通航河流上临跨拦河建筑物工程的实施加强检查监管，加强河道采砂管理，切实保护航道资源不受破坏，保障航道资源的可持续发展。

继续做好航道养护。做好长江干线航道、京杭运河等内河高等级航道、船闸养护管理，提高基础设施运行效率，充分挖掘存量资源潜力，着力提升航道船闸通航能力。继续以"充分利用航道自然水深、充分利用整治工程效果，加强航道维护力度"为原则，进一步提高长江干线武汉长江大桥至安庆吉阳矶、芜湖高安圩至芜湖长江大桥等河段航道维护尺度；推进长江口深水航道、南京以下12.5米深水航道一期工程常态化维护

工作；继续发挥三峡通航综合管理优势，保障三峡船闸和升船机运行畅通高效。健全完善重点航道航行规定的制定工作。

深化航道管理体制机制改革。深化航道管理体制机制改革，引入航道养护社会化管理，丰富常规检查、强化监管方式，切实提高航道日常养护管理水平。积极探索电子航道图等新技术、新材料在航道管理养护中的应用，提升养护管理科技化水平。继续推进长江口航道减淤工程及科研、疏浚土综合利用工作。推动理顺三峡通航建筑物管理体制。

2. 继续推动港口资源整合和一体化发展

继续推动港口资源整合，积极推动江苏港口一体化改革试点，促进港口码头、岸线等资源有效整合与集约利用。加快推进区域港口功能优化、错位发展。

加快以沿海和内河主要港口城市为节点的货运枢纽（物流园区）建设，延伸和拓展港口物流产业链。加强港口公用航道、锚地建管养。支持港口企业延伸服务范围，支持内陆"无水港"建设。

加大港港、港产、港航联合联盟发展支持力度，引入物流供应商、货主、第三方服务平台等主体，促进传统港航企业改善经营结构，延伸产业链条，构建供应链产业集群。

3. 加快运输装备升级

继续推进内河船型标准化，强化落实《长江水系内河船型标准化工作任务书》，实施好老旧运输船舶和单壳油轮提前报废更新政策，逐步化解过剩运能，支持高效、节能、环保船舶发展。

4. 提升现代航运服务水平

加快推进上海国际航运中心、武汉长江

中游航运中心、重庆长江上游航运中心以及南京区域性航运物流中心、舟山江海联运服务中心建设，促进传统航运服务业升级，支持航运高端服务业的发展。

引导企业加速与电子商务、金融服务业务的融合，拓展航运服务功能。建立健全航运信息公开、航运市场监测和风险预警机制。做好自贸区航运政策复制推广。

5. 加快发展高端水上旅游

加快发展长江和三峡库区、支流库区及风景名胜湖库区高端水上旅游，支持游艇有序发展。

9.2.3 推进航运业"降本增效"

1. 加快航运结构调整

推进运力结构优化。加强长江干线省际客船、液货危险品船、载货汽车滚装船运输市场宏观调控，延缓新增运力投放。继续推进船型标准化工作，强化落实《长江水系内河船型标准化工作任务书》，加快淘汰老旧落后运力，推进单壳油轮提前报废更新，支持高效、节能、环保船舶发展。加强船型标准化工作督查，落实好延续政策，做好配套资金落实和政策实施，用好、用足中央财政补助资金。充分发挥市场配置资源作用，引导集装箱等专业化船舶发展，逐步化解普货运力过剩矛盾，改善市场供需结构。

推进港航企业转型升级。引导企业兼并重组，推进航运企业自有运力达标。

2. 降低物流结构性成本

深入落实"三去一降一补"重点任务，落实好政策性安排，深化港口价格形成机制改革，努力使企业税费负担、融资成本、制度性交易成本等得到合理和有效降低；充分发挥市场在资源配置中的决定性作用，鼓励和引导企业内部挖潜，有效促进组织创新、管理创新，推进运输资源高效整合和优化配置。

3. 积极发展多式联运和江海直达运输

积极发展以港口为枢纽的联运业务。推进铁水联运、公水联运示范点建设，鼓励支持企业申报国家多式联运示范项目。深化铁水联运示范范围和内容，持续提升铁水联运比重。

优化江海运输组织。落实推进特定航线江海直达运输发展的意见，推进特定航线江海直达船型研发。继续推进江海联运、干支直达发展，提高水水中转比重。支持沿江港口与沿海港口协作，支持沿江港口开辟沿海及近洋航线，完善集装箱、铁矿石、煤炭、汽车滚装及江海中转运输网络。

9.2.4 加强安全监管

1. 严格落实安全监管制度

全面落实国务院和交通运输部关于安全生产工作的部署，推进"平安交通"建设示范工作。贯彻《中共中央国务院关于推进安全生产领域改革发展的意见》精神，强化属地管理责任，落实"党政同责、一岗双责、齐抓共管、失职追责"责任制。贯彻落实《交通运输安全生产风险管理暂行办法》《交通运输安全生产事故隐患排查治理暂行办法》，实施重大事故隐患挂牌督办和安全警示约谈，推进重大事故隐患整改落实。督促港航企业落实《水路旅客运输实名制管理规定》，加强客运码头危险品检查和船舶日常运营维护。全面实施长江干线水路旅客运输实名制管理工作。落实《长江干线恶劣天气等条件下船舶禁限航管理规定》等制度文件实施工作。

2. 突出重点领域安全监管

推进"6+1"平安交通专项行动,加大客运、危险货物运输和港口危险货物作业等领域安全监管力度,加强"四类重点船舶"和"六区一线"水域安全监管,开展水上交通安全教育进校园。深入开展危险货物港口作业安全治理行动等专项整治。强化"四季七节"、"四类重点船舶"安全监管。

坚持政府主导,分类推进撤渡建桥、撤渡并渡,加快渡口标准化建设和渡船更新改造。推进水上客运船舶公司化管理。

3. 加强隐患排查治理和风险管控

组织开展"汛期百日安全"、"安全生产月"等专项活动及长江客运专项整治、长江危险化学品运输安全综合整治行动。继续推进港口危险化学品和港口危险货物作业专项治理。对规模以上客运和危险品运输企业、国家重点建设项目全面实施风险管理。

完善海事联合巡航巡查、信息通报和执法协作机制,强化交界水域安全监管。督促船闸运营单位制定运营管理制度、安全操作规程,加强区域协调联动。

4. 全面提升应急处置能力

针对恶劣天气、客流激增等突发情况,进一步细化完善应急运输预案,加强应急运力和物资储备,强化事前预报、预警和预防,妥善处置突发事件,全力打造平安航运。推进应急资源整合,提升应急指挥平台综合协调、辅助决策能力,强化长江干线水上治安消防能力建设,大力推进行业反恐防范能力建设,做好长江干线航运突发事件的应急处置工作。

做好港口危险货物事故应急三大预案宣贯工作,加强危险品港口应急物资储备,进一步提高港口应急处置能力。指导水运企业、港口和渡口经营企业建立应急预案,落实应急管理人员、设备、经费和措施。广泛开展应急演练,提升事故现场应急处置能力。继续推动专兼结合的水上搜救力量发展,鼓励社会力量参与水上应急搜救行动。

9.2.5 推进智慧航运发展

1. 提高行业科技创新能力

完善行业重点科研平台布局和管理,切实推动协同创新,集中突破长江黄金水道运输能力提升等一批关键技术。加快大数据、云计算、物联网和北斗导航、高分遥感等技术应用,推进实现基础设施、载运工具等"可视、可测、可控"。深入实施行业科技人才推进计划,选拔青年科技英才,资助培养高层次高技能人才。

2. 以信息化提升管理能力

加快建设完善内河航运运行协同和应急指挥平台,推进长江航运物流信息平台建设。打造智慧港口,继续实施船员口袋工程。推进行业数据资源开放共享,加快数据资源开放共享平台以及网络风险监控平台等建设。

3. 加快推进智慧航运建设

推进"互联网+"水运应用。推进行业信息数据资源开放共享,完善数据资源开放共享平台管理办法,加快推进"互联网+政务服务"工作。开展智慧港口示范工程建设,推进港口物流信息平台、长江航运物流公共信息平台等信息化建设。推进"电子巡航"、长江电子航道图等成果的推广应用。完成"云上长航"规划研究,推进数据中心等重点工程建设。推动大数据、物联网等技术在水运业的应用,支持"互联网+"水运新业态,引导水运企业和互联网企业联盟发展。

9.2.6 推进绿色航运发展

1. 继续推进运输装备节能减排

推广应用高效、节能、环保型运输设备，鼓励淘汰老旧高能耗车辆、船舶和作业机械，鼓励企业进行绿色维修设施设备及工艺的升级改造。

继续推进水运行业应用液化天然气。继续做好水运行业应用液化天然气试点示范项目的组织实施和监督管理。

继续推动船舶靠港使用岸电。加快港口岸电设备设施建设和船舶受电设施设备改造，重点在长江干线优先推进船舶岸电设施建设。

2. 继续加强基础设施生态保护和修复

严格遵循主体功能区和生态保护红线等空间管控要求，将生态保护理念贯穿于基础设施规划、建设、运营和养护全过程。在长三角等港口集中区域开展港口生态修复，在长江干线航道等高等级航道开展航道生态修复，改善港口及航道区域生态环境质量。

3. 深入开展船舶与港口污染防治专项行动

继续强化大气污染防治、水污染防治工作。推进长三角水域船舶排放控制区建设，开展干散货码头粉尘专项治理，推进原油成品油码头油气回收工作。

鼓励既有船舶实施污水储存处置设施改造，推动船舶含油污水、生活污水、化学品洗舱水和垃圾等污染物的接收设施建设，并做好与城市公共转运、处置设施的衔接，推动多部门联合监管。推进港口污水处理和循环利用。

4. 推进资源节约集约利用

加强岸线使用监管，防止港口重复建设和岸线资源浪费，严控码头岸线过度超前审批。在长江干线将非法码头治理推向纵深。

推进疏浚土在基础设施建设运营中的无害化处理与综合利用。

5. 强化生态文明综合治理能力

持续提升能耗统计监测能力，支持节能减排、生态环保等方面的新技术、新工艺、新材料、新产品的研发和示范应用。

继续做好绿色港航建设示范工程的组织实施，通过不断探索总结可复制、可推广的适用技术和成功经验，为绿色发展提供借鉴。

继续加强生态文明宣传教育。利用多种媒体通过多种形式广泛宣传绿色航运理念，强化对从业人员的生态文明教育培训，提高全行业生态文明意识和水平。

9.2.7 推动行业治理能力提升

1. 深化行业重点领域改革

一是深化体制机制改革。进一步深化长江航运行政管理体制改革，充分发挥长江航务管理局统一管理长江航运事务的作用。深化长江海事、航道等单位改革工作，完成基层海事执法机构改革，推进长江通信、长航公安机构改革，建立完善长江水上交通监测与应急处置中心运行联动机制等。继续推进内河航道养护市场化改革。

二是推进法治政府部门建设。完善长江航运法规规范体系，严格实施规范性文件和重大决策合法性审查制度，提高依法行政能力。完善健全行政执法"三基三化"建设标准和制度体系，加快推动跨区域、跨部门执法协同，深化综合执法改革，形成可推广可复制经验并扩大推广。

三是深化"放管服"改革。深入推进简政放权，再取消和下放一批行政审批事项，推进行政审批网上办理。继续推广"双随机一公开"监管方式，加强信用体系建设，加快构建以信用为核心的新型市场监管模式。全面推进政务公开。稳步推进船舶签证取消后海事监管模式改革工作。推进船员管理改革，实施船员动态监管。

四是加快推进投融资改革。加快构建"政府主导、分级负责、多元筹资、规范高效"投融资新机制。继续推进基础设施PPP模式的运用推广和项目落地实施。

五是统筹推进改革试点经验总结和复制推广。推广区域港口一体化经验，积极推进区域港口资源整合。配合四川、重庆、湖北、浙江等第三批自由贸易区建设的实施，探索内陆地区畅通的航运开放新机制，做好自贸区航运开放政策复制推广。

2. 加强运输市场监管与服务

一是优化运输市场环境。落实《长江等内河航运市场秩序专项治理行动方案》，严肃排查治理经营资质条件不达标、船舶超载、配员不足等不规范、不安全、不公平的经营行为。继续推进长江水系省际客船、危险品船运输经营人诚信管理，完善企业、船舶、船员诚信档案，引导企业诚信经营、船员规范守纪。加强运输组织协调，保障军事运输、重点物资运输、重点时段运输的安全、平稳、有序。加强运输市场监测与信息引导，进一步完善长江航运监测分析机制和信息发布制度。

二是优化港口市场环境。加强港口岸线使用情况动态监管。严格港口经营市场准入，监督检查港口企业收费项目和收费标准，严厉打击无证非法经营、违规收费等行为。

三是优化水运建设市场环境。做好水运工程设计和施工企业信用评价，进一步提升水运工程建设质量。加强和规范航道通航条件影响评价，保护航道资源。

四是加强船舶船员管理。继续推进船舶配员专项检查，规范船舶登记业务。推进船员质量管理体系建设，完善考试题库、培训大纲，推广实操课程标准化和考试数字化评估系统，推动模拟器在船员培训中的运用，提高船员适任能力。

五是规范船舶检验行为。有效运行船检质量管理体系。深化"莫干山"协议合作机制。继续做好差异化委托检验。加强船检技术攻关，加大验船人员培训力度，全面提升检验能力。

3. 健全完善协调合作机制

健全港航、海事管理部门安全协同监管机制，强化涉水部门综合联动执法。

深化长航局与沿江省市"2+N"合作模式，拓展合作的广度与深度。

9.2.8 建设"人民满意航运"

1. 推进惠民利民实事的落实

更好地践行以人民为中心的发展思想，围绕各级交通运输部门推进的2017年惠民利民实事，采取有效措施抓好涉及长江航运的一批贴近民生的实事的落实。

交通运输部安排部署的惠民利民实事主要有：提高长江干线航道公共服务水平，长江干线荆州至武汉、宜宾至重庆枯水期航道维护水深分别提高0.3米、0.2米，长江电子航道图在具备条件的三类重点过闸船舶中免费推广应用覆盖率达到80%。实施服务船员"口袋工程",新增30万用户,服务船员总数达到120万。

长江航务管理局安排部署的惠民利民实事主要有:坚持"两充分一加强",提高部分河段航道维护尺度。继续免费推广应用长江电子航道图,"三类船舶"覆盖面不低于85%。继续落实"阳光引航"服务承诺。继续开展"春暖行动",支持港航企业转型升级。开展长江干线重点区域公共锚地建设试点,加快建设三峡河段船舶待闸锚地完善工程。继续落实船型标准化中央补贴政策,积极引导建造先进、节能、高效、环保的示范船,推进长江航运绿色发展。扩大物流信息平台应用覆盖面,为港航企业提供高效便捷的物流信息服务。

2. 深化行业文明创建

继续深入推进"微笑服务+"、"亲情服务+"品牌创建,实施"劳模先进工作室"等文化建设示范工程,继续发掘、培育具有时代特色、展现行业亮点的新品牌。

2016年长江水系14省（市）航运业发展回顾与展望

省域报告

报告 1

云南省水运发展综述

一、2016年水运经济运行情况

2016年,全省完成水路客运量和旅客周转量分别为1255万人和27035万人公里,同比增长8.47%和8.25%;完成水路货运量和货物周转量分别为646万吨和152000万吨公里,同比增长7.31%和7.99%。

运力规模:截至2016年底,共有内河运输船舶1092艘,净载重吨位133175吨,总客位数24365客位,总功率114862千瓦。与去年同期相比,船舶艘数增加57艘,净载重吨位增加3778吨,客位数增加1748客位。船舶平均净载重量、载客量、主机功率在逐年增加,船舶朝标准化、大型化方向发展趋势明显。

港口基础设施:截至2016年底,共有内河港口12个,28个港区,港口泊位192个,其中生产性泊位190个(300吨级以上泊位48个,300吨级以下泊位142个),非生产性泊位2个,码头泊位长度9060米,其中生产性泊位8840米,非生产性泊位220米。

航道通航里程:2016年航道通航里程4122.9公里(行政区划),较2015年增加40.4公里,其中,三级航道14公里,四级航道1360公里(增加40.4公里),五级航道230.6公里,六级航道838.9公里,七级航道889.61公里,等外航道459.7公里。

全省水上交通安全形势持续稳定,全年未发生统计上报的水上交通事故,无重特大水上交通事故。

二、航运体系建设发展

2016年全省水路交通基础设施建设计划完成投资8亿元,实际完成投资8.4亿元,同比增长3.94%。

在建项目稳步推进:加快建设金沙江中游库区航运基础设施综合建设项目一期工程、小湾库区航运基础设施工程、糯扎渡库区航运基础设施建设工程等8个纳入"五网"建设的水运在建项目建设,其中:新开工建设水富港扩能工程一期、金沙江溪洛渡至向家坝高等级航道建设工程。

前期工作有序推进:重点开展澜沧江—湄公河二期航道整治前期工作。完成了56道滩险的工程测量工作,完成了57道滩险的勘察和首级控制测量、部分地形测量和滩险水文观测工作。开展澜沧江244号界碑至临沧港四级航道、橄榄坝航电枢纽、临沧港项目、勐罕枢纽港区4个项目的前期工作。组织开展了云南省集中连片特困地区航运基础设施建设项目。

省港航投资建设有限责任公司充分发挥投融资平台作用，加大与政府、大型国有企业、优质民营企业的合作力度，积极引进社会资本，加快航运发展。

三、行业创新转型发展

按照省委省政府关于推进供给侧结构性改革的有关精神，深化水运管理体制改革。一是深化省航务局局属国有企业改革。二是推进船检改革。将全省推广的标准化系列船舶设计图纸和现有成熟船舶设计图纸复用审批，由省船舶检验处受理审图；将载客100人及以上的各类客船、载货200吨及以上的各类砂石船（包括各大类散货船舶）、危化品船和新型船及新能源动力船交由中国船级社审图，实现了船舶检验与审图分离。三是推进水运体制改革。按照国务院关于财政事权和支出责任划分的有关精神及厅党组关于深化水运管理体制改革的工作要求，系统研究涉及中央财政事权管理的历史问题，进一步理清中央与地方事权和职责，为水上安全发展创造良好的体制机制环境。

大力引导和支持航运企业发展水路旅游运输，培育新的水路运输增长点，加大对水路运输企业的服务和扶持力度。研究和协调澜沧江成品油运输的相关工作；大力扶持景洪城投公司的澜沧江国际客运，在企业筹建、新增运力等工作中给予大量支持；积极支持港航投资公司开展澜沧江、金沙江库区旅游航运。2016年，澜沧江短途旅游客运增长迅猛，客运量累计达97万人次。

四、行业治理和保障服务

（一）航道维护

航道养护常态化：加强全省577公里界河航道养护，重点开展了澜沧江对外开放水域航道养护，全年开展航道巡查12次，里程7032公里，完成航道疏浚工程量1.2万立方米，确保了重点航段的通航保证率达90%以上；在澜沧江思茅港设置遥测遥报水位站1座，制定《云南省界河航道养护管理实施细则》，界河航道养护逐步实现常态化。利用省级安排的500万元航道养护资金，组织全省各州（市）对除界河航道外的3683公里航道及536道渡口开展了的日常检查维护工作，完成了金沙江梨园、龙开口2个库区航道定线工作；修改完善《云南省航道养护管理办法》（试行），同时，组织开展全省重点航道安全标志的整治活动，制定《加快推进实施重要水运航道安全设施保障工程实施方案》，有效保障船舶通航安全。

严格规范港航行政审批：完成了澜沧江黎明大桥通航安全影响论证报告的批复、澜沧江前进快艇港口岸线使用的批复等18项航道通航论证、港口岸线行政审批工作，有效保护了航道通航及港口岸线资源。

（二）安全保障

明晰安全监管责任：对省市两级海事监管事权层级进行划分，建立了水上交通安全工作权力清单、责任清单及履职规范，进一步理顺权责边界，依法开展相关安全监管工作。全面落实安全生产责任制，抓好"党政同责"、"一岗双责"、"两个主体责任"、督促落实好乡镇船舶安全管理责任，全省乡镇船舶县、乡（镇）、村、船四级安全责任承包书签订率达到99.9%。

建立安全监督检查长效机制：强化"四重"监管，建立以企业全面自查为基础，监管部门专项检查、政府综合督查为配套，隐患和问题清单化管理、隐患整改责任落实为支撑的安全生产大检查长效机制。2016年，认真开展了春运、"五一"、汛期、中秋、国庆等节日期间的水上交通安全监管工作，全省共投入监督艇1500余艘次、执法车辆2100余辆次，出动海事执法人员9100余人次，检查船舶8900余艘次，发现安全隐患850多项，隐患整改率达100%，确保了人民群众的安全出行和节日物资安全运输；安排部署了"安全生产月"、打非治违等专项整治活动，先后组织了8次检查，出动15个检查组，覆盖全省14个州（市），有效降低了全省水上交通安全事故风险。

航道汛期灾害防御不断完善：修改完善《云南省航务管理局汛期灾害防御预案》，建立健全防汛机构和工作机制，确保了安全度汛。

加强通航水域和水上水下现场监管：开展通航安全巡查、联动执法和专项整治行动，打击碍航采砂、船舶超载等非法违法行为，维护通航秩序。严格规范评估工作，减少工程对通航安全的影响，为人民群众的便捷出行提供了安全保障。开展通航安全评估7次，出具通航安全评估意见9份。

加强船员管理和改革工作：深化船员管理改革方案，细化任务分解表。加强内河船员培训、考试发证及年度安全学习，切实提高船员安全意识及操作技能。2016年，举办各类船员培训30余次，签发内河船员适任证书450本、船员特殊培训合格证367本。

加强应急维稳处置能力：省航务局增设应急办，明确工作职责，修订完善应急预案，加大水上搜救及应急管理工作宣传教育，多次在昆明、大理、文山等地开展水上搜救应急演练，应急保障和处置能力得到加强。同时，抓好公路水路安全联防工作，深化"平安水运"创建活动，圆满完成南博会、党代会等重点时段的反恐安保维稳任务。

（三）市场监管

严把船舶检验关：规范船舶检验发证管理，完成202艘船舶审核工作；在全省17个船检所推广《海事船检管理信息系统》；推进库区标准化船型设计审图工作，保证库区船舶安全适航；组织全国内河小型船舶营运检验适任资格考试，全省参考人员97人；开展船舶吨位丈量统一管理，核发14份长期内河船舶吨位证书；完成船舶设计图纸审查52项、船舶建造检验业务3艘、委派业务45项及202艘船舶的检验审核工作。

强化水运市场监管：制定《云南省水路交通行政审批指南》《云南省航务管理局规范新增客船、客运企业行政审批流程实施指导意见》，严把全省客船、客运企业准入关。2016年，共新增长江省际运输、澜沧江国际水路运输企业12家。加强对水运企业经营行为的监督检查，打击非法经营，维护有序的水路运输市场环境；严格经营资质年度核查，不定期资质抽查，推进企业向规范化、规模化经营发展，增强抵御市场风险能力。积极高效办理农村水路客运燃油补贴申报工作，争取中央补助资金3680.4万元。

节能减排取得显著成效：强化节约资源、降耗减排，增强可持续发展能力贯穿于水运发展的全领域，树立绿色安全水运发展理念。在长江干线上申请中央资金23.1万元，完成了11艘船舶污水处理改造，实施生活污水排放达不到现行规范要求的内河运输船舶以及单壳化学品船、600载重吨以上单壳油船禁止进入水域航行的措施。在珠江干线上计划投入18万元开展船舶的污水系统改造，现已完成1艘船舶改造任务。

（四）协调机制

航电协调服务航运生产：严格执行澜沧江水情预报制度，全年对澜沧江景洪电站下泄流量预报52次，确保澜沧江景洪电站下泄流量稳定；通过协调加大景洪下泄流量，成功解救了在湄公河老缅界河搁浅的"万里阳光"号船舶；和华能澜沧江公司多次协商，组织完成景洪升船机实船试验及试通航验收，协调完成《景洪升船机试通航运行方案》，推动景洪升船机开通运行，使中断了10余年之久的澜沧江—湄公河四国协议通航河段景洪至思茅港段航运得以恢复。

完善共管水域协调机制：依托金沙江川滇两省交界水域、万峰湖滇黔桂三省区共管库区、珠江百色水利枢纽云桂共管水域、澜沧江跨州市共管水域等水上交通安全管理联席会议机制，开展联合执法行动，打击非法违法水上运输，保障共管水域水上交通安全。

五、航运发展展望

2017年，加快推进"五网"建设和综合交通5年大会战，增强水路交通总体供给能力和保障水平，通过建设水路出省出境大通道，提高与周边国家及相邻省区的互联互通水平，把云南独特的区位优势转化为开放优势和发展优势，具体主要目标和重点任务以及工作思路如下：

（1）加强统筹规划，增加项目储备。依据《云南省水路交通发展规划》（2014~2030年）及水路交通五年大会战项目表，依托《交通运输部水运"十三五"发展规划》的中央资金安排标准，做好5年大会战项目后续项目的储备工作，完成澜沧江—湄公河航道二期整治工程前期工作；研究跟踪中缅伊洛瓦底江、金沙江—长江、右江—珠江及中越红河通道建设；启动百色库区高等级航道前期工作；积极推进勐罕枢纽港区建设、金沙江白鹤滩至溪洛渡高等级航道建设前期工作。扎实推进规划前期工作的落实，做好规划实施中期的调整准备工作。

（2）积极争取资金，加快项目基础设施建设。加大对水路交通的投入，逐步缓解水运欠账较多，水运建设资金严重不足的问题。下一步将全力推进续建项目的建设，加快新开工项目建设，力争2017年完成投资8.5亿元以上。加快推进金沙江中游航运基础设施综合建设项目一期、二期工程，水富港改扩能工程，金沙江溪洛渡至向家坝高等级航道建设工程等续建项目建设；新开工建设澜沧江244号界碑至临沧港四级航道建设工程、云南省集中连片特困地区航运基础设施建设项目工程。

（3）加强海事监管，全面履行水上安全监管职责。建立健全安全责任体系，全面落实安全管理责任，确保全省乡镇船舶四级安全管理责任承包书签订率达100%；强化现场监管和"四重"管理，控制和减少水上交通事故发生；继续推进船员改革工作，指导好船员培训机构考试发证工作；加强通航水域和水上水下现场监管，为船舶航行提供安全保障；进一步提升水上搜救和应急处置能力。

（4）严格规范管理，确保水运市场健康有序。一是规范水运工程建设市场。进一步完善项目建设管理、招投标、造价及质量管理体系，开展水运工程建设企业标准化建设、平安工地建设及水运建设市场信用评价工作，继续推广应用《云南省水运建设市场信用信息管理系统》，提高信用管理信息化水平。继续开展好水运工程"平安工地"建设、考核、评价工作。二是规范水路运输市场。充分利用"两随机、一公开"加强水运企业经营行为监督检查，通过开展全省水路运输市场经营活动专项治理，打击非法经营，做好经营资质年度核查和动态管理，营造公平、有序的水路运输市场。

（5）突出养护重点，保障航道畅通。贯彻落实《航道法》等法律法规，进一步完善云南省航道养护管理法规、养护技术和养护服务体系；按照"分类养护，突出重点，兼顾一般"的原则组织开展航道养护，管养向主动式、预防性养护发展，确保全省重点干线航道、重点水域通航保证率达到90%。同时，积极争取各级财政对航道管理养护资金的投入，逐步提高航道管养的能力，提高航道管理养护人员业务水平；继续开展好航道及港口航道的行政审批工作；组织开展澜沧江航电运行协调及水情预报工作，为船舶航行安全提供基础指导。

（6）不断积极探索，完善投融资体制机制。一是进一步完善"政府主导、分级负责、多元筹资、规范高效"的投融资体制，引导和鼓励社会资本参与水路交通运输基础设施建设、运营和管理，积极推广运用政府和社会资本合作（PPP）模式。二是用好用足政府一般债务和专项债务政策，合理调度资金，通过盘活存量资产、整合优质资源，进一步推进港投公司转型发展，对水路交通建设投资形成强有力支撑。三是创新金融合作，扩大与金融机构的合作范围，努力向金融领域拓宽融资渠道。

（7）努力攻坚克难，推进水路交通体制改革。全面深化水路交通运输管理体制机制，是推进现代综合交通运输体系建设的重要途径。当前和今后一段时期，是落实改革任务的攻坚期，深入推进行业体制改革，按照国家关于事权职责财权对应的改革方向，全面推进云南省水路交通事权划分和管理体制改革方案的课题研究工作，深入调研，了解政策，加强与交通运输部有关部门的联系，尽快拿出科学合理的系统性研究报告，进一步理顺中央事权与地方事权的关系，促进水运事业的发展。

（8）推动供给侧改革，不断增强依法行政能力。一是全面推进供给侧结构性改革。进一步完善改革实施方案，从工程建设和水路运输降成本、交通综合执法、投融资体制改革等11个方面全面推进，确保供给侧结构性改革落到实处。二是全面推进"放管服"改革。认真贯彻落实国务院和省政府"放管服"改革精神，进一步深化行政审批改革，切实保证"该放的放出去，该取消的尽量取消"；大力推进政务公开，加大公开面，提高透明度；强化执法资格管理，加大执法人员培训力度，切实提高执法能力和水平。

（云南省航务管理局）

报告2
贵州省水运发展综述

一、2016年贵州省水运发展情况

（一）基础设施建设取得重大突破

累计完成水路交通固定资产投资33.38亿元，同比增长54.6%。建成清水江（锦屏—白市）高等级航道工程等项目4个，新增高等级航道56公里；加速推进都柳江从江、大融航电枢纽等在建项目17个；新开工旁海航电枢纽工程等项目7个；编制完成了《乌江航道提等扩能工程建设预可行性研究报告》，开展了索风营四库区等项目前期工作。工程建设质量安全和责任落实不断强化，清水江旁海航电枢纽"品质工程"创建工作扎实推进，全省水运工程建设领域工程质量、安全形势总体可控，工程品质不断提升。

（二）水运通道建设取得重大突破

在各参建单位的通力合作下，开展了乌江思林、沙沱水电枢纽升船机500吨级标船过闸，完成了"空载入渝、重载返黔"的实船试航工作，加上构皮滩水电站翻坝运输系统的建成，实现了乌江复航，为贵州更好融入长江经济带发展提供了一条通江达海的水运通道。

与此同时，积极协调国家发改委、交通运输部等部委，争取龙滩水电枢纽通航设施按照1000吨级标准建设也取得了一定进展。

（三）水运三年会战圆满完成

2014~2016年实施的水运建设三年会战，在省委省政府领导的关心重视和厅党委的直接领导下，会战成果丰硕，建成了乌江沙沱、思林水电站500吨级升船机等一批标志性工程，航道条件明显改善，港口能力大幅提升，会战实现了预期目标。

（四）水上交通安全取得重大突破

以海事"三化"建设为统领，以强化安全监管为中心，深入开展水上交通安全生产大检查大整治活动、水上交通安全知识进校园等专项活动，有效整治水上交通安全环境；成功举行了"贵州省2016年度水上交通安全应急救援联合演习，提高了水上交通安全监管和应急处置能力。2016年，全省未发生水上交通运输事故，连续7年实现事故起数、死亡人数双零的目标。

（五）水运行业改革取得重大突破

完成了省航务局局属航道管理局所属

企业脱钩改制工作，顺利将贵州黔航交通工程有限公司、贵州远航交通工程有限公司分别移交贵州路桥集团有限公司、贵州省航电开发投资公司。全面清理了行政许可和服务事项，规范审批程序，提高审批效率，水运审批事项的平均承诺时限比法定时限缩短50%以上，"放管服"改革工作取得实效。研究起草了《贵州省通航设施建设与管理办法》，已列入2017年省政府立法计划，为破解水运融资难题，推进乌江二线通航设施建设创造了条件。

（六）水运行业服务水平大幅提升

水路运输市场培育初见成效，新增航运企业8家，全年累计完成客运量、旅客周转量、货运量、货物周转量分别为2096万人次、5.7561亿人公里、1654万吨、42.3716亿吨公里，同比分别增长3.8%、4.3%、13%、20.16%。省管赤水河、乌江、红水河等重点航道养护和应急抢通工作得到加强，航道维护水深年保证率超过95%，航标维护正常率超过97%，确保了航道安全畅通。建成57个便民码头，开工建设40座便民码头、200道乡镇渡口，进一步改善了沿江、库区周边人民群众安全便捷出行条件，提升了水运公共服务均等化水平。

（七）水运科技信息化水平大幅提升

完成了《乌江梯级渠化条件下航道建设关键技术研究》等2个交通运输部科技项目、《乌江等级提升对经济社会影响研究》等6个厅科技项目；成功申报立项了《乌江构皮滩枢纽通航隧洞LNG燃料动力船通航风险及安全保障措施研究》等9个厅科研项目。全省水运综合管理平台（一期）、乌江数字航道（一期）、贵州省公路水路安全畅通与应急处置系统工程建设（水路部分）等项目有序推进。

二、2017年的主要目标和重点工作

（一）主要目标

实现"**一确保**"（确保全年完成25亿元水运固定资产投资）、"**两巩固**"（巩固水运建设三年会战成果，继续加速推进水运建设破题提速，建成都柳江从江、大融航电枢纽，协调推进构皮滩通航设施建设；巩固持续稳定的水上交通安全生产形势，力争实现水上交通安全事故、死亡人数在省政府控制指标范围内）、"**三提升**"（提升行业改革发展，全力推进水运建设投融资改革；提升水运服务民生能力，启动实施全省溜索、渡口改桥攻坚行动，着力改善人民群众安全出行条件；提升行业管理水平，深入开展文明单位（窗口）、海事"三化"建设创建活动，不断推进"平安交通"建设，打造平安水运）六大工作目标。

（二）重点工作

（1）加快水运基础设施建设步伐。建成都柳江从江、大融航电枢纽工程，新增五级航道31.7公里，加快推进都柳江温寨、郎洞航电枢纽工程和乌江渡、光照、董箐库区航运工程，开工建设索风营四库区航运工程，完成清水江白市至省界高等级航道前期工作，启动乌江航道提等扩能工程可行性研究报告编制工作。督促协调地方加快建设清水江旁海航电枢纽工程、桐梓河、洪渡河石垭子、芙蓉江库区航运建设工程以及锦江、

荔波樟江航运工程。深入落实工程质量和安全责任，全面推进首件工程制和施工标准化，开展水运工程施工标准化示范创建和"平安工地"达标示范创建工作，大力弘扬"工匠精神"，努力打造"品质工程"。

（2）加快水路运输市场培育步伐。深入推进乌江水路运输市场的培育力度，加大宣传工作，积极引导开磷、瓮福、遵义钢绳等沿江企业大宗货源选择水路运输。优化全省船舶运力结构，推进船型标准化、大型化、专业化，加快新能源船舶推广及配套设施建设和应用，促进全省水运市场不断繁荣。深化水运绿色发展，大力推进水上交通防污治理工作。进一步推进水路运输客运实名制试点工作。

（3）推进水运服务民生攻坚行动。围绕"大扶贫"战略行动，切实改善沿江沿河人民群众的出行条件，为安全便捷出行和实现"同步小康"提供交通运输保障。继续加快城乡便民码头建设，建成城乡便民码头40座，新开工20座，启动全省溜索、渡口改桥攻坚行动，实施溜索、渡口改桥20座。

（4）强化水运交通安全监管。坚持全面履职，牢固树立红线意识和底线思维，继续深化海事安全监管工作，全面落实辖区监管点风险差别监管，细化监管措施，将主要监管力量放到基层、放到现场、放到一线；强化"三客一砂"船舶安全监管，确保辖区重点船舶安全监管不放松；继续加强春运、汛期、五一、国庆等重要时段、重大活动的安全监管，加大水上交通安全事故隐患排查整治力度，严厉打击水上交通违法行为；加强对已建视频监控系统的维护保养，充分用好视频监控系统等信息手段；不断强化海事业务管理工作，确保船舶适航、船员适任、安全畅通。

（5）强化行业深化改革发展。继续推进"放管服"改革工作，建立审批下放跟踪和定期调研制度，不断加快水路交通综合执法体制改革、应急安全、信息化管理等专项工作。继续完善地方性法规，争取颁布实施《贵州省通航设施建设与管理办法》，协调推进《贵州省水路交通管理条例》修订工作。以港口岸线、土地、设施经营权出让等措施，探索采取股权合作、特许经营等PPP模式，建设乌江航道第二线通航设施及其他水运基础设施，积极引入社会资本参与港口枢纽、航电工程等经营性项目建设，破解水运建设投融资难题。

（6）提高行业管理水平。坚持依法行政，建立、完善单位内部重大决策合法性审查机制，实施《贵州省海事违法行为行政处罚裁量基准》。不断完善行政执法程序，健全执法文书格式、制作和归档办法及流程，做好"贵州省交通运输行政执法综合管理信息系统"试点工作。严格按照《航道养护技术规定》要求，认真开展航道养护与应急抢通保畅工作，确保航道安全畅通。深入推进行业精神文明建设、海事"三化"建设，树创水运好声音、好形象、好品牌，不断提升行业文明形象，传递水运交通正能量。

（7）推进水运科技信息化建设。按照"大数据"战略行动部署要求，围绕"智慧海事"、"智慧交通"，完成全省水运综合管理平台（一期）、乌江数字航道（一期）和贵州省公路水路安全畅通与应急处置系统工程（水路部分）建设工作，加快推进省水运综合管理平台（二期）、乌江数字航道（二期）前期工作。积极推进科研立项和成果应用，不断提高水运科技水平，为水运发展提供科技支撑。

（贵州省地方海事（航务管理）局）

报告3
四川省水运发展综述

一、水运发展基础不断夯实

全省水运建设完成投资55.43亿元。全省新增四级以上航道194公里，内河四级及以上航道里程达到1515公里。

（一）规划体系进一步完善

《高等级航道达标升级2016~2020年专项工程方案》、《渡口改桥2016~2020年建设推进方案》2个专项方案经省政府批准实施。《四川省"十三五"内河水运发展专项规划》印发实施。《水上交通安全监测巡航救助一体化建设专项工程方案（2016~2020年）》上报省政府。《金沙江攀枝花至水富段航运发展规划研究》通过交通运输部验收。

（二）重点项目建设全面加快

7个续建项目有序推进，与部长航局"2+2"合作机制进一步深化，长江宜宾至重庆段航道维护水深正式提高至2.9米；嘉陵江川境段航运配套一期工程已完成70%滩险整治；岷江犍为航电枢纽工程进展顺利，汉阳航电枢纽建成投入运行；渠江富流滩船闸改扩建工程开始进行设备机电安装；涪江柳树电航工程土建工程、嘉陵江亭子口枢纽建筑工程基本完工。嘉陵江川境段航运配套二期、上石盘船闸、广元港张家坝作业区一期、涪江唐家渡枢纽等4个项目开工建设。岷江龙溪口至宜宾段航道整治工程等9个项目前期工作进展顺利；自贡积极拓宽投融资渠道，引进企业投资沱江航道等级提升工程；青神县加快推进岷江中段航电梯级建设前期工作。

（三）建设管理进一步规范

印发《内河高等级航道专项养护工程项目管理试行办法》，省级专项补助资金使用得到全过程管控。完成水运建设市场设计与施工企业信用评价，《水运工程建设项目招标投标实施细则》《水运工程建设项目管理办法》已征求意见。犍为航电枢纽施工标准化示范创建从现场布设、施工工艺、现场管理三个方面入手，取得积极进展。以平安工地建设、航道养护管理技术考核、港口超期试运行和"未批先建"专项整治为抓手，进一步严格水运建设项目五大管理，重点水运项目建设质量安全总体受控。泸州纳溪永利煤码头一期工程、宜宾港志城作业区一期工程等3个项目通过竣工验收。

二、运输市场发展进一步加快

全省完成水路运输客运量2573万人、旅客周转量2.43亿人公里、货运量8131万吨、货物周转量222.71亿吨公里、港口吞吐量9477万吨,同比增长-6.37%、-7.33%、-6.41%、21.4%、-0.91%。全省已开通泸州、宜宾至上海等集装箱班轮航线8条,每周发班30余班。完成集装箱吞吐量80.21万TEU,同比增长29.2%,其中铁水联运集装箱吞吐量3.38万TEU,同比增长42%。

（一）多式联运加快发展

重点港口与长江中下游港口加强对接合作,落实与上海、南京、武汉等港口的战略合作协议,宜宾港与南京港新签署《投资合作协议书》,新开通宜宾至南京集装箱直航快班,区域合作进一步深化。加强港口推介力度,"昆明—昭通—泸州"港口物流通道推介会成功召开,泸州港与中铁联集昆明分公司签订战略合作框架协议。开通泸州港至攀枝花、宜宾至昆明集装箱铁水联运班列,成都国际铁路港集装箱铁公水多式联运示范工程获批国家多式联运示范项目,泸州港—昆明铁水联运供应链一体化项目正式启动。

（二）运输结构不断优化

引导长江干线普货船运力有序投放,严控新增长江干线客运和危险品运输经营主体及船舶。加快老旧运输船舶淘汰,鼓励发展先进示范船型,积极发展大型化、标准化、专业化船舶。全省共有运输船舶7265艘、122万吨,新投入营运1000载重吨以上标准船舶2艘、8071载重吨。三峡过闸船舶标准化率达83%。全省三级Ⅳ类以上船舶生产企业68家,船舶工业实现产值2亿元。省际水运企业79家,万吨以上的水运企业29家。

（三）运输服务能力不断提升

制定《水路运输管理工作指南》《危险货物港口安全监管工作标准化指南》《港口作业流程及服务规范》,开展水路运输企业专项核查,启动内河航运市场秩序专项治理,运输服务和市场管理进一步规范。深化三峡通航保障合作机制,601班重点急运物资和集装箱快班轮优先过闸得到保障。落实重点港航企业联系制度,主动做好重点企业生产经营状况分析,及时发布水路货运信息,引导运输市场发展。加强大件运输组织协调,完成岷江大件运输89批次、1.59万吨。

三、全力保障水路交通安全

以风险源排查管控为主线,深入开展创建平安船舶专项行动,落实政府及部门管理责任和企业主体责任,全力维护辖区水上交通安全。2016年,全省发生考核范围内水上交通安全事故1起、死亡1人,经济损失5万元,同比下降50%、66.7%和80%。

（一）监管责任进一步落实

推动省政府安委会进一步明确涉水部门和船舶安全管理责任。《游艇安全管理办法》、《水上交通安全监管标准化工作指南》完成送审,为进一步规范安全监管工作奠定基础。出台《水上交通安全风险防控指导意见》。推行风险源痕迹化管理,建立健全安全检查台账和隐患台账,明确针对性的管控应对措施,有效防止隐患发展为事故。

（二）源头管理进一步加强

建立船员培训机构淘汰退出机制，颁布并运行船员管理质量管理体系2.0版，全省船员纳入体系管理。开展公益性渡船和海巡艇标准船型后评估，建造方案进一步优化。完善4型自卸货船标准船型，新建成海事船艇26艘。完成瀑布沟、向家坝库区等新增重点水域航区划分。开展船检机构资质建设专项检查，船检管理不断规范。初步完成四川省船检实训基地建设。全省检验船舶1.25万艘次、142.5万总吨，审查船舶图纸153套。

（三）一线监管进一步强化

对重大风险源100%覆盖督查，较大风险源50%以上覆盖督查，发现并整改安全隐患235起。开展创建平安船舶专项行动，"两客一危一砂"船舶、水上安全突出问题整治以及航运企业安全监管不断加强。继续推进长江危险化学品运输安全保障体系建设，开展全省危险货物港口作业安全治理专项行动。全行业共组织检查组近2800个，检查船舶4.2万艘次、渡口码头8674个次、巡航里程近55.6万公里，实施行政处罚516件。

（四）应急救援能力进一步提升

省市及时启动应急预案，积极应对处置"6.4"船舶翻沉事故。协调部救捞局、重庆中山舰救助打捞公司开展救捞工作，全面开展事故技术调查，积极开展事故应急管理后评估跟踪。全行业组织各类应急演练25次，开展水上搜救54次，救助船舶74艘、322人。

四、行业治理能力再上台阶

（一）法律及制度取得新进展

完成《四川省航道管理条例》立法调研并报厅。启动《四川省船舶安全管理规定》立法调研。《内河高等级航道养护专项工程项目管理试行办法》等8个制度建设，《通航建筑物管理体制机制研究》等14个机制研究即将形成制度成果。开展行业规范性文件和制度清理，行业制度建设更加规范。

（二）行政执法规范化建设持续推进

全面梳理全省水路交通行政审批、公共服务、双随机检查事项3个目录，完成全省水路交通行政权责清单动态调整。5项省级审批事项纳入网上审批试运行。积极推进行政执法规范化建设，泸州等5个试点单位的制度、执法场所等基本规范，建设成效明显。行政审批事项按时和提前办结率均达到100%。

（三）航运科技和信息化水平持续提升

加强水路交通科技管理，港口资源配置和开发利用研究等3个科研项目立项，向家坝库区航道尺度研究等7个项目验收结题。全面推进水路交通信息化建设，启动全省航务海事信息化建设顶层设计研究，省综合信息平台通过省发改委立项，凉山等4个市级水上交管系统建设前期工作进展顺利。新建成CCTV135套，嘉陵江新增15座AIS基站即将投入使用。完成部分市州AIS、CCTV整体接入整合。加快探索北斗系统在江河的应用，建成嘉陵江南充段30公里电子航道图和宜宾水文站。内江自主研发并启用内河海事执法数字化系统。

（四）改革工作扎实有序

宜宾、泸州海事局挂牌成立，长江干线航运行政管理体制改革成功落地。成都与资阳顺利完成辖区监管水域交接。积极探索创新船检机制的优化思路，开展船检机制优化及船检体制改革调研，加快船舶检验技术资源整合。全省船检机构资质通过部局验收。

五、2017年工作重点

（一）发展思路

2017年的总体思路是：抢抓国家长江经济带发展的战略机遇和交通运输发展黄金时期，以增强基础设施供给能力为着力点，加快实施高等级航道达标升级专项工程，破解制约发展的瓶颈；以优化运输服务水平为方向，推动嘉陵江、金沙江、岷江航运发展，激发水运市场活力；以新增水域渡口民生工程和渡改桥专项工程为依托，逐步消除渡运安全隐患，提升本质安全水平；以水上监测巡航救助一体化为保障，进一步强化安全风险源管控，推进实现安全监管标准化；以改革和创新为手段，加快提升队伍履职能力，释放发展潜力，全面推动四川水运发展实现新跨越。

（二）主要目标任务

一是加快基础设施建设。继续推进续建项目9个，确保新开工项目4个，储备前期工作项目9个，全省水运建设完成投资55亿元。全省四级以上航道达到1532公里。

二是发展水路运输。货运船舶标准化、大型化、专业化水平进一步提升，三峡过闸船舶标准化率达84%，新建船舶标准化率达100%。全省水路货物运输保持稳步增长，港口集装箱吞吐量保持高位增长态势，水路运输市场进一步发展壮大。

三是确保水上交通安全。水上交通安全主要风险源得到有效管控，安全监管能力显著提升，全年不发生考核范围内的重特大水上交通安全事故，全省水上交通安全形势保持稳定。

（四川省交通运输厅航务管理局）

报告4
重庆市水运发展综述

一、2016年水运发展概况

2016年，重庆水运全年完成货运量1.67亿吨、货物周转量1876亿吨公里，分别增长7.8%、5%；完成港口吞吐量1.74亿吨、集装箱吞吐量115万TEU，分别增长10.9%、14%，实现了"十三五"良好开局。主要取得了六个方面成绩：

（一）航运战略地位更加凸显

2016年初，习近平总书记来渝视察果园港时，要求重庆建设内陆国际物流枢纽和口岸高地，为长江经济带发展、"一带一路"建设和深入推进西部大开发服务好。这一目标定位，为重庆水运改革发展指明了方向。政策支持力度更大。市政府出台《关于加快长江上游航运中心建设的实施意见》，明确了每年安排5亿元水运建设发展资金等10项高含金量举措，为加快建成"服务+辐射"型长江上游航运中心提供了保障。推动《重庆市港口条例》修订出台，"长江上游航运中心建设"首次写入地方性法规，主城六区港航管理体制进一步理顺，属地责任更加明确。推动船舶检验优势资源整合，地方船检体制改革稳步推进。合作机制更加健全。重庆、武汉、南京、上海"长江航运中心城市"联系更加紧密，与长江航务管理局"2+5"合作机制、长江三峡通航管理局季度联席会议机制更加高效，与四川省、贵州省航务局合作机制更加完善，长江上游航运中心建设合力不断汇聚。

（二）基础保障能力不断增强

加快推进港航基础设施建设，全年完成水运建设投资30.1亿元。港口枢纽化全力推进。"四枢纽九重点"建设步伐加快，果园、龙头、新田等港区创新采用"PPP"、政府参股等多种合作方式，铁水联运基础设施建设成效明显，主城果园港区"前港后园"功能基本形成，江津珞璜、涪陵龙头、万州新田港区加快建设，丰都水天坪港区一期工程基本完工，武隆白马港区开工建设。全市港口吞吐能力达到2.04亿吨、410万TEU。航道网络化基本形成。长江干线涪陵至朝天门航道炸礁二期工程开工，朝天门至九龙坡航道整治稳步推进。乌江河口至白马航道整治完工，贵州乌江渡至涪陵河口实现500吨级船舶全线复航。小江航道整治基本完工，东溪河、磨刀溪等航道整治开工。涪江潼南枢纽进展顺利，嘉陵江利泽枢纽前期工作加快推进,"一干两支十线"航道通航能力持续提升。支持保障系统逐步完善。嘉陵江河口至草街数字航道建设有序推进,乌江河口至白马甚高频及视频监控系统启动建设,乌江、大宁河等航道支持保障系统效能评估完成,航道管养标准化建设加快推进。

(三)航运供给侧改革成效明显

加大"调结构、去库存"力度,引导企业转型升级,航运发展质量稳定向好。运力结构更加优化。落实船型标准化补贴1.74亿元,拆解老旧货船85艘、省际客船21艘、危化品船11艘,退市非标滚装船17艘,淘汰落后运力10万载重吨、1.2万客位。新建"三峡船型"船舶31艘,新增标准化运力25万载重吨,运力规模达到680万载重吨,船型标准化率达到77%,在全国内河领先。企业结构更加优化。兼并重组航运企业12家,注销港航企业经营资质33家,省际客运企业由14家整合为6家,滚装经营主体由10家整合为8家,全市运力规模10万载重吨以上企业达到12家,货船平均运力达到2660载重吨。运输组织更加优化。铁公水联运、全程物流、综合物流发展迅速,"万州至西安"铁水联运班列成功开通,果园港水水中转和铁水联运实现双增长,近三年全市铁水联运量年均增长35%以上。水路客运结构调整成效明显,三峡旅游呈恢复性增长,都市水上观光旅游快速发展。水路货物周转量占全市综合交通运输比重达到60%,周边地区货物经重庆港中转比重达到43%,全市90%以上外贸物资通过水运完成,水运集聚辐射能力不断提高。

(四)安全常态监管更加有力

坚持问题导向、突出源头治理,坚守红线底线、强化责任落实,"一岗双责"制度化、安全监管全员化、监督检查规范化、专项整治全程化的长效机制基本形成。"三基建设"更加夯实。投入安全经费2.2亿元,新建执法艇矴25艘、高洪水位公共地锚设施334处,免费发放救生衣2000件,升级水上交通管理监控系统,新接入重点港口视频监控100路,培训各类安全监管、海事执法人员1698人次。"三个责任"更加落实。狠抓企业主体责任落实,督促港航企业严格执行安全生产标准化制度和安全管理体系,加大从业人员安全培训,开展安全风险排查治理,投入约1亿元自查自纠安全隐患554项。狠抓区县属地责任落实,"区县党委政府高度重视、涉水部门齐抓共管"的综合治理体系不断健全,港航部门主动协调安监、水利、渔政等部门开展联合执法122次,督导全市317个乡镇建立完善自用船监管长效机制。狠抓行业监管责任落实,持续深化"四会四制、全局全员、网格管理"安全工作机制,从严核查港航企业经营资质550家,挂牌督办重大安全隐患4起,约谈港航企业17家,停业整改企业6家、停航整顿船舶9艘。"三个贴近实战"初见成效。彭水基地建成投用,化龙桥、合川基地建设有序推进,65米应急矴船和小功率拖轮开工建造,10艘高速冲锋舟和一大批应急救援物资配备到位。合川水上应急救援中心挂牌成立,彭水、巫山等基地应急队伍建设力度加大,专业队伍与社会力量相结合的应急救援格局基本形成。重新修订《重庆市地方水上交通突发事件应急预案》,开展各类水上应急救援演练73次,成功举办水上应急救援青工技能竞赛,应急救援能力不断提升。"5+N"专项整治收效明显。针对水上交通安全突出问题，将"5+N"专项整治作为全市水上交通安全的重要抓手，撤销渡口464个，修缮水毁渡口332个，整改港口码头隐患407项，拆解砂石船、餐饮船、景区游船、"三无"船舶967艘，督导办理乡镇自用船证书7254艘、办证率达99.93%，强力推进31艘老旧省际客船、65艘非标危化品船、280艘客渡船技术复核，一大批历史遗留问题逐步得到解决。重点时段管控有力。突出"早部署、早动员、早安排"，主动研判辖区水情、风情、雾情等新形势，系统梳理防范辖区突出风险点，全面加强春运、汛期及库区蓄退水等重点时段安全巡查，有效应对2016年"98+"严峻防汛形势，成功救助遇险船舶10艘、涉险群众113人。

（五）绿色航运发展迈上新台阶

高度重视水上交通环保工作，主动作为、综合施策，切实做到环保工作全面部署、全程指导，突出问题全面整治、全程督查。环保责任层层压实。组织召开全系统环保工作会，专题部署船舶、港口防污染治理工作，出台《船舶防污染检验工作指南》《港口防污染治理工作标准》《水上交通环保工作手册》，加大区县和企业督导力度，开展环保检查220次，排查整改环保隐患429项，处罚26起、罚金14万元。环保治理更加有力。狠抓饮用水源保护，搬迁保护区内船舶19艘、整治码头7座。狠抓船舶防污染治理，督促209艘营运船舶停止燃烧重油，改造船舶生活污水处理装置119艘，增配船舶防污染设施7513套。狠抓港口防污染治理，清理整治非法码头118座，取缔关停环保不达标码头56座，完善港口码头污水、垃圾收集和防尘、降噪设施254座。绿色航运持续推进。加快清洁能源推广应用，推动实现139座港口码头使用岸电，2艘LNG动力示范船投入运营。坚持把环评意见作为工程项目立项前置条件，严格实行水工项目环保设计、施工、投产"三同时"制度，督促11座超期试运行危化品码头完成竣工验收。

（六）行业服务水平持续提升

深化"放管服"改革，优化水运发展环境，助推重庆航运持续健康发展。行业管理更加规范。清理规范性文件46个、废止9个，完善《行政审批办事指南》，水上交通网审平台运行良好。有序实施客船实名制，15家企业、74艘涉客船舶全部纳入监管。修订运行《船舶检验质量管理体系》，全力推进船检管理规范化建设，船检质量源头管控水平不断提高。加快推进诚信体系建设，东江实业等3家企业、"长江黄金5号"等5艘船舶分别荣获"长江诚信港航企业、诚信船舶"称号。服务体系更加完善。成功开发"航运通"融资产品，航运物流链电商平台"聚航网"上线运行，船东互保组织在全国内河率先推出，全年完成航运交易额70亿元。兑现"营改增"补助、集装箱作业补贴、船型标准化补助、燃油补贴等政策资金4.57亿元。协调集装箱快班轮、重点物资优先过闸900班次、25万TEU。自身建设扎实推进。全面落实从严治党新要求，不断强化执纪监督问责。深入开展"两学一做"学习教育，党风政风行风持续好转。法治建设持续加强，队伍建设成效明显，行业内生动力不断增强。

二、2017年重点工作

2017年全市水运工作总体思路是：抓改革、促发展、强安全、优服务，激发改革新动能，服务发展新常态。全年目标任务是：力争完成固定资产投资30亿元，完成货运量1.84亿吨、货物周转量2066亿吨公里，完成港口吞吐量1.91亿吨、集装箱吞吐量120万TEU，四级以上航道通航保证率达95%以上，杜绝一次性死亡失踪10人以上事故。重点抓好六个方面工作：

（一）加快完善基础设施功能

推进"十三五"规划实施。加快修编《重庆港总体规划》，对接和启动一批水运重大项目，积极推进水天坪二期等港区前期工作，完成嘉陵江草街库尾航道二期和渠江、黛溪河、鲴鱼溪、龙河航道整治前期工作。优化港口功能布局。加快"四枢纽九重点"港区建设，完成果园港区铁水联运接驳改造，建成珞璜、龙头、新田港区一期主体工程，力争开工渭沱、朱沱、新生港区，加快白马港区建设，实现新增港口通过能力1000万吨、50万TEU。提升航道通行能力。配合推进三峡枢纽新通道建设，协调推进长江涪陵至九龙坡段航道整治，加快嘉陵江草街库尾航道和东溪河、汤溪河、磨刀溪等航道整治，推进涪江潼南航电枢纽建设，力争开工嘉陵江利泽航电枢纽，开工乌江白马至彭水支持保障系统建设。

（二）持续推进航运结构调整

加快运力结构调整。继续加强省际客船、液货危化品船、载货汽车滚装船运输市场调控，落实好船型标准化补贴延续政策，拆解老旧船舶120艘，推进单壳油轮提前报废更新。积极推广新型三峡游船和三峡升船机船型，新建"三峡船型"船舶10艘，力争船型标准化率提高到80%。推动航运转型升级。鼓励和引导企业实施兼并重组，提高航运市场集中度，增强企业综合竞争力。鼓励港口、航运企业联动、联盟发展，大力推广全程物流、综合物流等运输组织方式，继续推进"东扩西进"发展战略，促进企业"降本增效"。加快多式联运发展。大力发展铁公水联运，充分发挥果园港等枢纽港辐射带动作用，积极推广甩挂运输应用。优化水水中转运输组织，推动江海直达船型研发，努力实现"零距离换乘，无缝化衔接"。

（三）着力深化重点领域改革

深化行业体制改革。坚定不移推进船检体制改革，整合船检优势资源，推动建立精简、统一、高效、便民的船检体系。认真抓好主城六区水上交通管理事权下放后续工作，落实属地责任、实现全面履职。加快理顺水上交通应急救援管理体制，推动区县落实水上应急救援机构编制、人员和经费。坚持依法行政，厘清与各涉水部门之间的职责边界。深化管理机制改革。推动出台《历史老旧码头技术检测评估办法》，妥善解决历史遗留问题。研究制定《重庆市地方航道养护定额》，完善航道养护质量综合评定体系。调整优化通航水域认定，加快推进支小河流和封闭水域航区划分。严格执行新修订的《船舶检验质量管理体系》，提升船检质量源头管理水平。深化"放管服"改革。深入推进简政放权，加快港口、运政、海事等行政许可权限下放，提高网审办理效率。严格执行"双随机、一公开"制度，加强事中事后监管，加快企业诚信体系建设，全面推进政务公开。

（四）坚定不移强化安全监管

加快海事航道站点、公共锚地等安全

基础设施建设，加强船舶装备维护管理，加快重点船舶、港口、航段视频监控系统建设，加大内河船员和企业安全管理人员培训力度。狠抓企业主体责任落实，督促企业开展"日、周、月"隐患自查自纠，完善安全问题清单，建立安全风险和隐患数据库，健全安全制度体系，提升从业人员综合素质。落实好水上交通安全"十字工作法"要求，督促区县加大安全管理"人、财、物"投入力度，加强辖区企业安全检查，建立完善年度安全检查计划和日常台账。狠抓行业监管责任落实，建立健全安全生产监管权力、责任和负面清单，全面加强企业经营资质动态监管，对安全隐患整改不到位的要坚决实施停业停航整顿，对重大安全隐患整改不到位的要视同安全生产事故进行问责，切实确保隐患排查整改落实到位。深化"5+N"专项整治。继续抓好"三个技术复核"，全面完成27艘老旧省际客船、11艘非标危化品船、280艘客渡船拆解退市任务。加大"坝坝渔船"和餐饮趸船整治力度。持续推进非法码头和危化品码头专项整治，严厉打击小快艇、自用船和渔船等非法载客行为，开展船舶跨江桥墩碰撞专项治理和旅游船、客渡船消防火灾整治。围绕"装备、预案、队伍"贴近实战，按照"平战结合"完善"政府主导、企业协作、社会参与"的应急救援模式，全力推进"一中心、六基地、八站点"地方水上应急救援体系建设。加快化龙桥、合川基地建设，完善装备、物资配备，提升应急救援信息化水平。多渠道引进专业技术人才，充实应急救援专业队伍力量。进一步完善应急预案，加强预案培训、现场推演和联合演习。

（五）坚持不懈发展绿色航运

健全环保治理长效机制。完善船舶、港口防污染治理标准，严格实施污染物排放控制，建立健全污染物收集处理机制，推动污染监测体系建设，完善水上交通污染事故应急预案，提升油品、化学品泄漏应急处置能力。推进船舶港口防污治理。坚决执行中央环保督察反馈意见，切实抓好整改落实工作。加强船舶、港口防污染日常监管，提升危化品洗舱基地作业能力，全面落实209艘重庆籍内河船舶停用重油，完成60艘船舶生活污水防污染改造。实施绿色航运示范工程。强化节能技术和清洁能源应用，重点做好LNG动力示范船推广，稳步推进LNG加注站点布局建设，推广靠港船舶优先使用岸电。

（六）不断优化航运发展环境

加强航运市场服务。协调推进航运服务集聚区建设，加快发展航运保险、金融等高端增值服务，落实好船型标准化、燃油补贴等政策。做好三峡船闸岁修期间重点物资过闸协调，加强水路运输市场监测与信息引导，及时发布生产形势分析、航运景气指数、航运发展报告。抓好人才队伍建设。加强航运人才培养，扩大高层次、创新型人才总量，畅通人才引进渠道，增强水运行业职业吸引力。加强干部队伍建设，加大港航系统干部教育培训、交流锻炼力度，提高干事创业能力。加强行业作风建设。推动行业精神文明建设，宣传典型、弘扬先进。巩固作风建设成果，践行为民服务理念，汇聚行业正能量，营造发展新环境。

（重庆市港航管理局）

报告5

陕西省水运发展综述

一、2016年水运发展情况

（一）水路运输生产

全省水路运输平稳、有序，全年共完成客运量367万人，旅客周转量6777万人公里，货运量224万吨，货物周转量8274万吨公里；统计上报2015年度全省岛际和农村水路客运用油量补助工作，对符合补助条件船舶严格按照程序进行排查摸底登记，确保惠农惠民油补政策执行到位。全面落实2016全省水运企业和营运船舶年度核查工作，制定核查工作计划，明确核查标准、对象和内容，细化工作分工，全省共计360家水运企业、1475艘客船、265艘货船通过核查，核查通过率分别为99.7%、100%、100%。及时受理无船承运业务经营申请，严格按照程序流程。为4家企业办理《无船承运业务经营业务资格证》，1家企业资料审核上报部局待审批。同时，积极做好网上受理无船承运企业申请相关准备工作。加强全省水路运输载客12人以下的客运船舶经营管理，维护水路交通秩序，保障水路运输安全。起草了《陕西省载客12人以下的客运船舶经营管理意见（征求意见稿）》，并下发各地市征求意见。

（二）港航工程建设

汉江安康至白河航运建设工程全面完工，进入竣工验收准备阶段；安康火石岩客运码头改扩建工程进展顺利，完成投资203万元；安康紫阳港迁建工程，客运码头水工建筑部分全部完成，完成投资1797万元；汉江洋县至安康航运建设工程12处码头在建，工程进展顺利，完成投资8060万元。省交通运输厅下达的6处小型工程、8处海事执勤站点全面建成，并已交付使用，完成投资1198万元；进行全省航道养护和港口、码头设施维护工作，完成投资200万元；开展全省水运工程项目建设管理人员业务培训，有效地促进了全省水运工程管理人员业务能力的提高。

（三）科研项目规划

启动《陕西省港口布局规划》编制工作，按照"一县一港"原则，对全省港口状况进行摸底调研，梳理分析需求，制订工作大纲，编制完成了《陕西省港口布局规划（征求意见稿）》；开展汉江多式联运方案研究，编制完成《陕西通江达海汉江新通道水路联运方案》；西部交通建设科技项目《汉江水运主通道安康至白河航运建设关键技术研究》通过交通运输部组织的专家评审验收。

安排部署全省水运建设建议计划、滚动计划编报工作，编制上报《2017年全省水路交通建设计划》《2017~2019年全省水路交通滚动建设计划》；组织完成安康至白河高等级航道码头泊位、港口岸线数据采集、审核上报工作。

《陕西省水路交通"十三五"信息化发展规划》通过专家评审，完成陕西航运海事网改版升级工作，完成《陕西水运业务管理系统可行性研究报告》的编报工作，开展《陕西省水路交通"十三五"信息化发展规划实施方案》前期调研及资料收集工作。

（四）水路安全监管

落实安全生产主体责任。一是落实安全监管主体责任，通过签订水上交通安全管理目标责任书，落实各级海事部门水上交通安全监管主体责任制，夯实水上交通安全生产的基础；二是落实企业安全生产主体责任，县级海事处与辖区水运企业签订水上安全管理目标责任书，建立健全海事部门和企业的安全责任链，落实水运企业的安全生产主体责任。印发了《陕西省水运企业安全生产主体责任落实年实施方案》，通过完善企业安全工作"十项制度、一个能力"和严格安全生产监督检查，提升管理水平，遏制重特大事故发生。

突出重点，加强监管，开展各种专项治理活动，确保辖区水上安全形势稳定。一是开展"平安交通"建设活动。全省海事系统共同参与，打造和培育"平安交通"示范点，引领带动整体提升全省水路交通安全生产科学管理水平，实现安全生产监管"关口前移、重心下移"，建立健全安全生产长效机制，促进全省水路交通安全生产持续稳定向好。二是创建平安船舶专项行动。以客运船舶、砂石船舶为重点，严把客运船舶市场准入关，提升客运船舶检验质量，加强船舶安全检查，加强船员实际操作和应急反应能力检查，消除水上安全隐患。围绕重点专项行动，共出动行政执法人员2758人次，海巡艇846艘次，执法车220余辆次，发现一般隐患99项，整改99项，整改率100%。

加强应急演练，增强应急处置能力。展开2016年陕西省水上交通突发事件应急救援演练，检验水上交通事故应急救援预案的科学性和可操作性，全面验证对突发事件所需应急队伍、物资、装备、技术等方面的准备情况，进一步明确相关单位和人员的职责任务，理顺工作关系，完善应急机制，提高应急响应能力和应急处置能力，保障汉江交通安全环保。加强水上交通安全装备建设，拟为基层海事部门配备中型海巡艇6艘，救生衣4000余件，项目正在招标。

（五）船舶检验管理

坚持开展船检机构资质认可工作。对所属各地市地方海事局进行了不定期检查；开展黄河、汉江流域采砂船专项整顿活动。在调研、摸排的基础上，打击取缔黄河流域非法采砂船舶。与陕西省渭河流域管理局联合下发了《规范渭河流域河道采砂船舶管理工作备忘录》，理顺了联合管理、加强协作、采砂前置审批条件、定期会商、重大问题协调、信息资源共享等工作机制。清理非法采砂船45艘；全面部署全省船检管理信息系统应用实施工作，完成了各级船检机构VPN接入申请及系统数据迁移和系统切换工作；加强船舶管理，严格执行船舶建造检验及营运检验申报审批程序。落实船舶建造管理制度在建造检验及营运检验在工作中的应用，完成船舶建造检验27艘，营运检验16艘/次。签发建造检验证书32套；完成134艘船舶登记工作；开展水上漂流艇（筏）质量安全检验规范地方标准制订工作，完成全国第一个水上漂流艇（筏）检验省级地方标准的编制工作。

（六）依法行政工作

严格执法人员资格管理，加强执法队伍建设。完成全省海事执法人员年度审验工作，年审合格558人，注销执法资格66人，新增海事执法人员50人，目前全省共有海事执法人员608名；完成全省555名海事人员职务等级标识首次授予工作；深化水路交通行政审批制度改革，实行政务公开，推动简政放权，做好国务院、省政府关于取消、下放和调整行政审批制度事项以及交通运输部废止一批政策性文件的落实工作，取消了"引航员任职资格审批"和"国内航行船舶进出港签证"，整理有关的废止文件目录印发各市；认真梳理行政职权事项及执行情况，建立"双随机库"，完成"双随机"抽查工作实施细则；进一步规范水路交通执法行为，完善执法流程，制订全省水路交通行政执法文书式样，确保各项执法业务按照流程合法有序开展；组织开展全省水路交通行政执法案卷评查工作；坚持开展执法人员教育培训，先后选派20余名业务骨干参加部海事局举办的各类业务培训班，提高执法人员的业务能力和执法水平。

二、2017年重点工作

（1）积极推动《陕西省水路交通管理条例》修订工作，力争列入省法制办和省人大法工委2017年立法修订计划。

（2）提升全省船员管理科技信息化水平。以推广应用船员管理系统为契机，以推广应用部海事局协同管理平台为依托，研发船员无纸化考试平台，规范船员培训考试发证管理工作，全面提升船员管理科技化水平。

（3）做好海事执法人员制服换发工作。按照交通运输部《海事系统制服装具管理办法》（交海发〔2012〕607号）规定，为保证海事行政执法的统一性、规范性和严肃性，统一制作换发海事执法人员制服。

（4）出台新版《陕西省船舶检验工作管理办法》。

（5）完成汉江安康至白河航运建设工程、安康火石岩客运码头、安康紫阳港迁建交工验收及竣工验收申报工作；全面推进汉江洋县至安康航运建设工程。

（6）做好全省内河航运市场秩序专项治理有关工作。

（7）开展《陕西省航运海事综合业务管理系统》系统初步设计编制工作；做好业务协同管理系统（OA系统）的使用推广工作。

（8）加大黄河航道通航研究，开展壶口至芝川120公里六级航道整治建设前期工作；组织开展《陕西省港口布局规划（中间成果）》评审工作；做好《汉江水运主通道安康至白河航运关键技术研究》成果的推广应用工作。

（陕西省交通运输厅航运管理局）

报告6

河南省水运发展综述

一、水运经济运行情况

河南省2016年运输生产量稳步增长。全年完成客运量288万人、旅客周转量5664万人公里，分别比去年同期增长3%和5%，完成货运量1.15亿吨、货物周转量809亿吨公里，分别比去年同期增长10%、15%。

完成港口吞吐量771万吨，比去年同期增长7%。完成渡口渡船运输量1055万人，比去年同期增长12%。完成公园景区载客量49万人，比去年同期下降49%。完成浮桥车辆通过量159万辆，比去年同期下降14%。完成周口船闸过闸船舶11098艘，比去年同期下降1%，过闸货运量528万吨，同比增长4%。

二、基础设施供给与建设

（一）水运投资情况

2016年，大力推进内河航运基础设施建设，新增四级航道236公里，船闸（枢纽）6座，港口泊位26个，吞吐能力187万吨。

由部省补助投资、项目所在地市（直管县）配套，实施建设了沙河漯河至平顶山航运工程漯河港至北汝河口段、北汝河口至平顶山港段、沱浍河航运开发工程（河南段一期）沱河段、沙颍河周口至省界航道升级改造工程和淮河淮滨至息县航运工程淮滨段等5个水运工程。全年共完成水运工程建设投资17.7亿元，占年度投资计划17亿元的104.1%。其中，沙河漯河至平顶山航运工程漯河港至北汝河口段、北汝河口至平顶山港段和沙颍河周口至省界航道升级改造工程3个省重点项目完成投资13.94亿元，占年度投资计划13.9亿元的100.3%。

（二）内河航道概况

目前全省内河航道通航里程为1589公里，其中：四级航道366公里，主要包括淮河76公里，沙颍河84公里，涡河66公里，丹江库区140公里；五级航道368公里，主要包括沙颍河89公里，黄河113公里，黄河小浪底库区123公里，黄河三门峡库区43公里；六级航道460公里，主要包括黄河298公里，其他航道162公里；七级航道278公里；等外航道116公里。

（三）航道工程建设

重点围绕沙颍河航运通道项目建设，全力推进项目实施。沙颍河航运通道建设包括新建漯河至平顶山段航道100公里（航道等级四级）和升级改造（五级升四级）周口至省界航道90公里，概算总投资51.23亿元，分别由平顶山市、漯河市、许昌市、周口市组织实施。各重点项目主要建设内容如下：

沙河漯河至平顶山航运工程平顶山段（含许昌襄城港区）主要建设内容包括29.3公里四级航道整治，新建许昌港襄城港区，平顶山港叶县港区，改建桥梁1座；漯河段主要建设内容包括71公里四级航道整治，新建西陈航运枢纽和马湾船闸、漯河船闸，新建漯河港舞阳港区，改建桥梁5座。

沙颍河周口至省界航道升级改造工程主要建设内容包括90公里航道"五级升四级"改造，建设郑埠口复线船闸，新建沈丘航运枢纽，建设港口泊位6个，改建桥梁6座。

（四）航道保护与管理养护情况

加强制度建设，编制了《河南省内河航道养护管理办法（试行）》，以规范和指导航道养护管理工作。加强航道应急抢通，2015年9月1日至2016年8月31日期间，对沙颍河航道、淮河航道、小浪底库区航道等进行了航道应急抢通工作。依法加强航道保护。落实通航条件影响评价制度，2016年先后对南阳市新野县史营白河桥危桥改造工程、周口港口物流产业集聚区港口中作业区码头工程、项城市东环路沙颍河大桥工程、禹亳铁路惠济河大桥工程等项目依法进行了通航条件审核。

（五）港口建设发展

新建平顶山港叶县港区、许昌港襄城港区、漯河港舞阳港区，加快完善漯河港、鹿邑港等港区配套设施。加强港口物流园区的政策引导，促进临港产业落地。积极鼓励港口多式联运，支持发展公水联运、铁水联运。

三、行业创新转型发展

2016年共完成内河船型标准化工作拆解改造老旧船舶812艘，其中通过京杭运河干线船闸小吨位船舶拆解14艘（2404总吨）、内河老旧运输船舶拆解68艘（28748总吨）、现有船舶生活污水防污染改造730艘（600554总吨），分别完成了全省数量目标（艘）的100%、98.55%、100%；共使用中央补助资金2718.43万元，完成核准中央补助资金的99.41%。

四、行业治理和保障服务

开展长江等内河航运市场秩序专项治理工作。按照交通运输部《长江等内河航运市场秩序专项治理行动方案》要求，结合河南省航运市场的实际情况，成立组织、制定工作方案、加强宣传、落实分阶段工作目标，扎实推进专项治理工作。对违反政策的现象做到"发现一起，通报一起"，对"江韵7777"轮因擅自减少配员导致船舶倾覆事件在全省范围内进行了通报，并作出暂扣《船舶营业运输证》3个月、自查整顿3个月等处理决定。

开展了水运行业年度核查工作。制定并下发了《2016年水运行业年度核查的工作通知》，对年度核查工作进行了安排部署，通过核查宣传有关行业政策，了解经营者的生产经营情况、安全生产情况和存在的主要问题，以及对行业管理部门的意见和建议，规范了船舶的《船舶营业运输证》的编号规则。通过核查的省际运输企业93家，省内运输企业45家（其中经营浮桥的企业8家），个体工商户1家。共有从事长江干线、中下游及其支流省际内河运输的普通货船5050艘，运力规模已达945万吨（净载重量）。共有从事库区、城市水系等旅客运输的客运船舶542艘，共计14074客位。三家省际运输企业不符合运力规模、办公场所、经营管理等相关经营条件，将按规定撤销其经营许可；两家省际运输企业和两家省内运输企业因为运力规模不达标，已向企业发布限期整改通知。

行政许可事项审批方面，一是审批了7家经营省际普通货船运输的企业开业，二是完成了8家申请开展无船承运业务、提单登记或分公司申请开展无船承运业务的省级审核，向交通运输部水运局国际航运处递交了企业申请材料，向企业送达了《无船承运业务经营资格登记证》正副本。

开展了清理和规范运输船舶委托经营管理工作。下发了《关于清理和规范运输船舶委托经营管理工作的通知》，在全省范围内开展清理和规范运输船舶委托经营管理工作，规定"在2016年1月1日以后委托经营管理合同有效期届满及未签委托经营管理合同的船舶不得继续委托经营，必须转为成立水路运输企业经营或者光租给水路运输经营者经营"。自"通知"开始实施起，各航务海事机构采取了严把营运证发放关、加强企业资质动态监管、严格审核企业合同和协议等工作措施，鼓励公司化经营，对新入籍的非公司自有运力船舶一律办理"光租"手续，对违反规定存在委托经营行为的水路运输企业采取了相应行动。

五、航运发展展望

2017年河南省内河航运基础设施建设计划完成投资22.8亿元。重点围绕全面贯彻落实河南省人民政府省长办公会议精神，全面推进沙颍河航运通道建设。同时，着力加快淮河淮滨至息县航运工程淮滨段项目建设；积极推进唐河社旗至省界航运工程省界至马店段项目前期工作，力争2017年底前开工建设。

（河南省交通运输厅航务局（地方海事局））

报告7

湖北省水运发展综述

一、2016年水运发展情况

（一）水运建设投入不断加大、产出效益稳中向好

全年完成港航建设投资66.5亿元，超计划33%。荆州煤炭储配基地一期、宜昌港主城港区白洋作业区二期等18个项目开工，黄梅小池滨江综合码头等建成投产，新增港口通过能力2200万吨，新增三级以上高等级航道110公里，超过全国新增高等级航道总里程的1/5。全年完成港口吞吐量3.5亿吨，同比增长6.4%，完成水路货运量、货物周转量3.5亿吨、2680.3亿吨公里，同比增长8.9%、7.2%。

（二）长江中游航运中心建设取得突破性进展

一是顶层设计为航运中心加快发展提供了政策保障。省政府出台《加快武汉长江中游航运中心建设的实施意见》，明确了航运中心总体定位、具体目标、重点任务；长江港航建设专项资金由"十二五"每年5亿增加到"十三五"每年10亿，航道建设比照高速公路的土地政策和税收政策；成立航运中心建设协调领导小组，理顺了体制机制；《武汉长江中游航运中心总体规划》完成初稿，荆州、黄冈、鄂州、咸宁、巴东、丹江口等地港口总规修编工作加快。

二是武汉港航发展集团组建运营，鄂东港口资源整合迈出实质性步伐，为鄂东5市港口差异化、专业化发展打下坚实基础。全省完成集装箱吞吐量142万TEU，同比增长6.6%，其中武汉港完成集装箱吞吐量113万TEU，中转箱比例40%，滚装汽车72.1万辆，同比增长8.6%。武汉港作为长江内河第一大集装箱港、第一大商品车港的地位不断巩固。

三是港口铁水联运取得突破。武汉阳逻港区、黄石棋盘洲港区集装箱铁水联运工程分别被列入第一批"国家级"示范项目、培育项目，汉欧货运班列全年发运2.12万TEU，同比增长42.5%，回程班列货量居全国第一。武汉至上海洋山江海直达、泸—汉—台（基隆）快班、武汉至东盟四国、武汉至日韩等品牌航线稳步壮大。新开通"中远海运号"沪汉蓉铁水联运集装箱班列、沪汉陕铁水联运班列、武汉经开港至上海港的江海联运集装箱航线和中三角省际集装箱班轮公共航线。多式联运基础设施建设步伐加快，阳逻铁路进港一期工程开工建设，黄石港疏港铁路项目进展顺利，宜昌紫云铁路项目基本建成。装载能力1000个TEU、载重1.5万吨的江海直达船型设计开发加快推进。

四是高端航运服务不断拓展。武汉航交所重组挂牌运行一年，交易量达到10亿元。宜昌市船舶交易中心挂牌运行，成为长江沿线首家"零收费、一站式"交易平台。黄石新港口岸正式开关，电子口岸和通关便利化取得进展。

（三）汉江航运开发取得突破性进展

一是汉江航运梯级开发提速加力。5月5日时任省委书记李鸿忠亲临雅口航运枢纽现场主持召开夹河、孤山、雅口、新集、碾盘山五级枢纽建设开工动员会。省政府成立由省领导担任总指挥长的汉江五级枢纽建设总指挥部，全力督办落实2020年丹江口以下建成1000吨级航道的目标。12月实现了雅口、孤山、夹河枢纽主体工程开工，碾盘山枢纽进场道路开工的目标任务。

二是汉江碾盘山至河口段高等级航道基本建成。历经六年艰苦建设，汉江三大航道整治工程基本完工，汉江下游航道实现常年可通行1000吨级船舶的目标。116座装有卫星定位系统的新型太阳能航标投入使用，荆门碾盘山至武汉段实现昼夜通航。汉江河口至蔡甸2000吨航道整治工程项目工可报告获得批复。

三是荆门沙洋港、钟祥石牌港相继开港运营。汉江沿线建成拥有集装箱、件杂货和散货综合功能的现代化直立式高桩港口码头。汉江历史上第一条干支相连的集装箱定班航线沙洋港—武汉港正式开通。

（四）治理非法码头工作取得突破性进展

一是"立铁心、用铁腕、树铁律"，重拳整治非法码头。在长江汉江干线开展"雷霆行动"，强力推进非法码头整治，一举扭转了多年来积弊丛生的乱占滥用岸线现象，长江干线的武汉、黄石、宜昌、鄂州、咸宁和汉江干线的荆门、潜江等市州走在前列。截至6月30日，长江367个、汉江204个非法码头被关停取缔，清退岸线60余公里，相当于腾退港口通过能力1.7亿吨件杂货或2.7亿吨散货。国家推动长江经济带发展领导小组称赞"在沿江率先作为，工作卓有成效"。

二是防汛救灾冲锋在前，灾后重建扎实推进。面对"98+"的灾情，全省水路交通防汛累计投入资金2144.6万元、防汛救灾人员17290人次、防汛应急车1955台次、执法艇2391艘次，调度防汛船舶储备运力436艘次，夺得防汛抢险救灾的胜利。争取3300万元财政补助资金，全省完成灾后重建投资1.5亿元。

三是港口船舶防污染工作集中攻坚。12月组织开展全省港口船舶防污染整治专项行动，成立督查组100余个，检查1000余人次，检查船舶955艘次，立查立改船舶防污染问题300余处，收到明显效果。组织编制全省船舶港口污染物接收处置方案，开展港口作业扬尘监管专项整治，推动全省首个交通运输部试点岸电项目在武汉港集装箱码头正式投入运营。推进LNG水上加注站试点示范，在交通运输部第二批9个试点示范项目中，成功入选2个。建立汉江梯级枢纽联合生态调度机制。在汉江等重点水域开展对船舶废气、船舶垃圾、船舶油污水、船舶生活污水防治和排放的专项检查；禁止单壳化学品船和600载重吨以上单壳油船进入汉江、江汉运河航行。利用老旧船舶报废更新和内河船型标准化资金补贴政策，推动船舶更新改造。5年来共核准拆、改、建船舶1778艘、177.9万总吨、1.7万客位。共完成拆、改、建船舶1271艘，其中拆解1020艘，防污改造242艘，新建大长宽比示范船8艘，新建LNG示范船1艘。

（五）打造本质安全成效显著

一是夯实安全基层基础。县、乡镇、村组、船主逐级签订乡镇船舶安全"四级"责任状，全省1730处渡口、2425艘船舶安全监管责任分解到589名海事人员肩上。发布7种标准化渡船新船型，申请中央专项补贴资金1636万元、完成160艘渡船报废更新，成功创建20处平安示范渡口，夯实渡运安全基础。开展水上交通安全知识进校园活动。顺利通过部海事局2016年度船检机构资质不定期检查，组织完成近百名小船营运检验适任制验船师考试，增强源头保障能力。黄冈、宜昌等地试点推进陈家坳、麻城将军、长阳向王庙3处渡口实现渡运"公交化"，恩施积极探索"3+2"学生渡运管理模式，十堰、恩施分别联合陕西安康、湖南湘西海事机构，建立共抓共管新机制。仙桃制作渡口分布图和海事监管网络图，黄冈、咸宁采取领导分片包干，定期开展明察暗访。

二是专项行动整治隐患。开展事故案例对照剖析，深刻汲取"6·1"东方之星事件和"8·12"天津港爆炸事故教训。围绕打造"平安水域"，开展"安全生产月"、港口危货"专家会诊"、客渡船和危险品船检验质量"回头看"、砂石船非法运输治理、航道安全设施检查及综合执法集中行动等近10项专项整治，共核查客渡船3096艘、砂石运输船954艘、危险品船28艘、港口危货企业67家，发现问题客渡船496艘、砂石船300余艘，省港航局层面排查港口危货安全隐患221个（其中重大安全隐患10个）；建立隐患整改台账，实行销号处理，重大隐患直接挂牌督办。襄阳建立隐患整改月通报制，宜昌将专项行动中发现的隐患制作成视频在季度安全例会上播放，确保各类隐患消灭在萌芽状态。

三是应急演练有备无患。修订《湖北省水路交通突发事件应急预案》，完善水上应急处置预警预防机制，拓宽预警信息收集、发布渠道。完善应急处置数据库，新增20艘执法趸船、执法艇；新吸纳社会打捞船9艘、拖轮44艘；首批新增42名潜水员。组织开展全省执法艇驾驶员技能比武，武汉、荆门、孝感、咸宁、黄石、鄂州、随州等联合相关单位举办船舶消防、乘客疏散、水源环保、重大气象灾害和反恐等应急演练，荆州、宜昌联合长航等部门开展港口危险货物安全应急演练，紧绷心弦、常备不懈。

（六）推动水运转型升级成效显著

一是行业管理创新推进。推进"放、管、服"改革，将省际普通货船营运证配发权限下放市州；将港口经营许可等由前置审批改为后置审批。推行船员诚信管理、船员违法记分、船舶进出港电子签证等新规，推广"AIS信息服务平台"和"船员口袋工程"。首次建立汉江及江汉运河通航设施统一调度联席会议制度，首次公布汉江航道维护尺度信息，首次通过政府购买服务对5000

吨级江海直达集装箱船检验质量进行抽查。全年共落实部省固定资产投资补助6.84亿元，襄阳小河港、喻家湾港、荆门江汉运河港区后港综合码头、天门岳口港尝试PPP模式，武汉创新港口经营资质预警管理，黄冈深入村组为当地群众开办船员培训班，宜昌推动整合3家航运企业打造长江流域最大滚装运输企业。

二是信息化技术全面推广。推广应用部海事局"两大平台""四大系统"，启用自行研发的港口危险货物监管系统，成功实现与长江海事危货信息"互联互通"。完成水上搜救系统二期工程竣工验收和县级指挥平台的试点推广。完成湖北省重点水域电子巡航试点示范工程工可编制。汉江航道整治指挥部首次运用无人飞行航拍器和声纳技术，全方位立体监控施工质量。武汉在汉江河口推广电子航道图应用，宜昌在全国率先推动船检档案管理电子化、科技化和现代化。

三是综合执法改革取得成效。推动省财政落实水路交通规费替代性资金，进一步优化基本支出和项目支出结构，系统保障能力得到加强。推动基层港航海事部门深化改革，开展执法人员转岗学习、执法大比武、大练兵等活动，促进"三转三升"。荆州市公安县在全省率先成立第一家由地方编制部门批复的水路交通综合执法大队，宜昌市全面提升执法人员素质。襄阳、仙桃、潜江等先行先试，通过内部发文组建综合执法队伍，为后期争取编制部门认可奠定基础。荆州、孝感、荆门等部分市县成功争取到取消收费后地方财政补助。

四是合作"朋友圈"不断扩大。对接上海航运机构、长江航务管理部门，持续深化"2+9"合作机制，推动长江中游航运中心和"645"工程建设。联合港航企业、铁路、海关和口岸部门，推动多式联运和对外开放。协调南水北调局、汉江枢纽业主，推动建立通航调度机制。携手市县，与襄阳、宜昌、监利、钟祥、阳新等市县政府签订合作备忘录，凝聚水运发展合力。加强省际协调，与河南、湖南建立省、市二级协调机制，共推唐白河、松西河跨省航道建设，与浙江、西藏、新疆开展结对共建，深化鄂湘赣中三角水运发展合作。

二、2017年工作重点

2017年工作总体要求：坚持全面从严治党，坚持稳中求进，以新发展理念为指针，以航运中心建设为统领、以"五通工程"建设为重点，以海事"三化"建设为保障，继续加强水运基础设施建设补短板，加快发展港口多式联运延长板，继续推进非法码头整治和港口船舶防污染工作，确保水上安全态势平稳可控，继续抓好班子建设和队伍建设，打造听从指挥、敢于担当、能打胜仗的港航海事铁军，全面完成厅党组赋予的各项目标任务。

主要目标：确保完成港航建设固定资产投资75亿元，其中港口航道建设投资55亿元，港口陆域园区建设投资20亿元，累计完成"十三五"规划内60%重点项目的前期工作；新增港口吞吐能力2000万吨，新增三级以上高等级航道50公里，新增船舶运力20万载重吨；完成港口货物吞吐量3.6亿吨，集装箱吞吐量145万TEU；遏制运输船舶一次死亡10人以上的水上交通安全和船舶污染重大责任事故，确保水上交通安全形势持续平稳。

重点抓好六个方面的工作：一是以武

汉长江中游航运中心建设为统领推动水运大发展，二是以"项目开工年"为契机推动港航基础设施大建设，三是以航线开发和服务管理为切入点突出做好长江、汉江、江汉运河及重要支流航运发展大文章，四是以推广水上安全"六化"为载体构建本质安全大体系，五是以非法码头治理、港口船舶污染防治为重点共抓生态大保护，六是以"三化"建设为引领推动行业治理能力大提升。

（湖北省交通运输厅港航管理局）

报告8
湖南省水运发展综述

一、水运经济运行情况

（一）水路运输经济稳步增长

全年完成水路货运量2.3亿吨、水路货物周转量619.5亿吨公里，同比增长1.7%和6.7%；水路客运量1614.8万人、旅客周转量3.2亿人公里，同比增长5.3%和5.1%。主要港口货物吞吐量、集装箱吞吐量及旅客吞吐量分别为3.2亿吨、42.0万TEU及1425.6万人，同比增长9.0%、114.7%及3.2%。

（二）水路运力优化升级

开展了11种主要货船标准化船型图纸设计，拆解、改造单壳油船和化学品船舶54艘，补贴350万元；2016年底，全省船舶总运力510.8万载重吨，内河机动货船平均吨位714载重吨，同比分别增长了10.4%、9.8%。

（三）水上交通安全形势稳定

全省发生一般及以上等级水上交通事故2件，同比下降33.3%；死亡3人，死亡率为0.025%，同比持平；沉船2艘，同比持平；直接经济损失约7万元，同比下降67.14%。

二、航运体系建设发展

（一）科学编制"十三五"水运建设规划

提出了基本建成全省畅通的水运体系总体目标。总目标为：到2020年，投资230亿元，初步建成以长江为依托，以湘江为骨干，以沅水、澧水下游、资水下游及洞庭湖区航道为主体的高等级航道网；岳阳城陵矶港区、长沙霞凝港区等主要港口的重要港区达到专业化、规模化和现代化水平，集疏运体系得到有效改善；全省水上安全保障能力显著提升，通江达海的畅通、高效、平安、绿色的现代化内河水运体系粗具雏形。

（二）水运基础设施建设有序推进

2016年全省共完成水运建设投资37.6亿元，共建设水运项目35个，其中枢纽2个、航道9个、码头18个、安全专项3个、社会项目3个。完成了4个1000吨级码头、460公里1000吨级航道建设。湘江土谷塘航电枢纽4台机组全部投产发电，湘江2000吨级航道建设二期工程（衡阳至株洲）、沅水浦市至常德航道建设工程、洞庭湖区澧县安乡至茅草街航道建设工程等航道项目进展顺利；长沙港铜官港区一期、长沙港霞凝港区三期和金霞作业区一期工程等重点港口项目顺利推进。

（三）"智慧水运"建设加快推进

一是初步实现干线航道数字化。基本完成建设覆盖湘江、沅江、资江、澧水等干线1371公里的电子江图，并将智能航标和AIS融入电子江图。二是加强信息化监控系统建设。建成航道视频监控点59处，改造危货码头视频监控点8处，对881条客船实施移动视频监控，全面实现重点渡口、港口、航道、客船的实时视频监控；基本建成1个VHF总中心、7个分中心和12个基站，全面覆盖湘江中下游和环洞庭湖水域。三是完善湘江枢纽船闸通航调度系统。开发了手机APP远程申报和AIS自动到锚确认功能，解决了船舶过闸需停靠、上岸登记办理过闸手续的问题，使船闸管理更加公开、公正。

（四）水上支持保障体系建设进一步完善

建设标准化渡口，推进500道渡口的标准化改造。建设安全性的渡船，完成了1917艘标准化渡船的建造交付。实行干线航道管理精细化。将岳阳七里山砂石锚地整体迁移至长江湖北段，解决岳阳水域船舶拥挤、事故频发的弊端。建成长沙、衡阳两个省级救援基地，为县级海事机构配备应急执法车辆，提升水上交通安全应急救助能力。

三、行业创新转型发展

（一）推进航运企业整合壮大

湖南省政府与上海国际港务（集团）股份公司签署合作协议，成立湖南城陵矶港务集团，推动了岳阳港现有港口资源的战略重组，与上海港形成有效联动。同时，上港集团已成功注资长沙集星集装箱有限公司，有效统筹集装箱集疏运体系，优化港口经营主体，培育省港口龙头企业，长沙港、岳阳港实现共赢发展。城陵矶港务集团集装箱2016年吞吐量达41.56万TEU，比上年净增5.8万TEU。4家危险品运输企业通过兼并重组，增加了运力，解决了资质问题。

（二）水运成本大幅降低

将船舶通行费、货物港务费等下调50%，船舶检验费等下调30%，实际减征48.7%，为企业减负5786万元，实现水运"降本增效"。

（三）"共抓大保护"，促水运绿色发展

一是内河水运污染排放控制体系基本建成。全面加强船舶、港口水污染防治工作推动节能减排，强化防污应急能力建设，完成了围油栏等防污应急物资的采购和储备；开展水污染防治督查，确保船舶污水处理装置有效运行，严禁船舶、港口污水直排，禁止排放不达标的船舶进入湘江、沅水和洞庭湖水域航行；完成了《船舶污水处理装置使用评估报告》，在全国率先编制了《湖南省内河港口和船舶污染物接收、转运及处置设施建设方案》。二是绿色示范工程加快建设。

优化调整岳阳港绿色港口创建项目，总投资近3亿元；启动了郴州东江湖LNG动力客船试点工程建设，湖南首艘LNG货运船舶即将开工建设。

四、行业治理和保障服务

（一）港航市场规范运行

开展了全省危化品仓储行业无证无照经营专项整治；制定了湖南省内河主要货运船舶船型标准；圆满完成了长江干线（岳阳长江段）、湘江、沅水干线港口深水岸线资源普查工作，岳阳长江段成为交通运输部先进典型。

（二）干线航道安全通畅

开展干线航道桥梁助航标志专项治理年活动，对30个浅滩实施应急抢通，全年一类发光航标维护工作量85万座天，航标维护正常率达到99.81%。

（三）水上交通安全监管"标本兼治"

开展了常态化水上交通安全督查，特别是在春节、国庆等重点时段组织全省水上交通安全检查，督促完成隐患整改587处，挂牌督办2处；对重点渡口、港口、航道实行全天候视频监控；开展"平安船舶"创建活动；组织运砂船超载整治行动；指导长沙、怀化、衡阳等地开展应急演练。

（四）船检质量有效提升

理顺了船检体制，明确市级船检发证权限，建立船检技术专家库制度和"新、特、异"船舶图纸审查工作机制，抓好新建船型的源头管理，全年完成1.48万艘、465.8万总吨的船舶检验工作。

五、航运发展展望

（一）加强水运基础设施建设

一是加快规划实施。加快推进"十三五"全省水运基础设施建设，做好项目储备和项目前期工作。加快出省航道建设，解决水运网络内不畅通、外不联网的问题。二是完善水上安全应急能力建设。完成全省水上支持保障系统一期工程建设，加快支持保障系统二期工程前期工作。推进应急救援基地建设，做好应急救援船舶的管理，组建专业应急救援队伍。三是加快民生工程建设。完成500道渡口标准化改造，加快锚地、便民码头、LNG加注站等民生及安全专项设施建设。四是加快信息化进程。建设综合监管系统，整合VHF、AIS、CCTV等系统，集成协同办公、水运日常监管、语音调度指挥、海事执法管理、电子巡航等各项业务。依托部海事局一级数据中心，建设船舶、船员、船检等基础数据的数据资源共享平台。

（二）全面加强行业管理

一是加强水上交通安全监管。加强渡运安全管理，组织开展全省渡口设置专项整治行动；开展运砂船非法改装整治专项行动；强化危险化学品港口安全监管，开展港口安全治理专项行动，完成"平安港口"建设目标。二是加强船舶船员管理。加强船舶抵押登记业务风险控制；开展船员培训机构质量管理体系审核；实施内河船员考试和发证分离,实现船员证书异地申办。三是进一步规范港航管理。开展航运企业诚信评价及信息化管理工作,完成内河主要货运船舶船型图纸设计招标,出台农村水路客运油补资金管理办法。四是创新船检管理机制。研究出台旅游排筏、漂流船等旅游船舶的检验技术规范;提高全省船检人员素质。五是加强航道管理。开展航政执法年活动,开展采砂专项整治行动,严厉打击砂石船舶乱采乱抛等破坏航道行为。六是加强法治水运建设。推动《湖南省水上交通安全管理条例》《湖南省渡口设置规定》出台;制定《航道法》配套制度,小型客运船舶管理办法,固定在湖南水域航行船舶相关管理制度,脱检船舶等船检管理规定;推行海事系统内务规范,开发行政处罚电子文书软件,全面规范行政执法行为。

（三）完善港口集疏运体系,加快港园联动发展

加强进港公路、铁路建设,解决水路运输"最后一公里"问题,推动重点港口与后方海关特殊监管区、物流园区、工业园区有效对接、联动发展。

（四）加快水运绿色发展

加强港区内船舶污染物回收配套设施建设,开展船舶与港口污染防治行动;全力推进岳阳港"绿色港口"创建;做好全国首艘LNG客船和全省首艘LNG货船建造的技术支持;清理岸线资源,实现节约利用。

（湖南省水运管理局）

报告9

江西省水运发展综述

一、水运经济运行情况

2016年江西省完成水路货运量1.1亿吨，货物周转量235亿吨公里、港口吞吐量3.1亿吨、集装箱吞吐量38.8万TEU，同比分别增长15.8%、13.4%、-4.9%和7.2%，水运经济呈现趋稳态势。其中九江港、南昌港货物吞吐量占全省港口货物吞吐量70%以上。

2016年全省拥有营运船舶3293艘、223.3万载重吨，平均吨位为678载重吨，船舶向大型化、专业化、标准化发展，加快旅游客运发展转型。

二、航运体系建设发展

赣江高等级航道建设有序推进，航电枢纽建设与赣江赣州至湖口606公里高等级航道，达标里程425公里，达标率70.1%。以九江港、南昌港为核心的港口建设取得了较大进展。南昌港、九江港建设了一批规模化、集约化的码头，新增生产深水泊位10个，通过能力1315万吨、20万TEU。

（一）内河航道概况和重点建设工程

全省拥有通航河流或航线101条，除长江干线省界航道（部管航道）和湘江水系的渌水33公里航道外，其余均分布于省内赣、抚、信、饶、修五大水系和鄱阳湖湖区。其中，赣江水系的航道里程2477公里，抚河水系的航道里程828公里，信江水系的航道里程502公里，饶河水系的航道里程有417公里，修河水系的航道里程569公里，鄱阳湖湖区内的航道里程734公里。

2016年，航道重点建设工程有续建的赣江新干航电枢纽工程、新开工建设的赣江井冈山航电枢纽工程、赣江石虎塘—神岗山Ⅲ航道整治工程，总投资85.1亿元，开展了信江八字嘴航电枢纽、信江双港航运枢纽等项目的前期工作。

现有航道维护里程中，一类维护494公里，二类维护579公里，三类及其他维护4487公里，年通航保证率90%~95%。全省航道设标里程1825公里，其中：一类航标494公里，二类航标392公里，三类航标176公里，其他763公里。航标总数量2364座，航标维护正常率90%~99%。

（二）航道保护与管理养护情况

以"平安航道"为契机，在保证正常巡查基础上，在汛期适时增加巡航密度，对失常、损毁标志及时恢复、补充，确保了赣江、鄱阳湖干线航道等重点水域安全畅通；完成了西环线铁路桥、向莆铁路大桥、赣江铁路桥、豫章大桥、昌邑大桥、龙王庙大桥等桥梁净高水尺警示标志设置工作，为桥梁和通航安全提供了有力保障；对铁河滩、流水洞滩、联圩弯道及鄱阳湖龙口滩群等浅滩进行了维护疏浚，共疏浚土方28万立方米，对损毁航标及时进行补充和修复210座/次；航道浅滩测量13平方公里；航道扫床13.2平方公里。枢纽应急抢修104.31万元，现场实行航道管制，引航助航投入的人员、船舶，共投入航道应急抢通资金1151.205万元，成功处置2起堵航事件。

及时拨付相关经费进行枢纽应急抢修及航标等设施更换维修，保障了枢纽和航标等设施的安全度汛和船舶的安全航行。

（三）港口发展概况和重点建设工程

全省港口共有泊位1741个，其中深水泊位175个。2016年，完成水运基础设施投资24.6亿元，主要建设了南昌龙头岗综合码头一期工程，九江港新洋丰肥业生产基地码头工程、江西蓝天玻璃制品专用码头改扩建工程，新增4个2000吨级泊位，1个3000吨级泊位，5个5000吨级泊位，新增年通过能力1315万吨、20万TEU。共拆除46个非法码头泊位，有效提高了港口岸线的集约化利用程度。积极推进疏港公路、疏港铁路的建设，完善港口集疏运体系。

（四）水运支持保障系统发展概况和重点建设工程

建设完成赣江樟树至湖口安全监管系统。在赣江樟树至湖口段、鄱阳湖、仙女湖及柘林湖水域建设了11座岸台、1个控制中心、5个控制分中心和20个远程通信终端的甚高频安全通信系统，建成集甚高频（VHF）安全通信、船舶自动识别（AIS）和电视监控（CCTV）三大系统功能于一体的全省水上安全监管平台。

按照《长江电子航道图制作规范》（JT/T 765—2009)标准，完成赣江樟树至湖口及环鄱阳湖约388公里电子航道图制作，生成35幅数据产品，并已成功导入水上安全监控系统中，满足了系统对地图数据的需求，实现与长江电子航道图的无缝对接。

三、行业创新转型发展

（一）促进行业结构调整

推进、鼓励、支持水运企业间的兼并重组，帮助水运企业做大做强，提高市场竞争能力和抗风险能力，落实长航局有关省际客船、散装危险品航运企业新增运力激励政策和措施，水路危险品运输企业自有船舶运力满足现行管理规定。

引导两家自有船舶运力不达标的企业进行了法人结构治理，引进新股东，注入新资金。原抚州江河航运从无船舶运力到满足规定的5285总吨。原抚州轮船运输有限公司与湖北石油贸易企业重组，走运贸结合道路。

加快推进运输结构调整。完成231艘（20.7万吨）运输船舶生活污水防污染改造，1艘单壳油船改造（488总吨），协调发放到位政府补贴资金685万元。加快旅游客运发展转型。柘林湖库区新增标准化节能型游船21艘1764客位，推动了传统水上客运向高品质旅游客运转型。

（二）深化投融资体制改革

港航企业调整业态结构。赣江井冈山航电枢纽工程和九江港红光综合枢纽一期码头工程PPP模式方案通过省发改委和财政厅联合批复，是江西省水运工程首次使用PPP模式。积极探索"以电养航"模式，建成赣江石虎塘航电枢纽，加快建设赣江新干航电枢纽，新建赣江井冈山航电枢纽，全年发电收入4.95亿元，用于贷款偿还及港航基础设施建设的滚动开发。做大做强水上建设融资平台。省港投公司获银行授信130亿元，成功发行省内第一单水运行业项目债务融资工具——2亿元中期票据，票面利率3.68%，发行利率创下了全国同时期同评级同期限的市场最低水平。

（三）积极落实生态发展理念

结合水污染防治工作，开展2016年的"清河行动"，对码头废污水、垃圾排放治理、干散货码头及堆场扬尘治理等港口污染治理展开了专项整治，有针对性地找出问题清单并按时限整改到位。开展了《江西省LNG水上加注站布局规划》《江西省内河港口船舶污染物接收、转运和处置设施建设方案》等相关课题的前期工作，为生态发展提供规划支撑。

四、行业治理和保障服务

（一）加强涉航主动服务，严把通航标准和技术关口

航道管理部门严把涉航项目通航标准、技术要求审批关和航标设计、验收关，严格按照有关技术规范和标准对桥梁、码头、取水口、跨河电缆等涉航工程和航标工程实施审批、审查。截至11月15日，共审批涉航项目24件，参与11座桥航标施工图设计审查工作和15座桥航标的专项验收工作。为切实加强涉航项目的管理，督促各分局及时掌握涉航项目的设计、开工、建设动态，加强与水利、交通、铁路、电力、电信等部门联系，加强与项目业主、建设施工单位、设计单位沟通，主动介入涉航工程，保证辖区涉航项目纳入审批，全力杜绝产生新的碍航建筑物。对在建的涉航工程切实做好施工水域航标设置工作，并配合施工单位根据施工进度及时调整通航孔和助航标志，正确引导船舶安全航行。加强了施工期通航管理工作，及时解决施工期航道通航存在的各种问题，切实做好施工与通航的协调工作，尽量满足过往船舶安全通航需求。

（二）港口管理工作扎实推进

全省共有274户港口经营企业取得港口经营许可证。其中：普通货物港口经营企业236户，危险货物港口经营企业44户，港口旅客运输服务经营企业1户。

组织港口经营资质核查工作，规范港口经营管理。开展港口危化品安全管理百日专项整治行动，深入排查港口危化品装卸作业隐患，保障港口安全生产形势稳定。组织为期三年的危化品港口作业安全治理专项行动，强化隐患排查整改，构建安全管理长效机制。购买危货港口企业安全隐患排查服务，委托第三方专业安评机构对45家从事危货作业的港口企业和水上加油站开展安全生产隐患排查，形成13个方面417项整改意见，所有整改意见已印发至所在地港口行政管理部门落实。

积极拓展港口服务功能。加强港口与保税、物流园的有效衔接，江西省港航建设投资有限公司启动南昌龙头岗综合枢纽和九江彭泽红光综合枢纽前期工作。推动港口发展由传统的装卸、转运向仓储、加工、贸易、配送、信息服务等综合物流服务功能延伸。

（三）严格航运市场监管，净化市场环境

开展了全省客船和危险品船运输企业专项检查，注销自有运力不合资质要求的2家船舶危货企业和3家省际客运企业经营资质，对未取得码头经营许可证的客运企业进行了督查整改，违法经营行为得到有效整治。开展全省水路运输企业年度核查工作，全省共计148户水路运输企业和54户个体经营户通过经营资质核查。开展全省水路诚信企业评价工作，全省共有6家企业荣获省级诚信水运企业荣誉称号，提升了江西省水运企业品牌形象和市场竞争力。

进一步加强运输市场监督检查，严厉打击无证经营、超越许可范围经营、出租出借许可证件、擅自改装客船危险品船从事散装液体危险货物运输种类等各类非法运输行为，加强水路运输及辅助业诚信评价体系和监督机制的建设，有效解决违规失信企业的经营行为成本过低的问题。引导和帮助企业向物流服务领域延伸发展，引导水路危险品运输企业进行了建造大型化、专业化、低碳节能化、标准化船舶，促进水运企业健康、平稳、有序发展。

（四）水运安全形势总体平稳，水上事故防控和处置能力不断提升

2016年，全省共发生3起一般及以上水上交通事故，死亡3人，沉船2艘，直接经济损失约121万元，水上交通事故四项指标稳中下降，水上交通安全形势持续稳定。

通过短信平台、VHF岸台等各类方式发布预警信息30万条。春运期间全省水路旅客运输共投入各类客船759艘，共投入314653客位，累计完成水路旅客运输量187263人次；"十一"投入各类客船267艘，投入78063客位，完成客运量146800人次。2016年全省"春运"、"十一"等重要时段无安全事故、无投诉，确保了重要时段水路运输安全生产形势持续稳定。2016年全力护航南昌舰"回家"。

强化了重要节假日、"两会"、汛期等重点时段对"五区一线"重点水域的现场巡查，加大了对"三类重点船舶"现场检查和监管力度。全年共派出40余个明查暗访督查组对港航系统安全生产工作进行了督查暗访，查找安全隐患并督促整改落实。开展全省内河水上安全生产大排查行动，检查运输企业、码头496家（座）、渡口400余道，排查整改各类安全隐患620个。建成标准化渡口112道，发放补助资金1999.5万元。组织水上交通安全知识进校园活动，建立了丰城市拖船埠小学等水上交通安全知识教育示范学校，发放宣传手册和《小学生水上交通安全教育读本》3000余份、救生衣600余件，开展了学生水上救生应急演练等活动，着力提升学生水上安全意识，共建和谐平安水路交通。

2016年以检查船名、船籍港和载重线标识情况为重点，严厉查处遮挡船舶标识、标志，使用假船名或套牌等违法行为，活动开展以来，共查处船舶标识不规范船舶332艘次，现场整改94艘，限期整改34艘。联

合公安、港航、水利等部门开展了鄱阳湖区水上交通安全和社会治安综合整治，在鄱阳湖等重点水域设置流动检查点，重点打击船舶超载、对抗执法等违法行为，现场减载船舶2005艘次，减载黄砂14.9万吨，行政处罚240余起，罚款91.69万元，有效地解决了省内砂石运输船舶安全监管难题，保障运砂船舶航行安全。开展船舶配员专项检查行动活动开展以来共督促1000余人参加船员培训考试，实施行政处罚165起，罚款36万元。

五、航运发展展望

2017年水运发展的总体思路是：全面贯彻党的十八大、十八届三中、四中、五中、六中全会、省第十三届十三次、十四次全会和全省交通运输工作会议精神，认真落实"五位一体"总体布局和"四个全面"战略布局，坚持稳中求进工作总基调，牢固树立和贯彻落实新发展理念，坚持以提高水运发展质量和效益为中心，坚持以推进供给侧结构性改革为主线，加快推进水运基础设施建设，提升水运服务品质，推进水运转型升级和提质提速，为全省决胜全面小康、建设富裕美丽幸福江西提供畅通、高效、平安、绿色水运保障。

（一）全力推动安全管理能力得到新提升

加快推进海事"三化"建设；强化安全生产责任落实，完善安全生产监管履职标准规范，严格执行安全隐患挂牌整改销号制度，坚决防止重特大事故的发生；抓好重点源头和重点时段的监管；针对船舶港务费和船舶签证取消的情况，探索诚信报港等监管新手段，强化事中事后监管，形成新的安全监管工作机制。加强CCTV、VHF、AIS等安全监管信息化平台的有效运用，推进现场监管智能化。加强应急物资储备基地、搜救设备装备、专业和社会救助队伍建设，提升水上应急救助能力。

（二）全力推动基础设施供给能力实现新跨越

着力推进"两江两港"建设，按照"十三五"规划要求，围绕到2020年全面建成赣江、信江高等级航道的目标，加快推进项目建设和项目前期工作；狠抓规划工作，全面推进赣江、信江主要港口和区域性重要港口规划工作；编制"十三五"项目资金筹措方案，加强建设资金筹措。积极争取部委、省财政等国家资金补助，着力解决建设项目资本金难题。

（三）全力推动水运转型发展实现新升级

推进船舶运力转型升级，稳步推进内支线集装箱运输发展，引导江海直达货船、集装箱船运力有序投放。加快船舶运力结构调整，加快建造新型环保低碳节能的标准化船舶，推动运输船舶向大型化、专业化、标准化发展；推进水运企业水运市场的转型升级，引导航运企业兼并重组、做优做大做强，推动航运企业加快发展、转型升级，推动传统水上客运向高品质旅游客运转型，促进水上旅游客运业规范、安全发展；推进水运市场转型升级，规范水运市场管理，继续开展客船和危险品船运输企业等安全生产专项检查，消除安全隐患，规范市场经营秩序，不断规范企业、船舶和货代经营行为，维护市场经营秩序，继续开展水运企业诚信评价工作，营造诚实守信、合法经营的良好氛围。

（四）全力推动行业管理与服务水平实现新飞跃

推动重点领域的深化改革，提升依法行政水平、航道维护管理水平、提升船舶检验水平，规范行政执法行为；高效利用主航道和主要景区CCTV等智能化监管平台；修订完善船检质量体系文件，推进法定检验质量管理体系建设；做好内河（主要为赣江、信江）过闸自航自卸砂船标准船型主尺度系列的修订工作。推进船舶吨位丈量复核换证，建立长效运行机制。

（五）全力推动综合智慧绿色水运取得新成绩

加强综合水运建设，加快重要港区集疏运体系建设，加快九江港红光、南昌港龙头岗两大多式联运综合枢纽示范项目前期工作，形成港口物流聚群效应；加强智慧水运建设，加快信息系统建设和应用。建设省二级数据中心，尽早与部海事局一级数据中心实现对接，建设主航道和主要景区CCTV、VHF、AIS等水上安全监管平台，抓好已建成水上安全监管和应急平台的运行管理和电子航道图的应用；加强绿色水运建设，加快老旧船舶改造进度，做好船舶生活污水改造补贴资金的复核、统计、报批工作；推进内河港口船舶污染物接收处置工作，全面推进新建码头使用岸电技术，做好水上LNG加注站点的布局规划，着力引导新建船舶应用LNG混合燃料动力技术。

（江西省港航管理局）

报告10

安徽省水运发展综述

一、水运经济运行情况

2016年，全省水路运输经济运行总体稳定，与上年相比，水路客运量上升明显，水路货运量平稳，港口吞吐量增长稳定，营运船舶运力稳定上升，水运固定资产投资有所回落。

（一）水路运输基本态势

水路客运以短途观光休闲游客为主。2016年，全省全社会累计完成水路运输客运量、旅客周转量分别为213万人、4055万人公里，同比分别增加15.14%、5.52%。旅客运输平均运距19.04公里，较上年下降8.33个百分点。

货运量和货物周转量增长基本稳定。2016年，全省全社会累计完成水路货运量和货物周转量分别为110776万吨和52609746万吨公里，同比分别增加5.55%和6.48%。货物运输平均运距474.92公里，与上年基本持平，略增0.9个百分点。

营运船舶运力保持稳定，小幅上升。截至12月底，全省共有各类营运船舶2.88万艘，净载重量4697.18万吨，较2015年底，净载重量增加483.41万吨，运力上升11.47个百分点，平均净载重量由2015年的1463吨上升到1628吨，增长11.29个百分点。其中：内河运输船舶2.84万艘，4482.14万吨；沿海运输船舶473艘，215.04万吨。与2015年底相比，内河和沿海船舶净载重量分别增长10.55%和34.78%，平均净载重量分别增长10.62和19.7个百分点，达到1579吨和4546吨。

（二）港口生产基本态势

港口生产增长基本稳定，集装箱吞吐量保持上升，但累计增幅较去年同期分别收窄1.54个百分点和5个百分点。全省累计完成港口吞吐量51917.4万吨，其中出港28575.02万吨，与去年相比分别增加8.06%和10.09%，马鞍山港、铜陵港继芜湖港后，吞吐量首次突破亿吨；累计完成集装箱吞吐量1147539TEU，与去年相比增加20.04%。

港口主要货种吞吐量持续增长，煤炭及制品、石油、天然气及其制品、金属矿石、钢铁、矿建材料、水泥、非金属矿石七种货类共完成吞吐量49409.89万吨，较去年同期增长8.73%。主要货类中，钢铁、非金属矿石和矿建材料增幅明显，同比分别增长21.42%、16.11%和12.18%，煤炭及制品、水泥小幅增长，石油、天然气及其制品和金属矿石呈下降趋势，同比分别下降33.65%和10.43%。

（三）水路运输固定资产投资基本态势

全年完成水运投资51.3亿元，比去年减少7.2亿元，同比下降12.28%。其中第四季度完成投资24.7亿元，较去年同期21.5亿元增长14.9%，出现明显回升。

水运建设完成投资总体不太理想。一是社会民间港口投资下滑明显，2016年完成25.9亿元，较去年31.2亿元下降16.86%，严重拖累全省水运投资。二是2016年恶劣天气影响大，长时间强降水给在建水运项目尤其是沿江、沿淮规模较大项目造成很大影响，一批投资额较高的项目受灾严重，部分项目长期停工，对水运建设投资造成严重影响。三是部分重点水运项目进展缓慢，如水阳江航道、南坪船闸、宣州港综合码头工程等在建项目。四是受部分地市港口规划修编和环评审批制约，一些港口项目尤其是沿江规模较大的港口项目前期工作推进难、落地难、开工难。

二、航运体系建设发展

全省内河航道里程6612.01公里，通航里程5728.62公里，其中Ⅳ级以上航道1428.24公里。拥有生产用码头泊位1148个，其中万吨级泊位17个，新增港口吞吐能力2641.17万吨。航道与港口功能得到进一步提升和优化。

（一）加快安徽段长江干线航道建设

皖江江心洲水道、东北水道、安庆河段二期、黑沙洲水道二期等重点航道整治工程项目纳入"十三五"发展规划，已完成江心洲河段、东北水道航道整治工程两个项目前期工作，安庆河段二期、黑沙洲水道二期航道整治工程两个项目前期工作基本完成。除江乌河段二期外，其他3个项目前期工作正在积极推进。

（二）加快推动支流航道建设

芜申运河、沙颍河、合裕线、水阳江航道、南坪船闸、颍上复线船闸工程等在建重点项目进展顺利。沱浍河淮北段、汾泉河航道整治工程、淮河干流航道（三河尖—蚌埠闸）整治工程开工建设。江淮运河工程年底开工建设。淮河干流航道（蚌埠闸—红山头）、涡河航道、阜阳复线船闸工程等正在加快前期工作。

（三）推进港口建设与转型升级

国有及社会资本积极进入港口建设领域，码头建设明显提速，阜阳港综合码头、蚌埠新港二期、蚌埠五源码头、淮南潘集港区架河作业区散货码头等码头相继建成投产。滁州港来安汊河码头、宣城港宣州综合码头、芜湖中桩物流码头、南坪港一期工程等港口项目加快推进。加快港口集疏运体系建设，向交通运输部上报了"十三五"期马鞍山港郑蒲港区铁路集疏运项目、安庆港皖河农场作业区月山站至皖河新港铁路专用线项目、铜陵港江北港区铁路专用线项目、安庆港长风作业区至城东铁路专用线项目等4个疏港铁路项目及芜湖港朱家桥港区疏港公路、安庆港中心港区皖河农场作业区疏港公路等12个港口公路集疏运项目。

推进港口码头结构升级，拆除、关停

老旧小码头104座。目前，全省拥有码头生产泊位1148个，年设计通过能力5.1亿吨、119万TEU，较2010年分别增长29.83%、292.09%，1000吨级以上泊位比例由2010年的28.8%提高至42.94%。港口运输的货物货种从简单粗放的建材、煤炭、粮食等散货逐渐向件杂货、集装箱调整，港口物流、临港产业逐步发展壮大，皖江港口集群效应初步显现，有力助推了地方经济发展。

三、行业创新转型发展

坚持结构调整，行业转型升级取得成效。加快内河航道升级、扩能、沟通、联网，以高等级航道建设为重点，改善支流航道通航条件，实现干支联动，完善区域航道网建设和综合交通运输体系，为社会提供优质的航道供给能力。优化港口布局，加快老旧小码头清理整治，港口服务于地方经济能力进一步提升。持续推进内河船型标准化工作，推动运结构调整，水路运输量继续平稳较快增长，保障社会需求能力进一步得到增强。

（一）航道、港口结构性调整顶层设计持续加强

为推动内河航道、港口结构调整、布局优化、功能提升，正在组织开展《安徽省高等级航道网规划》《港口布局规划》和《港口发展规划纲要》编制工作。《安徽省高等级航道网规划》即将报交通运输部、安徽省政府联合审批。《港口布局规划》和《港口发展规划纲要》已经通过专家审查会。

（二）港口结构更加优化

芜湖港、马鞍山港总体规划获部省联合审批。拟定港口转型发展指导意见、港口岸线使用管理办法初稿。完成全国港口深水岸线资源普查，加快老旧小码头清理整顿，开展"未批先建"码头项目整治。加快推进郑蒲港区铁路专用线等一批集疏运项目实施，扶持阜阳港颍州物流园区等临港经济发展。马鞍山港建成全省首个一江两岸同时对外扩大开放的一类水运口岸，铜陵港打造港航投资平台，池州港加快小散码头资源整合步伐。

（三）运力结构持续改善

做好"十二五"内河船型标准化收尾工作和"十三五"船型标准化政策延续工作，"十二五"期间五年累计拆改、新建船舶5414艘，单船平均载重吨提升32.3%，船龄15年以上的老旧运输船舶比例下降至1.7%。2016年，拆改完工船舶1774艘，发放补贴资金1.86亿元。推进水上客运业结构调整，实施旅游客运船舶更新改造，扶持游艇业发展壮大。池州九华山旅游码头建成试运营，可全天候停靠目前长江上最大豪华游轮。

（四）绿色水运发展初见成效

推进皖江与巢湖水运应用LNG综合示范区建设。加快实施船舶防污染改造。编制港口污染接收处置方案，协助做好港口码头大气环境污染治理、水环境污染治理和节能减排工作。

（五）航运资源整合持续提速

港港、港产、港航联合联盟发展举措频出，芜湖港与上港集团、轿铁物流公司合作开展汽车中转物流业务，与宣城市合作"无水港"项目投入运营；马鞍山港与合肥港、皖北地区合作，建设"内陆无水港"，打通

皖北、中原地区通江达海国际物流通道；郑蒲港区开通直达广州集装箱定期航班，安庆港引入中远集团运营管理，铜陵港与宁波舟山港签订战略合作协议，企业服务水平和竞争能力进一步提升。

四、行业治理和保障服务

（一）"放管服"改革持续发力

"3+2"清单制度体系基本建立。完成行政执法"双随机"抽查制度建设。继续做好交通运输行政执法公开运行系统应用工作，推进省级水路运输行政许可网上审批。取消船舶进出港签证，推进电子签证配套工作，做好海事监管模式改革前期准备。降低船员考试收费标准，拟定船员管理改革权限调整方案，推进船员管理综合信息服务平台建设。

（二）制度创新走向深入

《安徽省水路运输条例》通过省人大常委会一审，《安徽省航道条例》完成立法论证。马鞍山、蚌埠、芜湖开展港口确权登记。水路运输市场价格监测机制和航道维护信息发布机制进一步健全。实施船员违法记分制，对170余名违法船员实施记分管理。

（三）行业管理持续规范

加强运输市场监管，推进水路运输企业核查全覆盖。开展内河船舶非法从事海上运输和长江等内河航运市场秩序专项治理。组织港口企业持证及经营状况调查，开展港口收费监督检查。加强建设市场管理，开展港口工程超期试运行专项治理、水运工程设计和施工企业信用评价。加强航道通航条件影响评价。深入推进船舶检验规范服务、提质增效，船检质量管理体系在全国首个通过中国质量认证中心（CQC）认证。开展6期驻点检验，完成检验6160艘、发证5914艘。开展全省船舶配员专项检查，采集核对船员信息，核发各类船员证书46150本，全省内河注册船员达到132128人，其中持证高级船员81739人，占比达61.9%。

（四）安全形势可防可控

全省内河通航水域（长江干线除外）发生一般等级以上运输船舶水上交通事故3.5起，沉船2艘，死亡3人，直接经济损失110万元；发生港口安全生产事故3起，死亡3人，直接经济损失305万元。安全基础持续夯实。以国家和省政府安全生产巡查为契机，进一步落实属地安全监管责任制。进一步加强"四时七节"、"四类船舶"重点安全监管。完成交通运输部、省交通运输厅安全约谈整改督促工作。改善渡运安全基础，开展公益性渡口"公交化"管理调研，实施"渡改桥"5座、渡口改造73道、渡船更新143艘。开展港口危险化学品和港口危险货物作业专项治理，推动危险货物水路运输从业人员资格考试工作。加强安全警示宣传，开展"安全生产月"、"水上安全知识进校园"活动。加快安全诚信体系建设，"皖江16"船入选全国"安全诚信船舶"。

（五）通航环境有效改善

圆满完成G20杭州峰会水上安保任务。加快编制裕溪河、新安江等重要航道航行规定，指导阜阳市发布《沙颍河（安徽段）航行规定（试行）》。加强上下游海事联动和船闸协调调度，有效疏缓皖北地区船闸堵航现象。全省海事机构累计实施综合巡航、巡查11.2万次、76万公里，排查整改安全隐患1420处，消除合肥大兴集危险品码头隐患并上报国务院安办销案。

（六）应急能力显著增强

编制港口危险货物事故等三大应急预案。拟定全省水上巡航救助与应急指挥一体化建设方案。各地广泛开展"无脚本"应急演练。促进水上应急力量专兼结合发展，选送5名蓝天救援队员参加国家级水上救援专业培训，为6支水上搜救志愿者队伍提供应急器材补助。积极与气象等部门合作，发布预警信息332次、13万条。全年海事机构组织搜救行动204次，救助遇险船舶245艘、人员442人。

五、航运发展展望

2017年的总体工作思路是：认真贯彻落实党的十八大和十八届三中、四中、五中、六中全会精神，牢固树立"四个意识"，全面从严治党，加强党的建设；紧密围绕习近平总书记视察安徽重要讲话精神和省第十次党代会的决策部署，按照李锦斌书记"水运贯通"和李国英代省长"谋网、谋细、谋实、谋效"的总体要求，在厅党组的坚强领导下，以五大发展理念和安全发展要求为引领，以转型升级、提质增效为主攻方向，全力抢抓发展机遇，持续加大改革创新力度，不断激发行业发展活力和动力，努力建设现代化内河水运体系，为建设水运强省奠定坚实基础。

主要工作目标是：完成水运建设投资52亿元；完成港口吞吐量5.4亿吨；完成货运量11.5亿吨、货物周转量5450亿吨公里；确保水上交通安全态势平稳。

主要工作任务是：加快水运基础设施升级联网，提高长江、淮河干支流航道等级，加快推进江淮运河工程，建设干支衔接的"一纵两横"内河高等级航道网络；充分发挥市场配置资源作用，坚持以资本为纽带，加快推进港航资源整合，优化水运资源配置，营造更加规范、有序、健康的市场环境；全面落实属地安全监管责任，着力提升安全监管和应急救助能力，切实维护通航秩序稳定；加强船员队伍和执法队伍建设，促进政风行风作风持续好转，努力提升水运管理服务水平。

（安徽省地方海事（港航管理）局）

报告11

山东省水运发展综述

一、港航生产情况

2016年，全省港口完成吞吐量14.9亿吨，增长4.9%。沿海港口完成14.3亿吨，增长6.4%，其中，外贸7.3亿吨、增长8.3%，金属矿石3.6亿吨、增长12.6%，液体散货2.2亿吨、增长16.8%，集装箱2509万TEU、增长4.45%。内河港口完成6300万吨，因开展大气污染综合治理，关停部分内河散乱码头，吞吐量较上年有所下降。水路客运量完成2000万人次，与去年同期基本持平；货运量完成1.5亿吨，增长2.3%。

二、港航建设情况

累计完成投资108.5亿元，其中沿海102.6亿元，内河5.9亿元。沿海新增深水泊位20个，新增通过能力4800万吨；内河新增泊位31个，新增通过能力1000万吨;共有在建项目56个，其中沿海港口码头及陆岛交通项目47个，内河航道及船闸项目9个。青岛港董家口港区万邦20万吨级矿石码头、日照港石臼港区西区四期工程、烟台港西港区30万吨级原油码头等沿海一批重点工程项目完工，东营港广利港区航道及防波堤工程、潍坊港5万吨级通用泊位、滨州港2个3万吨级液体化工品泊位开工建设。枣庄港马兰屯作业区和魏家沟作业区基本建成，新万福河复航工程开工建设，京杭运河主航道升级改造、湖西航道、东平湖湖区航道等5个项目完成立项和初步设计审批；小清河复航工程前期各项工作进展顺利，已经启动了设计工作。

三、运力运输情况

海河运力总规模达到1908万载重吨，单船平均吨位增长至1511吨，运输效能进一步提高。远洋运输实现现代化、专业化，山东海运股份有限公司超大型矿砂船、超大型液化石油气船等运输船队运力规模居全国第三，已形成以国际远洋运输为主，国际贸易、海工装备修造为重要补充的产业布局。内河船型标准化工作扎实推进，2016年9月份政策延续以来，共拆解小吨位和老旧运输船舶122艘，为726艘船舶加装生活污水处理装置，船舶安全、环保性能明显提高。邮轮运输配套设施进一步完善，青岛港邮轮母港联检大厅查验设施通过验收对外启用。现代航运服务业进一步拓展，港航交易贸易市场获准设立,"'一带一路'青岛航运指数"对外发布。

四、行业服务与监管情况

(一)法规科技

加强法规建设,出台了《山东省水路交通条例》,于2017年1月1日起施行,并在全系统进行了宣贯。省政府出台《关于促进海运业健康发展的实施意见》以及《加快内河水运发展会议纪要》,为港航发展提供了有力的政策支持。进一步简政放权,清理废止规范性文件18个;进一步规范行政审批,确保100%符合程序规定。绿色港口创建工作成效明显,沿海港口"油改电"等一批节能环保项目相继完成投入使用,青岛港27个主题性项目顺利通过国家考核验收,荣获优秀等级;内河港口码头整改工作全面完成,572处非法小码头全部清理到位,保留的合法码头全面进行水污染和大气污染防治技术改造。港航科技取得优异成绩,青岛港"集装箱智能化码头集成仿真平台研究与实践"等22项科技项目分别荣获中国港口科技进步奖、中国航海科技奖。

(二)船检海事

重点加强对客渡船、旅游船、浮桥等的现场监管,严禁客(渡)船超载、超航区、超抗风等级航行,严厉打击农用船、渔船非法载客行为。密切关注航道水位变化情况,及时发布航行通告或警告,确保通航安全。提升现场巡航执法现代化水平,新建消防、应急指挥多功能船艇5艘。加强船舶检验工作,对现有船舶的建造质量、船舶稳性和安全设施等进行专项复查,切实把好船舶安全源头关。严格内河船员考试、注册、培训管理,研发了"山东省船员培训系统"和"山东省船员考试系统",实现培训和考试管理无纸化。加强船舶污染防治工作,成功研发并推广使用内河船舶生活污水处理装置和多功能收集装置,建成了国内首艘内河LNG双燃料垃圾回收船。

(三)安全生产

扎实开展"平安港航"活动,压实安全责任,严格本质安全措施落实。集中和随机开展了6次暗访和突击检查,及时纠正存在的问题。渤海湾客滚运输、中韩客货班轮运输、港口危化品安全生产条件进一步改善,安全监管能力进一步提升。强化安全教育培训,举办两期港口危险货物安全生产管理人员培训班,培训港政安全管理人员120余名。认真抓好应急工作,及时修订完善《山东省水路交通突发事件应急预案》和《山东省省辖内河通航水域水上交通事故应急预案》。开发建成港口危险货物安全监管与应急系统,逐步实现对危险货物泊位、罐区、集装箱堆场、港口重大危险源等重点作业场所的实时监控。圆满完成了"十一"黄金周、"元旦"、春运等重大节假日和重大活动期间港航安全保障任务,全年无重特大安全生产事故发生,港航安全形势保持稳定。

五、2017年水运发展目标和重点工作

2017年,全省港航工作总体思路是:贯彻落实党的十八大和十八届三中、四中、五中、六中全会精神,牢牢把握交通运输发展的黄金时期,以加快推进港航供给侧结构

性改革为中心任务，坚持港航并重、海河并重、硬件建设和软件提升并重，继续保持投资合理增长，保持基础设施建设适度超前，全年力争完成投资118亿元，全省港口吞吐量突破15亿吨，加强水上交通安全监管，进一步提升港航综合实力和服务水平。

（一）加快推进港航基础设施建设

基础设施建设投资力争完成118亿元，其中沿海94亿元，内河24亿元，实现新增深水泊位10个、新增年通过能力4000万吨。一是加快新港区大型专业化码头建设。重点建设日照港岚山港区第3个30万吨级原油码头、精品钢基地配套30万吨级矿石码头等项目。二是加快原油码头配套管道建设。争取建成青岛董家口—潍坊—鲁中鲁北原油管道（年输油能力3000万吨），开工建设日照—京博原油管道项目（设计年输油能力1500万吨），在已建成烟台港西港区—淄博1500万吨原油管道的基础上启动复线管道的前期立项工作。三是加快黄河三角洲港口开发建设。积极推进潍坊港中港区5万吨级航道、东营港10万吨级航道工程前期立项工作，争取建成潍坊港5万吨级通用泊位和滚装泊位，滨州港2个3万吨级液化泊位，不断提升码头等级和港口规模。四是加快内河港航建设。枣庄台儿庄新港、峄城新港和菏泽巨野港开港运营；加快新万福河复航工程和微山一线、韩庄、万年复线船闸工程等在建项目施工，开工建设京杭运河主航道升级改造、湖西航道、东平湖湖区航道项目和小清河复航工程项目。完成微山和台儿庄三线船闸、大清河航道、东营港远距离输油等一批基础工程立项。

（二）保持港航生产稳定增长

加强港口运输生产组织，巩固沿海港口大宗干散货运输优势，不断壮大油气、集装箱运输；加快与管道、铁路、高速公路等疏港通道的衔接，推进"港—航—陆"综合物流一体化建设，大力发展海铁联运、陆海联运、水水中转和集装箱多式联运；大力实施"走出去"战略，延伸港口物流产业链，推动港口稳健发展。全省港口吞吐量力争完成15.7亿吨，增长5.3%；其中，沿海港口力争完成15亿吨，增长5%，集装箱完成2500万TEU。加快运力发展，积极培育山东省骨干海运企业，海河运力总规模达到1950万载重吨，增长2%，其中沿海933万载重吨，内河1017万载重吨，分别增长3%和1%。加快中韩客货班轮运力更新，新建两艘客滚（箱）船分别投入威海—仁川、烟台—平泽航线，全省中韩航线船舶运力规模达到20.5万总吨，车（箱）位2446个，客位6325个。在保持烟大、威大、蓬旅客滚航线优势的基础上，扩容潍坊、龙口至辽宁旅顺、营口的客滚、货滚航线；特别是要研制新船型、创新运输组织方式，优化鲁辽海上运输黄金通道。全省水路客货运量分别达到2002万人，1.6亿吨，分别增长0.1%和6%。

（三）加快推进结构调整和转型升级

一是加快港口结构调整。完成全省沿海港口布局规划修编，进一步优化港口布局和功能配置。适应港城协调发展的需要，优化升级老港区，重点提升青岛、烟台、日照和威海港老港区邮轮、旅游客运等与城市发展结合紧密的服务功能。二是加快运力结构调整。落实沿海老旧运输船舶拆解资金补贴政策，建造新型节能安全环保船舶，发展现代专业化运输船队；切实推进内河船型标准化，全面完成内河船型标准化工作。三是稳步推进港口功能整合。以项目为切入点，以合资合作为主要实现形式，引导港港之间、港航之间、港货之间相互参股持股，合资参与港口建设。四是大力发展现代港航服务业。拓展青岛国际航运中心、研究院和航交所功能，扩大日照大宗商品交易中心业务范围，提升航运指数国际影响力，完成青岛港航产业发展基金设立和国际航运大数据基地建设，打造以青岛为中心、烟台和日照为两翼，覆盖全省的现代港航服务业平台。

（四）加快提升绿色科技水平

强化港口码头污染防治。按照"一市一港"原则，加快船舶污染物接收、转运及处置设施建设，做好船港之间、港城之间污染物转运、处置设施的衔接，提高含油污水、化学品洗舱水等接收处置能力，2017年底前，沿海港口和京杭运河沿线港口码头达到建设要求，满足到港船舶污染物接收处置需求。依法搬迁、改造、拆除一批规模小、污染重的码头作业点。加快推进港口岸电设施建设，推广靠港船舶使用岸电。积极推进主要港区、航道加气站基础设施建设，为内河液化天然气船舶推广应用提供基础保障。提升污染事故，特别是油品、危险化学品泄漏事故应急处置能力。推广节能减排先进技术和示范项目先进经验，以点带面，全面推动港航绿色发展再上新台阶。加快港口科技进步，大力推动物联网、云计算、大数据、新一代移动通信等技术在港航领域的集成创新和推广应用，积极发展"互联网+港航"，推进基于互联网平台的便捷化港航服务。鼓励港口企业开展全自动化码头应用试点，加强既有码头技术改造和基础设施维护，提高港口资源利用效率。

（五）加快转变职能优化服务

加强港航法规建设，做好《山东省水路交通条例》《山东省京杭运河航运污染防治办法》等新修订颁布法律法规的宣贯和实施工作。继续推进水路运输行政审批制度改革，修订省级水路运政审批事项办事指南。建立健全水路运输市场诚信监督管理机制和服务质量评价体系，逐步推进企业诚信体系建设。继续推进邮轮运输发展，加大政策支持力度，争取省政府出台加快我省邮轮发展的相关政策措施。进一步完善渤海湾省际客滚运输实名制工作，积极配合交通运输部推进渤海湾客运联网售票工作，整合现有售票系统，搭建统一的水路客运服务平台。加强海事、船检工作，强化内陆水域船舶防污染监管，全面完成船舶生活污水储存或处理装置的安装工作，开展省辖内河通航水域认定调研工作，加强验船师培训工作，强化船检队伍建设，开展验船师廉政教育活动，不断提高验船质量。

（六）切实保障港航安全发展

进一步强化行业监管责任和企业主体责任，突出抓好九项断然措施的落实，努力保持全省港航安全生产形势持续稳定。严把五个关口：一是严把企业资质关。凡是港航企业安全条件达不到资质要求的，一律不得进入水路运输市场。二是严把人员培训、上岗关。认真开展行政监管人员和企业安全管理人员、一线操作员工三个层次安全培训，严格从业人员资格审查，确保100%持证上岗。

三是严把设备运行关。严格执行港口、船舶安全设施设备配备要求,确保可靠在用;严格按国家技术规范进行船舶检验,防止带"病"运行。四是严把日常监管关。深化安全大检查,及时查处问题隐患;要利用好政府购买服务的方式,聘请专家提供技术支持。五是严把应急处置关。督促企业进一步完善应急预案,按规定进行应急演练,特别是多开展一些非正常状态下的应急演练,切实提高应急队伍实战能力。突出抓好两个重点:一是盯紧抓牢港口危险货物安全生产。严格港口危险货物建设项目安全审查,从源头控制新增高风险港航项目;严格落实"两厅一局"和省政府"鲁政发4号文件"要求,切实提高设防等级,强化本质安全。二是持之以恒抓好水路客运安全。严格落实省际客滚运输"逢七不开"、保温救生服配备等安全管理规定,严厉打击内陆渡运超员超载、违章冒险航行等违法行为。

(山东省交通运输厅港航局)

报告12

江苏省水运发展综述

一、水运基础设施投资和建设情况

（一）水运建设投资情况

2016年全省水运建设完成投资177.2亿元，为计划的105.7%。港口建设投资全年累计完成投资123.8亿元，提前一个月完成了年度任务，超出年度计划115亿元7.7个百分点，其中沿海港口完成投资67.6亿元，沿江港口完成45.4亿元，内河港口完成10.7亿元。航道建设全年累计完成投资33.46亿元，为年度计划32.67亿元的102.4%，在各级财政资金趋紧的形势下，航道建设资金筹措继续得到部、省的鼎力支持，全年共获取部省补助资金27.677亿元，其中，交通运输部补助4.077亿元，国家发改委补助0.6亿元；省财政继续加大力度支持内河航道建设，共安排专项资金15亿元；省厅统筹安排航道建设资金8亿元。

（二）水运基础设施建设情况

（1）港口基础设施不断优化。一是基础设施供给能力稳步提升。新建成沿江沿海港口万吨级以上泊位19个，其中5万吨级以上泊位11个，新建成内河码头1000吨级以上泊位30个，累计新增港口货物通过能力8000万吨。至2016年底，全省港口万吨级以上泊位（含加固改造）累计达到480个，5万吨级以上泊位累计达到218个，总体通过能力达到19.4亿吨，各项指标继续保持全国领先。二是重点工程建设有序推进。长江南京以下12.5米深水航道二期工程7月份实现全程初通，连云港港30万吨级航道一期工程通过竣工验收，南通港吕四港区通州作业区一期工程、泰州高港港区永安作业区国电泰州电厂二期工程、常州港录安洲港区4号泊位暨夹江码头二期工程等3个项目建成投用；镇江扬中港区长旺作业区一期工程等4个项目开工建设；徐圩港区一期工程等续建项目有序推进；连云港港30万吨级航道二期工程和长江下游福南水道12.5米进港航道工程前期工作突破关键节点，均已取得工可批复。此外，中哈物流合作基地、上合组织国际物流园、南京区域性航运物流中心等重大港口物流项目，在地方政府的主导下也都进展顺利。

（2）航道基础设施稳步推进。淮河红山头至京杭运河段、滨海港区疏港航道船闸工程建成交工，秦淮河、灌河西段航道整治工程、锡溧漕河前黄枢纽开工建设，申张线青阳港段、通扬线高邮段前期工作取得突破进展，邵伯三线船闸通过竣工验收，苏申内港线、通扬线等续建项目全部达到或超过序时进度，苏南运河、杨林塘等已交工项目的扫尾工作进展良好，完成干线航道整治25公里，建成船闸2座。继续扎实推进航道工程标准化建设，建设理念及整体水平得到新的提升，苏南运河无锡段、镇江段和连申线东台至长江段三个项目获得省优质工程奖"扬子杯"称号，淮安市航道处被评为全国绿化先进集体，是全省交通运输系统唯一获此殊荣的单位。

二、企业生产经营基本情况

（一）水路运输组织结构得到优化

截至2016年底，全省拥有水路运输企业数1048户，同比下降3.8%；企业户均拥有载重吨位为4.3万吨，同比增长6.1%。其中：内河运输企业880家，同比下降3.0%；沿海运输企业161家，同比下降7.5%；远洋运输企业7家，同比减少1户。从户均拥有载重吨位来看，内河运输、沿海运输和远洋运输同比增幅分别为6.5%、7.1%和13.0%，水路运输企业向规模化方向发展。全省拥有营业性水路运输船舶4.1万艘、4459.1万吨，同比分别下降4.4%和增长2.1%，单船净载重吨为1080.9吨/艘，同比增长6.8%，其中：内河运输船舶4.0万艘、3239.6万吨，同比分别下降4.5%和增长3.3%；沿海运输船舶1336艘、831.4万吨，同比分别下降1.3%和0.9%；远洋运输船舶106艘、401.0万吨，同比分别下降1.9%和1.1%，运输船舶向大型化方向发展。

（二）港口企业转型升级步伐加快

2016年全省港口共完成货物吞吐量24.1亿吨，同比增长3.5%。其中，外贸吞吐量4.5亿吨，同比增长12.7%；完成集装箱吞吐量1629万TEU，同比增长1.5%，内河集装箱吞吐量完成18.4万TEU，同比增长8.8%。作为长江第一大港的太仓港继续保持高速增长态势，完成集装箱吞吐量408.1万TEU，同比增长13%，助推苏州港跻身全国十大集装箱港口之列。目前沿江港口累计新开辟东南亚等集装箱近洋航线6条、外贸内支线5条、内贸航线16条；至2016年底，全省港口累计拥有集装箱航线637条、航班8118班/月。同时，积极开展沿江沿海港口一体化改革方案试点研究工作，专门提请省政府成立了全省港口建设发展领导小组；引导各省辖市依托自身力量，加快形成一市一港模式，南通、泰州等地正在推进；主动配合做好沿江沿海各港口资产的调查统计，由省国资委主导的省级港口集团公司组建工作正在加紧筹备。

三、水运行业安全监管情况

（一）航运市场经营秩序进一步规范

充分运用水路运输及辅助业年度核查、危险货物运输和客运经营资质核查、水路危险货物运输安全专项整治以及省内水路客运和液货危险品船运输企业经营资质专项核查整治与2016年创建平安船舶专项行动等系列活动，对企业持续保持经营资质、安全生产等情况进行检查。检查工作按照系列活动的要求，主要采取了全面检查和重点检查相结合的方式，检查人员利用"一听、二看、三对照"形式，逐条逐项进行检查，对发现的问题及时下达书面整改通知，提出具体整改要求，确定整改时间节点，定期跟踪整改情况及安排后续复查。通过核查工作切实加强水路运输企业和船舶管理公司履行安全监管责任，消除安全隐患。

（二）港口专项整治成效进一步巩固

在2015年组织对沿江沿海港口未批先建行为进行专项整治的基础上，2016年完成了靖江国信电厂5万吨级码头工程等13个项目的整改落实工作，并积极将整治成果向内河港口拓展，将28个重点水域的内河码头列入了整治范围；以地方政府为主体，主动配合，全力推动，责令沿江118个非法码头在规定时间内停止作业，同时拆除54个非法码头；认真落实《江苏省危险化学品安全专项整治实施方案》和交通运输部危险货物港口作业专项治理任务，按照"全覆盖、零容忍、重实效"的要求，对港口危化品企业进行了拉网式检查，并督促有问题照隐患治理"五到位"要求，逐项进行整改；对28个码头超试运行期经营项目由所在地港口部门逐一约谈和下发整改通知书，并责令项目停止试运行，现已有9个项目完成整改。

（三）海事安全监管效能进一步提升

加强隐患和问题排查整改，以"四类重点船舶"和水上交通安全突出问题整治为抓手，开展了船舶配员、内河船舶非法从事海上运输整治等专项活动，检查船舶1.6万艘次。其中，通过开展内河船舶非法从事海上运输专项整治活动，解决了江苏省船舶在省外发生事故的重要安全源点；制定下发了《关于切实加强当前水上交通安全监管工作的通知》，加强对水上交通安全监管的部署，对全省辖区重点区域、重点领域和重点部位开展了针对性检查，对事故多发和管理薄弱的企业以及辖区安全形势不稳的海事机构，及时进行约谈，强化了责任传导机制；统一规范了航运企业安全监督检查要求，制定对重点航运企业安全监督检查指南，引入第三方专业机构开展水上交通安全辅助监督检查，加强了航运公司安全管理；组织开展水上搜救联动推演和实操训练，提高了应急技能，检验了新技术、新装备；有效处置各类突发险情，全年共发生一般等级以上水上交通事故12起，死亡11人，与去年同期相比，事故起数减少1起，死亡人数减少1人，全年未发生较大等级以上水上交通事故。

四、水运科技应用

（一）快速提升港口信息化管理水平

重点围绕"126"工程，进一步提升港口生产、运营、管理等各个环节的智能化水平。港口安全监管与应急保障信息系统在全省全面应用，办公自动化等专用系统进一步完善，建设与经营管理信息系统已试点运行，市级港口视频监控平台建设有序推进，着眼于"江苏港口"一个平台的"多网融合、一次登录"的业务系统整合工作正在深化研究，资源管理信息系统还被确定为2016年度智慧江苏交通运输行业应用示范工程。

（二）高效推进航道科技信息化建设

2016年完成13座船闸水上ETC建设项目扫尾工作，完成秦淮河、宝应、芒稻船闸的水上ETC现场勘查设计工作。完成内河航道公共信息服务采集系统和手机APP开发，形成初步成果；苏北运河安装"船讯通"船舶占常年航行船舶总数的90%。开展船闸高清视频监控汇聚平台升级改造、基于联网收费和赔补偿系统的数据综合分析；开展网络与信息安全演练，提高信息安全风险防控能力；高度重视航道标准化工作，完成"江苏省水运标准化管理机制与航道标准体系研究"，发布"内河水上服务区总体设计规范"地方标准，"江苏省船闸单位安全生产标准化规范"和"内河水上服务区建设指南"两个地方标准通过审查，完成"船闸维护检修规程"地方标准的编制。申报科研项目21项，立项4项；申报QC小组成果55项，37项获得优秀QC小组称号；组织对优秀QC小组成果进行汇编，并在新沂河船闸等5个综合示范点推广应用。

（三）积极推广水运交易信息平台项目

研究开发长江经济带多式联运公共信息与交易平台，为实现跨区域、跨行业、可视化、可监管的多种运输方式高度融合提供了重要的技术支撑，促进了长江经济带水水、公水、铁水等多式联运发展，对长江经济带多式联运发展起到积极推动作用。

五、2017年水运发展重点

（一）加快推动水运转型发展

一是组织实施内河集装箱运输发展行动计划，打造苏北至连云港港线、苏北至太仓港线、苏南至太仓港线等三大内河集装箱示范航线；培育3~5家内河集装箱龙头企业；研发适应内河航道通航技术状况的大型化内河集装箱船，大力推动标准化船型推广应用；开发内河集装箱物流信息系统，实现内河港口、内河集装箱船舶、沿江沿海港口等相关运输主体动态对接和相关信息实时共享。二是开展江苏省水运发展战略研究，深入贯彻落实交通运输部、省委省政府的系列文件，开展江苏水运发展战略研究，指导新形势下全省水运发展，促进水运供给侧结构性改革和提质增效发展，明确发展战略定位和重点，制定战略实施举措，提出导向性政策建议。三是全面完成船型标准化工作，加大淘汰、拆解改造老旧落后船型船舶及示范船建造工作力度，建立目标考核体系，确保完成过闸小吨位、单壳液货危险品、老旧运输船舶拆解改造工作目标任务。积极推广应用LNG清洁能源、高能效示范船，提高船舶技术水平，优化船舶运力结构，提高专业化、标准化运输船舶比例，促进水运现代化及生态文明建设。

（二）深化改革港口一体化进程

一是在今年沿江港口一体化改革试点任务全面完成的基础上，进一步深化沿江沿海港口一体化改革方案研究工作，努力实现试点改革的完美收官。二是积极支持和配合省港口集团的组建，推动对沿江沿海增量港口资源进行统筹开发，促进提升港口资源利用效率和港口企业综合竞争力。围绕投资经营、管理和服务，明确目标任务、推进措施、时间节点及责任部门，对以其他部门为主的改革任务，港口部门要积极配合，协同推进；对以港口部门为主的任务，要制订出"路线图"，挂图作战，逐项落实。三是加强港口管理体制改革的研究，推进港口管理体制机制的不断完善和管理力量的不断充实，让改革创新贯穿港口发展的全过程、各环节，成为新时期江苏港口工作的新特征，更好地担负起港口在服务区域经济社会发展的重任。

（三）协调发展航道建设养护工作

一是加快水运主通道、主网络建设，尽力补齐短板，对内提高高等级航道的覆盖率、区域干线航道的成网度，对外加强与周边省市高等级航道的联通，进一步提升干线航道通畅水平，建成标准的江海河航道联运畅通网络，加快省际水运通道、重点港口疏港航道、通江口门航道达标进程，实现内河水运基础设施的高效供给。二是引领航道养护向标准化、规范化、信息化、规模化的现代化养护体系转变，推进航道养护职责由以省为主向明确事权、分级分类养护的转变，根据航道定位和繁忙程度，重点加强对国省干线、地方经济发展需求强烈的区域干线航道的养护，将以往零打碎敲的被动应急式逐步转变为成规模、成体系的主动预防式养护，力求干一条成一条，努力提升航道养护成效。

（四）指导促进海事职能转型升级

一是继续以"放管服"改革为契机，在海事层级管理优化，基层执法机构破题，在加强事中、事后监管等方面始终把握改革的方向，围绕水上交通安全管理的核心职能和建设国内一流经济执法系统的目标，建立完善职责清晰、管理规范、运转协调、行为统一的海事管理体制机制，让海事管理与改革更好地对接发展所需、基层所盼、民心所向。二是结合交通综合体制改革，紧紧抓住改革先机，充实完善提高自身能力，争取改革主动权，巩固和扩大海事部门行政执法、队伍建设、制度机制等方面的优势，进一步提升在服务大局、规范水运市场、维护安全与清洁方面的服务品质。

（江苏省交通运输厅运输管理局）

报告13
浙江省水运发展综述

一、水运经济运行情况

（一）水路运输生产情况

2016年全省水路运输船舶15971艘，同比下降2.1%，运力达到2585万载重吨，同比增长9.3%。完成水路客运量3950万人，同比增长2.8%，旅客周转量5.8亿人公里，与2015年基本持平；完成水路货运量7.8亿吨，同比增长3.8%，完成周转量7951亿吨公里，同比下降2.4%，其中内河水路货运量2.0亿吨，周转量293.7亿吨公里。集装箱海铁联运得到快速发展，全年完成25万TEU，同比增长47.0%；内河方面杭甬运河宁波段运量爆发性增长，完成货运量120万吨，为去年同期的520%。加快推进内河船型标准化，今年受理拆改船舶98艘。

（二）港口生产情况

全年沿海港口完成货物吞吐量11.4亿吨，同比增长3.9%，集装箱吞吐量2362.3万TEU，同比增长4.7%。其中宁波舟山港完成货物吞吐量9.2亿吨，同比增长3.7%，连续八年位居世界第一，集装箱吞吐量2156.1万TEU，同比增长4.5%。内河港口转型步伐加快，完成货物吞吐量2.67亿吨，与去年基本持平，内河集装箱完成36.5万TEU，同比增长30.0%。

（三）水运安全形势

2016年，省地方海事辖区未发生较大等级及以上水上交通事故，发生一般等级事故13起，死亡11人，直接经济损失44.2万元，事故起数、死亡人数、直接经济损失与去年同比分别增长18.2%、57.1%、63.70%，均控制在省政府考核范围内。圆满完成了G20峰会和世界互联网大会水上安全和服务保障工作，建立了良好的重大活动水上交通安全和服务保障工作机制。

二、基础设施供给与建设

（一）水运基础建设投资完成情况

全年完成水运建设投资185.2亿元，同比增长20.7%，完成年度计划的152.7%；其中沿海港口和陆岛码头项目完成投资139.3亿元，同比增长22.7%；内河航道完成投资43.2亿元，同比增长71.0%，完成年度计划比例126%。

(二)航道建设与养护完成情况

2016年,开工建设内河高等级航道超过200公里。全省内河通航航道9769.27公里,其中4级以上航道1451.08公里,占14.85%,其他等级航道3540.82公里,占36.24%,等外级航道4777.37公里,占48.9%。全年完成养护投资3.5亿元,新(修)建护岸25.3公里、疏浚土方597.14万立方米、新建标志标牌132座(块)、新建管理码头7座。护岸等航道整治建筑物维修5.85万平方米、维修管理码头62座、航标维护72600座次、打捞沉船177艘、绿化养护396.3万平方米。

(三)港口码头建设完成情况

2016年建成钱塘江富春江船闸并实现通航,建成梅山保税港区多用途码头等沿海万吨级以上泊位5个、内河500吨级泊位16个,其中鼠浪湖矿石中转码头成功试靠泊全球最大40万吨散货船。建成陆岛交通码头泊位15个,完成撤渡建桥项目6个,渡埠改造43个,渡船更新19艘。

三、行业创新转型发展

(一)坚持国家战略举措引领

协同推进舟山江海联运服务中心建设,积极参与舟山自贸试验区建设方案编制,加强与交通运输部汇报对接,争取相关政策支持。与长江沿线地区港航部门合作,共同推进长江经济带建设。《宁波舟山港总体规划(2014~2030年)》获得部省联合批复。

(二)推进多式联运发展

建立内河港口联盟,建成全国最大的海河联运码头嘉兴独山煤炭码头,2016年全省完成江海河联运量2.5亿吨,同比增长8.6%。集装箱海铁联运快速发展,"宁波舟山港—浙赣湘(渝川)"被国家列入首批16个多式联运示范工程项目之一,拥有班列9条,连通22个城市,全年完成24万TEU,同比增长42.3%。推进江海直达船型研发,针对长江至宁波舟山港的《特定航线江海通航船舶法定检验暂行规定和建造规范》已通过部海事局评审。搭建了江海联运信息平台,实现了与长江沿线主要港口信息互联互通。

(三)发展高端航运服务业

加强航运市场监测分析,建立航运企业预警制度和运力及运输量分析制度,定期公布市场分析报告。按照船舶交易+互联网+金融服务的模式,继续做强船舶交易市场,全年完成交易额38亿元,继续位居全国首位。宁波舟山港集团与淡水河谷合作推进矿石配矿、保税、分拨中心建设,开展混矿业务。加强海上丝路航运大数据中心建设,深化海上丝路指数应用,完成了浙江航运景气指数研究。航运保险业务全面铺开,提供航运风险保障714亿元,资金运用起步良好。

(四)加快融合内河与沿海港口

积极推动省海港集团加大内河港区投资开发经营力度,已与兰溪方下店、龙游桥头江、诸暨店口、诸暨城郊等作业区签约项目4个,总投资21亿元。正在洽谈项目2个,总投资24亿元。海宁尖山、海宁海昌等作业区加快建设，建成500吨级以上泊位10个。

四、行业治理和保障服务

（一）推进内河运输转型

交通运输部正式批复同意湖州创建内河水运转型发展示范区，建设方案已修改完善。加大政策研究和引导，制定内河集装箱运输船舶浙北干线通行费和船舶过闸费调整方案。加快开辟内河集装箱班线，内河港口与沿海港口开展战略合作。加快推进内河船型标准化，在"十二五"拆改2032艘基础上，2016年受理拆改船舶98艘。

（二）深化航道五水共治

开展内河运输船舶生活垃圾、油污水接收上岸专项整治。10个油污水接收项目、400余个船舶生活垃圾接收点正常投入使用，新投入使用油污水回收船舶6艘。今年回收船舶油污水3600余吨，接受运输船舶生活垃圾15万余艘次，1500余吨。全国第一套绿色航道评价指标体系通过评审，并在杭平申线等航道试评。加强内河港口码头整治，在"十二五"关闭1420座基础上，2016年关闭内河小散乱码头353座，整改提升260座。完成了浙江省港口船舶污染物接收、转运及处置能力评估报告，并着手编制实施建设方案。

（三）推进智慧港航建设

与全国海事系统实现信息互联互通，顺利完成G20杭州峰会信息化技术支撑保障和水上交通运输环境质量保障工作。完成浙江港航智能感知平台（二期）项目建设，基本建成基于互联网、移动互联、物联网及视联网的港航感知"一张网"。浙江港航GIS平台应用于浙江港航规划建设、安全监管和便民服务"一张图"建设已经粗具规模。浙江港航数据交换与服务云中心基本建成。浙江省港航综合管理与服务云平台实现从信息系统单一化向平台一体化转型。

（四）做好重大活动保障

圆满完成G20峰会、世界互联网大会等重大服务保障工作，形成了完整的重大活动水上交通服务保障工作机制，建立了水路旅客实名制、水上交通安全监管等一系列工作制度，提升了港航安全应急能力，增强全省港航队伍的凝聚力和战斗力。2016年全省港航系统累计出动执法人员45344人次，出动执法船艇11864艘次，完成入浙船舶专项安检3385艘次，办理的入浙船舶出港签证18802艘次；登记核查入浙船舶船上人员9708人。

（五）加强港航行业管理

推进农村渡运公交化管理等6项交通运输综合改革试点项目，在全省进行了推广应用。完成《浙江省渡口安全管理办法》的修改，开展《浙江省水路运输管理条例》修订工作，做好《浙江省水上交通安全管理条例》回头看。"浙江港航综合管理与服务平台"基本完成与浙江政务服务网的衔接，实现业务对接20项，录入平台10927件，并全部实现同步。动态调整省、市、县三级权力清单、责任清单以及行政处罚自由裁量基准。组织开展水路运输业年度核查，调整修订预警检查内容和扣分标准。切实加强航政管理，完成涉航建筑物许可81项。

五、航运发展展望

（一）大力推动江海河联运

打通断头河，畅通江海河联运。集中力量打通影响全局的"断头河"作为重点，协同推进乍浦闸桥、兰溪浮桥等节点性项目，加快建设钱塘江中上游、杭平申线、瓯江丽水段等6条江海河联运航道，航道布局从浙北向全省拓展延伸。2017年基本建成钱塘江中上游，实现新增高等级航道100公里。开工建设京杭运河杭州二通道段、长湖申线西延等项目；加快乍嘉苏线、杭申线等项目前期工作；力争完成内河集装箱运输主通道初步设计，研究推进内河航道项目PPP模式，加快推动水运建设。深化杭甬运河宁波段三期方案，明确建设时序，做好规划控制。

发展内河集装箱运输，推动江海河联运。着力构建水运空间、临港产业、集装箱运输、公铁水综合交通、绿色水运、管理服务等六大体系。全面实施内河集装箱运输优惠政策，着重推动与嘉兴港、宁波舟山港的联盟和合作。继续推进内河船型标准化工作，落实《船舶报废拆解和船型标准化补助资金管理办法》延续政策，进一步优化运力结构。主动对接企业，指导、支持浙西、浙东非水网地区内河集装箱运输的培育和发展，加快推动江海河联运，提高其综合运输中的比重。

（二）推进港航经济发展

发展现代港航服务业。加快江海河直达船型的研发和应用，开工2万吨级江海直达船型首制船建造。拓展以油品全产业链为主的大宗商品储运、加工、交易等功能，推进航运保险、航运金融、船舶交易等高端航运服务业发展。拓展大宗商品储运、加工、交易等功能，协同推进舟山绿色石化基地建设和保税燃料油加注等工作，打造油品全产业链。加强钱塘江中上游的运输组织工作，加快培育航运市场。加快钱塘江中上游、瓯江等水上旅游发展，打造水上交通美丽经济带。

推进陆海统筹、港产城联动。深入推进港口整合融合，结合义甬舟大通道和义乌陆港建设，加快陆海联动。加强港口项目建设管理，协同推进鱼山绿色石化、黄泽山等临港产业项目建设，完善煤、油、矿、箱、粮等运输系统，确保建成万吨级及以上泊位5个。加快10个重点联运港区建设，新增500吨级泊位10个。加快钱塘江中上游的港口码头建设，与航道同步建成。加强运输组织工作，加快航运市场培育，确保航道尽快发挥效益。

（三）做好安全与防污染监管

推进水上应急救援体系建设。积极推进辖区巡航救助一体化建设，在内河重点航区加快应急反应基地建设，研究调整内河水上交通应急站点部署，优化应急队伍设施设备配备，完善应急资源储备和运行维护制度，强化应急救援队伍建设，重点提升油品、危险化学品泄漏事故应急能力，提升应急处置水平。推行政府购买公共服务的方式，鼓励社会力量参与水上应急求助。进一步建立健全港口、内河运输船舶突发事件应急预案体系和应急预案，组织开展港航系统应急预案演练，提升预案的有效性和可操作性。

深化港口危险货物安全监管。继续以危

险货物港口作业安全治理三年专项行动方案为指引，督促企业认真落实安全生产主体责任，推进突出问题的深化治理。按照"全覆盖、零容忍、严执法、重实效"的要求，抓好隐患督促整改，确保整改闭环。探索港口危险货物风险分级管控、隐患排查治理双重预防工作机制。推行港口危险货物领域安全社会化服务，开展港口危险货物重大危险源巡查，委托专业机构对危险货物重点区域或场所进行安全检查和评估。进一步完善港口危险货物建设项目安全审查工作机制，全面开展港口危险货物从业人员考核和从业资格发证工作，加大监管人员轮训力度，提高从业人员素质和监管队伍水平。

打好港航"污水剿灭战"。推进"三不一推"，整治散小乱码头，推进内河临港物流园区建设，形成临河产业走廊。与周边省市海事管理机构共同研究制定区域航行400总吨以下运输船舶生活污水收集装置配备标准及实施方案，推进船舶生活污水上岸接收处置。编制完善浙江省港口、船舶污染物接收、转运及处置建设方案，督促港口、码头、装卸站的经营人制定防治船舶及其有关活动污染水环境的应急计划。

加快绿色科技港航建设。将绿色生态理念贯彻到设计、施工、运营、养护、管理的全过程全领域。着重推广资源节约型航道标准，集约利用土地资源。着重推广土方综合利用、钢板桩、钢结构桥梁等技术，提高资源再使用效率。推进绿色港口和绿色航道组成的部级示范工程建设。全面落实长三角率先实施港口船舶大气污染防治要求，按照浙江省船舶排放控制区实施方案，加强省管水域船舶低硫油使用监管，推进岸电设施建设，推广清洁能源船舶的试点应用。强化行业"五水共治"，进一步落实运输船舶水污染防治；开展码头综合整治，有序淘汰小型老旧运输船舶。

（四）提升港航管理水平

创新信息化管理手段。推广内河船联网RFID电子船名牌，率先实施浙江省内河船舶"第二代身份证"式管理和服务。加快推进重要港口、航道、船舶、货物的信息采集终端补点建设，升级浙江港航智能感知网。做好全省港航交通网络专线的运维工作。开展浙江港航综合管理与服务云平台三期建设，开发浙江港航水运能耗管理系统，开展浙江港航应急指挥系统建设。实现所有重点码头和重要水域物联网覆盖率80%；所有船舶安装AIS/RFID/GPS，使船舶识别率达95%以上。

加强港航行业管理。全面应用浙江港航综合管理与服务平台，与浙江政务服务网实现完全对接。完成《浙江省水路运输管理条例》的修改论证。加强法治监督，组织对口督导和案卷质量评查评比，深入开展行政执法评议考核。认真做好"七五"普法工作，组织系统执法培训，进一步提高执法能力。开展内河航运市场集中整治，做好全省水路运输（服务）业年度核查工作，推进水路运输行业诚信建设。加强港口经营管理，全面开展港口经营许可规范性文件修订工作。开展涉航建筑物审核后或许可批复后事中事后的监管工作，加强航政管理。做好港航规费稽征、预算、审计和统计等工作。

（浙江省港航管理局）

报告14

上海市水运发展综述

一、2016年水运发展概况

（一）航运市场健康有序

截至2016年底，全市登记注册的地方水路运输企业共232户。其中危险货物水路运输企业65户，水路客运企业有27户。今年在本市注册的经营性地方运力总计1261艘，1175.87万载重吨/38569客位。全市运力总数相较2015年下降5.6%，但运能总体稳中有升。由于"老旧运输船舶和单壳油轮提前被废"及"内河船型标准化"两项工作的推进，本市运输船舶平均载重吨达到9324.9载重吨，同比增加6.8%。

（二）港口经营严格规范

截至2016年底，全市共有959户内河货物港口经营企业，生产用港口泊位1770个；已取得《港口经营许可证》的港口企业有914户，占全市码头95.3%。内河危险货物港口作业企业28户，泊位56个。集装箱码头2户，均从事生活垃圾装卸。

按所在航道划分，绝大多数码头分布在区管航道。其中：301户企业分布在苏州河、蕰藻浜、淀浦河、大治河等市管航道上，占总量的31.4%；658户分布在惠新港、咸塘港等区管航道上，占总量的68.6%。

按港口管辖权限划分，内河港口实行市、区县两级分工管理，绝大多数码头属于区管港口企业。其中：应由市交通委发证的企业55户，占全市企业的5.7%；市管企业中，已取得《港口经营许可证》的企业55户，持证率达100%。属各区（县）港口行政管理部门发证的企业904户，占全市企业的94.3%；区管企业中，已取得《港口经营许可证》的企业810户，持证率达89.57%。

按经营项目划分，从事普通货物港口业务的为931户，从事危险货物港口业务的为28户。

（三）安全形势平稳可控

2016年，开展救助行动106次，救助遇险船员269人次，救助遇险船舶127艘次，救助成功率 96.6%。发生上报水上交通事故10件，死亡10人（其中失足落水死亡6人），沉船1艘，直接经济损失50万元。

二、2016年主要工作及成果

（一）强化安全监管，谨守安全底线

（1）安全根基不断夯实。一是明确安全监管责任。印发《安全重点任务分解表》，细化、明确了共计6大类30项安全重点。二是梳理安全基础数据。统计更新航道、船舶等安全数据，并梳理内河危险品码头岸线使用现状。三是做好海事监管模式改革应对。制定《改革工作调整方案》，完成与部局数据中心对接，试点开展电子签证推广。四是开展重点船舶检验。对14艘从事崇明三岛危险品船开展检查。针对玻璃钢客船船体渗水、开裂等问题，建立跟踪机制，引导淘汰更新。五是规范船员管理。持续有效运行《船员管理质量管理体系》，船员证书按时办结率100%、服务满意率超过98%。

（2）安全重点不断巩固。一是强化危品码头监管。对辖区内14家危险货物港口企业开展了"不打招呼"的安全检查，并分别在浦东、宝山开展危险品码头应急演练。二是强化客渡运安全监督。积极推进松江区石湖荡镇东三渡撤渡。三是强化游艇码头管理。组织召开内河游艇码头纳管宣贯会，并开展浦东滴水湖、金山枫泾客运码头安全检查。四是强化水工安全监管。指导浦东、闵行处开展水工现场安全检查、临时封航交通管制及船舶疏导工作。

（3）专项行动不断深化。一是开展"3.25"内河安全警示日活动。共设立活动会场和咨询点52处，组织讲座及座谈20次；发动220户企业和2700余名从业人员积极参与。二是开展创建"平安船舶"专项行动，开展"四类重点船舶"专项安检1731艘次，督促整改缺陷1198项；开展客运检查58次，危险品船检查135次，查处无证经营、无证运输、无证驾驶等违法行为161起。

（4）科技运用不断完善。一是推进信息化项目日常维护。完成了苏申外港线青浦段、苏申外港线松江段、大芦线一期等视频监控系统的维护招投标，并顺利启动日常维护。二是推进黄浦江上游航道信息化建设，推进完成黄浦江上游航道信息化可行性报告并上报市交通委。三是配合做好上海市交通行业数据中心建设，开展数据共享的前期研究。

（二）推进基础建设，推动绿色发展

（1）航道建设稳步加快。一是开展航道规划项目研究。2016年航道及航道设施检测项目、上海市内河航道维护定额编制（方案研究）项目等陆续完成了前期招投标，后续实施工作有序开展。二是推进航道工程建设进度。完成大芦线航道二期整治工程、华江路桥、沪松公路、轨交13号线等重大工程的设计方案审查。三是开展助航标志设置维护，完成主要航道标志设置与维护项目施工招标，淀山湖南航道航标防护圈检修等项目已开工。

（2）大气污染防治稳步实施。一是加强码头扬尘控制。29户内河外环线以内的扬尘码头的在线监测设备已全部完成。二是实施船舶排放控制，自2016年4月1日起正式启动执法监督工作，对到港船舶实施燃油抽样检测，共计检查船舶供受油文书32.4万艘次，发现违章数量361个、责令整改359次。开展燃油抽样检测297艘次，查处不符合要求船舶88艘。

（3）新能源示范运用持续推进。一是加快推进LNG船舶运用。配合市交通委研究液化天然气加注站选址、LNG动力船停泊区及LNG加注站等事宜。完成新建LNG动力船示范船50艘，47艘船舶已办理了《船舶营业运输证》。完成45艘新建LNG动力船的补贴资金审核上报。二是持续开展老旧船舶拆解。拆解沿海老旧船4艘，新建船舶3艘，累计核发补贴资金1.964亿元。

（三）提升执法水平，提高监管效能

（1）依法行政有效提升。一是落实行政处罚信息公开。制定《上海市行政处罚案件信息主动公开办法实施意见（草案）》，对行政处罚案件信息公开主体、公开范围等9个方面提出要求。二是开展"四项清单"编制工作，研究制定了行政权力、安全责任、批后监管指导以及公共服务"四份清单"并落实印发。三是开展2016年海事行政执法培训。完成全系统35名新任执法人员培训考试，并组织《航道法》宣贯培训，编制了宣贯手册，在系统内开展宣传。

（2）队伍素质有效强化。一是有序开展培训工作。制定《年度培训计划》，确定综合管理、业务管理等26项培训项目，共培训76期次，培训人员1194人。二是开展海事职务等级标识调整。全年共对162人进行海事职务等级标识调整，其中三级监督长以上36人、三级监督长以下126人。

（3）装备建设有效优化。一是落实船艇修理更新。全年共修理船艇12艘，完成更新40米趸船和13米巡逻艇各1艘。二是落实车辆管理制度。启动2016年3辆公务车辆更新预算，已完成车辆评估工作。三是建立海巡艇系列目录。13米级、15米级、19米级高速艇、19米级疏航艇、28米油污水搜集船和40米海事趸船均已完成船艇定型和技术资料收集。

三、2017年水运发展趋势及主要任务

（一）围绕航运中心，建设服务行业发展

《"十三五"期间上海国际航运中心建设规划》中的推动港区建设、航道建设、绿色发展和安全发展等重点任务与航务处息息相关。一方面，继续助推企业转型发展。交通部、财政部LNG新能源船的建造补贴、《上海绿色港口三年行动计划》等政策，为内河企业转型发展提供了动力，调动了企业的积极性，内河垃圾运输、江海直达的集装箱船以及冷链船都有发展新能源船舶的意向。另一方面，进一步优化水运环境。以"减量增能、连通港区"为宗旨，加快推进《五到七级航道规划》的落地，提升内河航道通行能力。并在已清理304户老码头基础上，结合"五违整治"专项活动，继续指导各区推进老码头整治工作和港区布局。积极配合机关尽快出台《上海市小型客运船舶管理办法》和小型客运码头的监管标准。开展水运市场秩序专项整治，严格依法对运力不达标企业限期整改。推进内河船型标准化工作，在前两年拆解、改造63艘低标准、高能耗老旧船舶的基础上，2017年计划拆改15艘，进一步优化内河船舶动力结构。同时指导青浦区完成上海市最后4座乡镇渡口的撤渡工作。

（二）围绕薄弱环节，夯实管理基础

从行业监管出发，着力推进补短板工作。一是加快信息化基础建设。按照海事安全监管模式改革、智慧海事建设的要求，着力推进《信息化建设三年实施方案》，按照"三步走"的实施路径，实现"技术标准和系统平台两个统一、重点水域和航道AIS（船舶自动识别系统）、RFID（船舶射频识别系统）、CCTV（视频监控）三个全覆盖"的建设目标。2017年先行开展内河AIS基站和RFID基站的建设，力争实现通过手机等终端能随时调取现有视频图像。二是做好桥梁防撞和船舶主尺度修订。本市跨内河航道桥梁有2478座，通航船舶平均载重吨位已近500吨，大船进港十分普遍，跨航道桥梁设防能力偏低，而且桥梁通航孔桥涵标志完好率仅为三分之一。2017年力争完成公布全市196条航道船舶限制主尺度。配合相关部门重点先行开展重要航段上市管路政桥梁防撞设施增设，提升桥梁运营和通航安全。三是完善应急搜救体系。进一步调整内河救助基地和巡航点布局，更新大型搜救船艇，推进《内河水上突发事件应急保障资金使用管理办法》落地，提升应急救助能力水平。

（上海市航务管理处（地方海事局））

专题报告

专题1 长江港航企业生产经营调查分析报告

2016年，长江航运运输市场保持总体平稳、稳中有升的发展态势，全年呈现"前低后高"的特征。长江干散货运输市场持续低迷，亏损面加大；液货危险品运输市场保持增长，运价略有下降；集装箱运输量保持增长，但运价持续下降；客运旅游量继续下降，但市场正在逐步走出低迷；港口吞吐量保持增长，市场竞争激烈，装卸价格下降。

一、港航企业运输生产经营情况

被调查的119家航运企业中，有79家实现盈利，占66.4%，盈利面较上年下降3.2个百分点。其中54%的干散货船运输企业盈利，盈利面下降5.6个百分点；23家港口企业中有16家实现盈利，占69.6%，企业盈利面上升2.4个百分点。航运企业中，液货危险品船、商品汽车滚装船运输企业盈利同比上升，集装箱船、载货汽车滚装船运输企业盈利同比下降，干散货船运输企业亏损加剧，客运旅游运输企业亏损减少。

（一）航运企业

1.干散货船运输

被调查的50家干散货船运输企业，拥有运输船舶2132艘/494.9万载重吨，分别比上年减少2.7%和增长0.4%，完成货运量6198.6万吨、货物周转量550.3亿吨公里，分别比上年减少4.2%和增长0.6%，实现主营业务利润-2974.3万元，亏损额较上年增61.3%。27家企业实现盈利，占54%；其中，7家实现利润增长，占26%，20家利润减少，占74%。23家企业亏损，占46%。被调查企业生产经营呈现如下特点：

一是单位运力完成货运量减少。单位运力完成货运量12.5吨，较上年减少3.8%。

二是单位运力完成货物周转量略增。单位运力完成货物周转量11119吨公里，较上年增长0.2%。

三是平均运距增加。船舶平均运距887.8公里，比上年增长4.2%。

四是船舶营运率、负载率均下降。船舶平均营运率71%，比上年下降3个百分点；船舶平均负载率76%，比上年下降2个百分点。

五是运输价格下滑。全年平均运输价格0.031元/吨公里，比上年下跌5.5%。其中，煤炭同比下跌5.9%，金属矿石同比下跌24.4%。长江干线主要货种运输价格为：煤炭0.027~0.039元/吨公里，金属矿石0.020~0.030元/吨公里，矿建材料

0.012~0.020元/吨公里。

六是运输收入下降速度高于总成本下降速度。实现主营业务收入34.46亿元，主营业务总成本33.17亿元，分别比上年减少2.2%和1.2%。其中，主营业务总成本中，燃油成本7.54亿元，比上年减少9.2%，人力成本4.17亿元，增长4.6%，税费负担0.56亿元，减少21.3%，财务成本0.92亿元，增长3.1%，管理成本1.47亿元，减少5%。

2.液货危险品船运输

被调查的31家液货危险品船运输企业，拥有运输船舶1047艘/175万载重吨，分别比上年减少1.7%和增长0.4%，完成货运量3129.8万吨、货物周转量194.1亿吨公里，分别比上年增长3.1%和减少4%，实现主营业务利润1.87亿元，比上年增长12.2%。28家企业实现盈利，占90.3%，其中，17家实现利润增长，占60.7%，11家利润减少，占39.3%。3家企业亏损，占9.7%。被调查企业生产经营呈现如下特点：

一是单位运力完成货运量增长。单位运力完成货运量17.9吨，比上年增长2.8%。

二是单位运力完成货物周转量减少。单位运力完成货物周转量11093.2吨公里，比上年减少4.4%。

三是平均运距减少。船舶平均运距620.3公里，较上年减少7%。

四是船舶营运率、负载率均上升。船舶平均营运率74.5%，比上年上升3.5个百分点；船舶平均负载率77.6%，比上年上升4.1个百分点。

五是运输价格略有下降。成品油0.10~0.12元/吨公里，原油0.08~0.11元/吨公里，散装化学品船0.21~0.35元/吨公里，运输价格同比上年略有下降。

六是运输收入增速略高于运输成本增速。实现主营业务收入25.5亿元，比上增长2.3%；主营业务成本23.1亿元，比上年增长1.4%。其中，燃油成本4.6亿元，比上年减少2.6%，人力成本5.1亿元，增长9.2%，税费负担5487.2万元，减少4.4%，财务成本9401.7万元，减少5.25%，管理成本1.5亿元，增长3.2%。

3.集装箱船运输

被调查的13家集装箱船运输企业，拥有运输船舶221艘/6.25万TEU，分别比上年增长0.9%和1.4%，完成集装箱运输量229.8万TEU，比上年增长1.7%，实现主营业务利润156.1万元，比上年下降97.8%。7家企业实现盈利，占53.8%；其中，2家实现利润增长，占28.6%，5家利润减少，占71.4%。6家亏损，占46.2%。被调查企业生产经营呈现如下特点：

一是单位运力完成箱运量略增。单位运力完成箱运量36.77TEU，较上年增长1.1%。

二是船舶营运率上升、负载率下降。船舶平均营运率84.2%，比上年上升0.6个百分点；船舶平均负载率74.5%，比上年下降4.2个百分点。

三是运输价格下降。平均运输价格0.54元/TEU公里，比上年减少11.4%。

四是运输收入降幅高于主营业务成本降幅。实现主营业务收入47.97亿元，比上年减少11.5%；主营业务成本47.26亿元，比上年减少9.2%。其中，燃油成本2.64亿元，比上年减少11.8%，人力成本1.93亿元，增长0.7%，税费负担5831万元，减少3.6%，财务成本3938.3万元，减少4.4%，管理成本1.16亿元，增长18%。

4.旅客运输

被调查的13家旅客运输企业，拥有运输

船舶56艘/1.68万客位,分别比上年减少1.6%和10.7%,完成客运量57.66万人、旅客周转量4.23亿人公里,分别比上年减少5.7%和增长5.8%,实现主营业务利润-363.6万元,亏损额较上年减少481.73万元。5家企业实现盈利,占38.5%;其中,3家实现利润增长,占60%,2家利润减少,占40%。8家亏损,占61.5%。被调查企业生产经营呈现如下特点:

一是单位运力完成客运量增长。单位运力完成客运量34.33人,较上年增长5.6%。

二是单位运力完成旅客周期转量增长。单位运力完成旅客周转量25167.2人公里,较上年增长18.5%。

三是平均运距增加。船舶平均运距732.9公里,较上年增长12.2%。

四是船舶营运率、负载率均增长。船舶平均营运率72%,比上年上升2个百分点;船舶平均负载率78%,比上年上升1个百分点。

五是运输价格下降。豪华游轮平均运输价格1.58元/人公里,较上年下降2.7%,经济型游船平均运输价格0.45元/人公里,较上年下降5.0%。

六是运输收入降速低于运输成本降速。实现主营业务收入10.16亿元,比上年减少7.4%;主营业务成本9.03亿元,比上年减少8.9%。其中,燃油成本1.59亿元,比上年减少9.6%,人力成本2.15亿元,减少2.8%,税费负担3223.3万元,减少25.8%。

5.载货汽车滚装运输

被调查的9家载货汽车滚装运输企业,拥有运输船舶51艘/3022车位,完成滚装车运输13.9万辆。9家企业全部实现盈利;其中,1家企业利润增长,8家企业利润减少。被调查企业生产经营呈现如下特点:

一是单位运力完成滚装车运输量减少。单位运力完成滚装车运输46辆,较上年减少11.9%。

二是船舶营运率、负载率均下降。船舶平均营运率66.7%,比上年下降5.3个百分点;船舶平均负载率75%,比上年下降6.4个百分点。

三是运输价格下降。载货汽车滚装运输价格根据车辆的重量、长度、宽度及目的港的运输距离等因素确定,平均运输价格较上年有所下降。

载货滚装运输企业加快推进兼并重组,企业家数从原来的16家减少为11家。因企业规模发生变化,其运输收入、营运成本与上年没有可比性。

6.商品汽车滚装运输企业

被调查的3家商品汽车滚装运输企业,拥有运输船舶44艘/3.29万车位,分别比上年增长10%和11.8%,完成商品汽车运输113.1万辆,比上年增长17.2%,实现主营业务利润1.16亿元,比上年增长21.8%。3家企业全部盈利,其中2家利润增长,占66.7%,1家利润减少,占33.3%。被调查企业生产经营呈现如下特点:

一是单位运力完成商品汽车运输量增长。单位运力完成商品汽车运输量34.3辆,较上年增长5%。

二是船舶营运率、负载率均上升。船舶平均营运率87%,比上年上升3.5个百分点;船舶平均负载率80%,比上年上升2.2个百分点。

三是运输价格下滑。平均运输价格0.55元/车公里,比上年减少2.8%。

四是运输收入增速高于主营业务成本增速。实现主营业务收入14.88亿元,比上年增长5.7%;主营业务成本12.67亿元,比上年增长3.3%。其中，燃油成本1.67亿元，比上年减少6.5%，人力成本4652.9万元，增长11.6%，税费负担3180.7万元，增长4.4%，财务成本543.7万元，减少46.1%，管理成本7522.8万元，增长6%。

（二）港口企业

被调查的23家港口企业，实现主营业务利润8.85亿元，比上年上升3.35%。16家企业实现盈利，占69.5%；其中，利润增长的企业占37.5%，利润减少的企业占62.5%。7家企业亏损，占30.5%。被调查企业生产经营呈现如下特点：

一是港口货物吞吐量增长，旅客吞吐量减少。完成港口货物吞吐量5.1亿吨，比上年增长9.33%；其中，外贸货物吞吐量1.03亿吨，比上年增长11.3%，集装箱吞吐量821.2万TEU，比上年增长7.6%。完成旅客吞吐量203万人，比上年减少3.8%。

二是装卸价格略有下降。不同地区、不同货种装卸价格存在一定差异，但总体而言平均装卸价格水平与去年比略有下降。

三是主营业务收入增速高于成本增速。实现主营业务收入93.96亿元，比上年增长4.7%；主营业务成本84.58亿元，比上年增长2.8%。其中，装卸成本2.18亿元，与上年基本持平。

二、2017年形势展望

2017年，长江航运市场将呈现"低位回升、稳中有进"的发展态势。

（一）客运旅游有望迎来转机

随着长江客运市场的专项整治，市场供求状况有望改善，具有良好信誉和服务质量的长江客运旅游企业经营状况可能持续好转。

（二）干散货运输需求持续低迷，低价竞争难以根本转变

受市场调控的持续影响，煤炭、矿石和矿建材料等运输需求增长有限，市场运力过剩，运价将继续低位徘徊。随着长江航运市场秩序专项整治行动，一批经营资质不达标、管理不规范企业将逐步退出市场，干散货运输市场可能出现阶段性改善。

（三）液货危险品运输市场保持增长

受长江沿线原油和成品油运输格局影响，管道原油运量所占比重持续增长，水路运输量增幅有限。

鉴于长江沿江地区化工产业园区已具备较大产能，且与水运供应链联系日益紧密，预计长江化工原料及制品吞吐量将继续保持增长。

（四）集装箱运输需求保持小幅增长，盈利能力有待恢复

长江中上游地区适箱货源有望常态增长，外贸集装箱生成量继续保持增长。区域航运中心建设和多式联运推进，将继续吸引适箱货源陆转水，集装箱支线运输需求同步增长。市场运力供给充足，运输价格下跌可能放缓。

（长江航务管理局运输服务处）

专题2

长江普通货船运输企业现状与发展对策

一、长江普通货船运输企业现状

截至2016年底，长江水系内河普通货船运输企业共2918家，拥有自有运输船舶50788艘/3443万总吨；其中，省际运输企业2757家，省内运输企业161家。长江水系内河普通货船运输企业地区分布及经营规模见表1。

长江水系普通货船运输企业自有运力规模情况表　　　　表1

省（市）	省际									省内					
	0~599			600~4999			5000及以上			0~599			600及以上		
	企业数（家）	船舶数（艘）	总吨（吨）	企业数（家）	船舶数（艘）	总吨（吨）	企业数（家）	船舶数（艘）	总吨（吨）	企业数（家）	船舶数（艘）	总吨（吨）	企业数（家）	船舶数（艘）	总吨（吨）
云南省				3	3	6157	4	33	41963						
贵州省	2	3	373	6	40	16245	1	59	13061	2	6	473			
四川省	11	11	1732	33	87	166634	35	253	402127	42	185	32219	8	46	10234
重庆市				53	89	146994	169	1103	3549137	3	3	904	26	183	115672
湖北省	19	16	5915	142	330	369795	96	647	1201457	1	2	351	4	35	10641
湖南省	16	78	899472	69	224	319537	39	230	327641	5	18	4906	17	58	66253
河南省	22	12	3975	37	125	105692	42	960	841407						
陕西省										2	9	686	5	32	6733
江西省	14	13	3795	101	225	199243	17	107	126649				3	4	4725
安徽省	87	770	261102	323	1775	1735623	361	5705	7531690				2	6	3974

续上表

省（市）	省际									省内					
	0~599			600~4999			5000及以上			0~599			600及以上		
	企业数（家）	船舶数（艘）	总吨（吨）	企业数（家）	船舶数（艘）	总吨（吨）	企业数（家）	船舶数（艘）	总吨（吨）	企业数（家）	船舶数（艘）	总吨（吨）	企业数（家）	船舶数（艘）	总吨（吨）
浙江省	11	6	589	37	250	67449	19	633	223581				5	8	4499
山东省	6	8	1724	48	316	113757	111	9401	4244675						
江苏省	66	217	57220	310	2514	751422	398	23378	10176950	17	77	10795	18	222	66684
上海市	6	5	1623	34	122	60686	9	142	111324				1	4	1674
合计	260	1139	1237520	1196	6100	4059234	1301	42651	28791662	72	300	50334	89	598	291089

备注：企业拥有普通货船自有运力因不包括个体经营户、光船租赁、委托经营等，其市场上实际普通货船运力要大于企业自有运力。

普通货船运输企业发展呈现以下特点：

（1）经营规模普遍较小。长江水系省际内河普通货船运输企业中，运力规模在600总吨以下的企业260家，占9.4%；运力规模在600~5000总吨的企业1196家，占43.4%；运力规模在5000总吨以上的企业1301家，占47.2%。

长江水系省内内河普通货船运输的企业中，运力规模在600总吨以下的企业72家，占44.7%；运力规模在600总吨以上的企业89家，占55.3%。

（2）半数以上省际运输企业不能满足《国内水路运输管理规定》（2014年规定）。在省际内河运输企业中，自有运力规模满足规定要求的共1301家，占省际运输企业47%，拥有船舶42651艘/2879.2万总吨，分别占省际内河运输船舶的85.5%和84.5%；自有运力规模不满足规定的共1456家，占省际运输企业53%，拥有船舶7239艘/529.6万总吨，分别占省际内河运输船舶的14.5%和15.5%。

在省内运输企业中，自有运力规模满足规定要求的共89家，占省内运输企业55%，拥有船舶598艘/29.1万吨，分别占省内内河运输船舶的66.6%和85.3%；自有运力规模不满足规定的共72家，占省内运输企业45%，拥有船舶300艘/5万吨，分别占省内内河运输船舶的33.4%和14.7%。

（3）企业注册地及拥有的运力主要集中在长江中下游地区。长江水系省际运输企业家数排在前三位的地区依次为：江苏省809家、安徽省773家和湖北省262家，以上三省的企业家数占长江水系省际运输企业总数的63.2%。

长江水系省际运输企业拥有船舶运力排在前三位的地区依次为江苏省1106.3万吨、安徽省953.2万吨和山东省436万吨，以上三个省运力合计数占长江水系省际运输船舶总运力的72.5%。

二、企业发展存在的主要问题及原因

（1）市场供求关系失衡。长江水路运

输市场,基本是按市场规律运行,早在2004年国家就取消了新增普通货船运力审批,改为登记、备案管理,主要依靠市场对资源配置发挥基础性作用。长江航运市场中约96%运力是普通货船,企业发展这部分运力仅需向设区的市级人民政府水路运输管理部门备案即可。2007~2008年间,船东受短期市场形势驱使,大量社会资金投入建造船舶。近年来,新建船舶单船载货能力大幅增加,大型化趋势十分明显,也加剧了供需平衡。据调查2016年单位运力完成货运量仅为12.5吨,较上年减少3.8%。

(2)企业"小、散、弱"状况较为突出。2016年底,省际普通货船运输企业自有运力规模满足规定要求的只占省际运输企业47%,省内普通货船运输企业自有运力规模满足规定要求的只占省内运输企业55%,企业"小、散、弱"状况比较突出。

(3)大宗干散货运输价格持续走低。在长江船舶运力供大于求形势下,受客户压缩物流成本的急迫性和市场竞争的激烈性双重影响,运输企业为争抢货源甚至被迫接受低于正常成本价的运价,导致企业效益严重滑坡、处境艰难,特别是财务负担重的企业无力偿还银行贷款,有的企业已破产、倒闭,如重庆川江船务、巨航公司等。

(4)不公平竞争现象客观存在。具体表现为:一是在船舶配员上,部分民营船舶,特别是个体经营、委托经营、光租经营的船舶,存在配员不足、一证多用等现象。二是不同地区的规费政策存在差异,如湖北省取消或暂停了所有涉企收费,江苏省取消了货物港务费,造成不同地区、不同航线的船舶规费负担不一致。

(5)企业安全生产主体责任落实不到位。主要表现为:一是企业经济效益普遍下滑,安全投入严重不足,安全培训不到位,船舶维修保养不及时;二是一些企业安全管理制度落实不到位,存在"两张皮"现象,部分船舶运输公司对委托经营、光租经营的船舶,部分船舶管理公司对其管理的船舶履行法定安全义务不到位;三是一些航运企业安全意识淡薄,行业自律守信程度低,船舶超载、配员不足等违章情况时有发生。

(6)船员总量不足素质不高。船员收入低、劳动强度大、生活条件和工作环境相对较差,船员职业优势明显下降,使得部分高素质船员弃水上岸或转投沿海、远洋运输市场;由于传统培养长江高级船员的大中专院校招生生源不足,纷纷转向或关闭,使得新的船员难以补充。船员队伍结构不合理,高级船员和高素质船员数量远远不能满足船舶发展的需要。船员综合素质不高,个别船员诚信缺失,违章作业、违规操作的现象时有发生。

三、企业发展主要对策及措施

认真落实交通运输部《关于推进长江航运科学发展的若干意见》、《关于进一步加强长江等内河水上交通安全管理的若干意见》、《关于加强长江客运安全管理工作的实施意见》和《长江等内河航运市场秩序专项治理行动方案》,进一步规范长江航运市场经营秩序和安全生产秩序,着力解决航运市场上存在的突出问题。重点开展以下工作:

1.综合施策,改善水运市场结构

一是鼓励现有水运企业之间与大型货主之间联合经营,通过以资本为纽带,组建跨地区、跨行业、跨所有制的大型企业和企业集团，实现企业的规模化、集约化。二是推进水运企业改革和内部组织结构的调整，督促企业建立完善的现代企业管理制度，全面提高企业经营管理水平和从业人员素质。三是继续探索个体运输船舶公司化管理、经营的具体模式和规律，以提高航运经营人的竞争力和抗风险能力。四是扶持专业化航运企业的发展，支持长江干支线内河集装箱运输、散装化学品运输、滚装运输和江海直达运输形式和方式。五是优化运输组织结构，促进运输组织的规模化和网络化发展。培育一批网络辐射广、企业实力强、质量信誉优的运输组织主体，有效整合社会零散运力，实现整体货运发展的集约化、高效化、有序化。

2.加强市场监督管理，提高安全发展水平

一是强化事中事后监管，严厉查处违规经营、低价恶性竞争等扰乱市场秩序的行为。二是加强企业安全生产标准化建设，改善安全生产条件。三是强化航运公司日常安全监督检查，开展企业安全生产分析评估、安全生产约谈等工作，依法对事故船舶进行处理。四是开展"打非治违"、整治长江船舶非法从事海上运输等专项行动。

3.推进船型标准化工作，提升运力发展质量

完善内河运输船舶标准船型指标体系，严禁新建不达标船舶进入航运市场。综合应用经济、技术、行政等措施，鼓励不满足现行船检规范老旧运输船舶提前退出市场。积极推广三峡船型和江海直达船型，鼓励发展节能环保船舶。

4.加强长江船员队伍建设，改善船员供求关系

制定完善相关扶持政策，着力打造一支数量适应、结构合理、能力适任的专业化船员队伍，如：采取减免内河船员收入所得税和减免内河船员考证培训费等政策措施，提高其待遇和社会地位；完善内河船员培训、考试、发证体系，强化船员实际操作能力培训，提高船员业务技能和综合素质；对大中专院校招收、培养内河船员给予专项补贴，提高学校招生、培养的积极性，扩大船员供给；推动形成"运行规范、流动有序、诚信自律"的内河船员市场体系，引导船员有序流动，保障船员合法权益。

5.提高服务水平，创造良好市场环境

一是加强市场信息引导。定期发布长江航运发展报告、长江航运运价指数、长江航运景气指数、长江船员工资指数等信息，引导市场运力有序投放和船员有序流动。二是完善水运市场信用管理体系，建立健全水路运输经营人诚信管理办法。

6.规范收费行为，减轻航运企业经营负担

协调统一取消货物港务费；协调降低船舶抵押和融资租赁登记收费标准，进一步减轻企业负担。

（长江航务管理局运输服务处）

专题3 长江干线省际客运和液货危险品运输市场监测分析

一、市场基本情况

1. 省际旅客运输市场

长江干线省际旅客运输企业分为两类，一类以三峡库区旅客运输及旅游团长途包船为主的普通客船公司，一类以渝宜及以远航线商务、观光旅游为主的旅游船公司。目前，有经营实体23家（有部分船舶注销，公司未注销）、65艘船舶，22725客位（表1）。

长江干线省际旅客运输企业运力情况　　表1

保持运营资质的市场运力	船舶（艘）	客位数（个）
普通客船	20	9137
旅游客船	45	13588
合计	65	22725

本次抽样调查12家客船公司作为样本企业，运力和市场份额占90%以上（表2）。

长江干线省际旅客运输样本企业运力情况　　表2

样本运力	客船公司（家）	船舶艘数（艘）		客位数（个）	
		本期	同比	本期	同比
普通客船	5	18	−18.18%	8259	−23.80%
旅游客船	7	34	0	10666	−6.56%
合计	12	52	−7.14%	18925	−14.96%

2. 省际液货危险品运输市场

2016年，从事长江干线省际液货危险品运输企业共197家，其中成品油船、化学品运输企业189家，原油运输企业10家，液化气运输企业8家，有6家同时兼营成品油船、原油船运输，有4家同时兼营成品油船、液化气船运输。长江干线省际危化品船舶共3357艘，总计219万总吨。其中化学品船

1202艘，成品油船1448艘，油/化船376艘，原油船309艘，液化气体船22艘。

本次抽样调查33家企业作为样本企业。其中，经营干线省际液货危险运输企业有16家，占调查样本48%；经营中下游省际液货危险运输企业17家，占调查样本52%。样本企业共拥有船舶1114艘/468.80万载重吨（表3和表4）。

长江干线省际液货危险品运输市场调查样本运力情况　　　表3

长江干线运力	艘数（艘）		载重吨（万吨）		平均载重吨（吨/艘）	
	本期	同比	本期	同比	本期	同比
干线	619	-1.43%	181.56	-1.02%	2933	0.41%
中下游	495	-1.59%	287.24	2.10%	5803	3.75%
总计	1114	-1.5%	468.80	0.87%	4208	2.4%

长江干线省际液货危险品运输市场调查样本运力结构　　　表4

船舶类别	样本运力（万载重吨）	平均载重吨（吨/艘）	
		本期	同比
油船(油化两用)	306.4	5132	1.2%
化学品船	162.4	3141	5.1%

二、市场运行情况

1. 省际旅客运输市场

长江涉外旅游市场仍处于缓慢恢复之中，3~4月份游客人数呈现上升趋势，但4、5月份连续降雨，加上媒体报道长江流域面临特大洪水风险，2、3季度游客人数骤减，票价大幅下跌。根据抽样调查统计，12家客船公司全年共完成客运量94.08万人，同比上升18.00%；运价同比下降5.52%，运输收入同比减少7.80%，营收利润率为6.9%（表5和表6）。

长江干线省际旅客运输样本企业运输情况　　　表5

运输情况	客运量（万人）		平均运距（公里）		平均运价	
	本期	同比	本期	同比	元/人公里	同比
普通客船	50.01	49.35%	160.74	-8.68%	1.022	-6.41%
旅游客船	44.07	-4.71%	660.58	6.61%	1.412	-4.87%
合计	94.08	17.99%	394.88	-8.54%	1.217	-4.87%

长江干线省际旅客运输样本企业经营情况　　　表6

经营情况	主营业务收入（万元）		主营业务成本（万元）		主营业务利润（万元）	
	本期	同比	本期	同比	本期	同比
普通客船	5227.67	-1.30%	5106.91	0.01%	-286.24	29.98%
旅游客船	98652.38	-8.12%	86548.37	-9.47%	1006.7	1280.7%
合计	103880.05	-7.80%	91655.28	-9.50%	720.46	314.48%

注：主营业务利润为除去旅游服务成本和景区门票后的利润。

主营业务成本中，燃油和人力成本占41%，其中普通客船占47%，旅游客船占40%。受油价回落、航次减少等因素导致燃油成本下降影响，主营业务成本同比下降9.50%。旅游客船中两家大型企业主营业务利润大幅上涨，拉动整体平均利润大幅上涨（表7）。

长江干线省际旅客运输样本企业成本　　　　表7

运输成本	主营业务成本（万元）		其中：燃油成本（万元）		其中：人力成本（万元）	
	本期	同比	本期	同比	本期	同比
普通客船	5106.91	0.01%	964.07	68.98%	1426.09	−17.13%
旅游客船	86548.37	−9.5%	14952.06	−13.44%	20091.23	−3.16%
合计	103880	−7.80%	15916.13	−10.81%	21517.32	−4.23%

通过企业的运营管理和加大宣传，2016年长江干线普客运输与2015年低谷相比，旅游客船营收利润大幅上涨，普通客船减少亏损（表8）。

长江干线省际旅客运输样本企业盈利水平　　　　表8

收益水平	营收利润率	
	本期	同比
普通客船	−5.48%	29.06%
旅游客船	1.02%	14.02%
综合水平	0.69%	332.62%

2. 省际液货危险品运输市场

2016年，长江干线省际液货危险品运输市场运行总体表现为：运量持平、周转量下降，运价持平；运输收入和成本小有涨幅，利润下降，主要来自于人力成本的增加。

样本企业共完成液货危险品运输6876.01万吨、764.26亿吨公里，分别比上年增长7.5%和下降3%。总体上主营业务成本与主营业务收入涨幅相当；利润比上年下降8.0%，企业利润的降低主要还是来自于人力成本上升。

分航线看，中下游运输涨幅高于干线运输。干线平均运距622.10公里，比上年缩短12%，干线主营收入、成本、利润均较平稳，稍有增长；中下游主营收入稍有上涨，成本上升，总体利润下降。分货类看，油品运量大幅上涨、化学品运量小幅上涨。油品运输盈利大幅增长，化学品运输利润下降，平均运价与去年几乎持平（表9~表13）。

2016年省际液货危险品运输样本企业运输情况（1）　　　　表9

运输业务量	货运量（万吨）		周转量（亿吨公里）	
	本期	同比	本期	同比
干线	1933.70	−0.55%	12.03	12.53%
中下游	4942.31	10.95%	64.40	−33.27%
合计	6876.01	7.46%	764.26	−30.68%

2016年省际液货危险品运输样本企业经营情况（2）　　　　表10

经营情况	主营业务收入（万元）		主营业务成本（万元）		利润（万元）	
	本期	同比	本期	同比	本期	同比
干线	133655.04	−1.95%	120483.97	−2.02%	12366.59	2.52%
中下游	629877.15	3.11%	525109.29	3.45%	54042.9	−10.01%
合计	763532.19	2.19%	645593.26	2.38%	66409.49	−7.92%

2016年省际液货危险品运输样本企业运输情况（3）　　　　表11

货物类别	货运量（万吨）		周转量（亿吨公里）	
	本期	同比	本期	同比
油品	144.08	11.67%	14.42	4.07%
化学品	6731.93	7.38%	749.84	−31.05%

2016年省际液货危险品运输样本企业经营情况（4）　　　　表12

分货类	主营业务收入（万元）		主营业务成本（万元）		利润（万元）	
	本期	同比	本期	同比	本期	同比
油品	22827.8	3.94%	22067.4	1.32%	760.4	313.71%
化学品	740704.39	2.14%	623525.86	2.42%	65649.09	−8.73%

2016年省际液货危险品运输样本企业运价情况　　　　表13

运价	元/吨公里	同比
综合水平	0.1847	−0.03%
分经营范围		
干线	0.175	11.71%
中下游	0.198	2.98%
分运输货类		
油品	0.180	−3.06%
化学品	0.161	−1.58%

总体上主营业务成本上升，虽然燃油成本下降，但人力成本增加。燃油成本下降21.55%，人力成本上升9.94%。主营业务成本64.56亿元，其中燃油成本和人力成本分别占主营业务成本的13.67%和14.51%，两项合计占28.18%（表14）。

2016年省际液货危险品运输样本企业成本状况　　　　表14

成本情况	主营业务成本（万元）		其中：燃油成本（万元）		其中：人力成本（万元）	
	本期	同比	本期	同比	本期	同比
干线	120483.97	−2.02%	24868.45	−4.33%	23515.15	−0.13%
中下游	525109.29	3.45%	63415.29	−26.72%	70187.3	13.78%
合计	645593.26	2.38%	88283.74	−21.55%	93702.45	9.94%

总体盈利水平较低，营收利润率为10.29%，油船运输利润较去年大幅上涨，主要与2016年下半年油品运输市场行情好转相关（表15）。

2016年省际液货危险品运输样本企业盈利水平 表15

		营收利润率（%）	同比（%）
综合水平		10.29	-10.06
分经营范围	干线	10.26	4.63
	中下游	10.29	-13.01
分运输货类	油船(油化两用)	3.44	308.31
	化学品船	10.53	-10.89

三、船舶运行情况

1. 省际旅客运输市场

2016年长江干线省际客船运输市场有所回暖，营运率和负载率较2015年有大幅提升，船舶效率大幅提升，尤其是普客船单位船产量同比增加96.08%，盈利方面，普通客船亏损有所减少，旅游客船利润大幅上涨（表16和表17）。

2016年长江干线省际客船运输效率情况 表16

船舶运输效率	船舶平均营运率（%）		船舶平均负载率（%）		单位船产量（人次/客位）	
	本期	同比	本期	同比	本期	同比
普通客船	0.62	32.46	0.59	32.46	60	96.08%
旅游客船	0.78	2.02	0.73	2.53	41	2.0%
综合平均	0.71	12.34	66.75	12.88	50	38.75%

2016年长江干线省际客船平均效益 表17

船舶营运效益	营收		成本		利润	
	万元/艘	同比	万元/艘	同比	万元/艘	同比
普通客船	290.42	20.64%	283.72	10.03%	-15.90	14.42%
旅游客船	2901.54	-8.12%	2545.54	-9.47%	29.61	1280.7%
综合平均	1997.69	-0.70%	1762.60	-2.54%	13.86	330.99%

2. 省际液货危险品运输市场

2016年长江干线省际液货危险品运输单位载重吨的货运量稍有上涨，单位载重吨的货物周转量大幅下滑，说明短途运输较多。单位运营成本与运价比较，总体上看，单位运营成本占运价的47.69%，有一定的盈利空间（表18~表21）。

2016年长江干线省际液货危险品运输船舶单位产量 表18

吨船产量	运量		周转量	
	吨/载重吨	同比	吨公里/载重吨	同比
综合平均吨船产量	14.67	6.5%	16302.35	-31.2%
干线	10.65	4.8%	6625.69	-11.6%
中下游	17.20	8.6%	22418.75	-34.6%

2016年长江干线省际液货危险品船舶运输成本与运价比较 表19

成本与运价	单位运营成本		平均运价		单位运营成本占运价比例
	元/吨公里	同比	元/吨公里	同比	
综合平均成本与运价	0.084	47.69%	0.185	-0.03%	45.72%
干线	0.100	12.02%	0.174	11.71%	57.38%
中下游	0.082	55.01%	0.197	2.98%	41.23%

长江液货危险品运输船舶生产率下降明显，尤其是中下游下降12.93%，单船年利润略有下降，干线单船年效益好于中下游。

2016年长江干线省际液货危险品运输船舶平均生产率 表20

船舶生产率	（吨公里/载重吨营运天）	
	本期	同比
综合平均船舶生产率	58.22	-10.41%
干线	23.25	13.17%
中下游	81.82	-12.93%

2016年长江干线省际液货危险品运输船舶平均年效益 表21

单船年效益	营收		成本		利润	
	万元/艘	同比	万元/艘	同比	万元/艘	同比
综合平均单船年效益	685.40	3.7%	579.53	3.9%	59.61	-6.5%
干线单船年效益	215.92	-0.53%	194.64	-0.60%	19.98	4.01%
中下游单船年效益	1272.48	4.78%	1060.83	5.11%	109.18	-8.56%

四、2017年市场预测与运力供需分析

1. 省际旅客运输市场

根据样本单位完成的客运量，估算2017长江干线省际客运量，按理想状态下营运率为0.80，估算长江干线省际客运市场实际运力需求，与现有运力对比，普通客船运力富余17.66%，旅游客串运力富余9.06%（表22）。

2017年长江干线省际旅客运输运力分析表 表22

2016年运力需求分析	普客船	旅游客船
营运率	0.62	0.78
年营运天	226	285
平均往返航次数	101	57
正常载客率	0.60	0.73
年运量(万人次)	55.32	56.14
运力需求(客位)	6800	12357

续上表

2016年运力需求分析	普 客 船	旅 游 客 船
现存运力(客位)	9137	13588
富余运力(客位)	2337	1231
富余运力	17.66%	9.06%

2. 省际液货危险品运输市场

根据样本单位2016年市场完成情况，按照营运率和负载率都达到理想状态时，得出合理的船舶平均生产率。

省际液货危险品运输样本企业船舶相对合理运行状况　　表23

	干　线	中　下　游
船舶平均吨位	2933	5802
营运率	0.78	0.75
船舶平均负载率	0.73	0.58
营运天	285	274
船舶平均生产率(吨公里/载重吨营运天)	33.90	81.82
合理提高船舶平均生产率(吨公里/载重吨营运天)	48.22	152.35

五、相关意见与建议

长江干线省际旅客运输市场建议：一是加强港航配套设施建造。加大码头投入建设力度，为游客提供安全、舒适、顺畅的的条件。二是加强三峡旅游宣传和营销，形成有效的价格约束机制和统一的口径，保护三峡旅游品牌。三是支持新建省际旅游客船，促进老旧游船更新换代，提高长江旅游客船硬件设施和旅游产品质量。

长江干线省际液货危险品运输市场建议：一是为水运企业融资创造条件，对于盈利能力强，持续稳定发展的水运企业，提供贷款的优惠条件，帮助企业与银行等金融机构建立良好的银企合作关系，为企业融资创造良好的渠道，为企业持续稳定发展提供资金保障。二是对中小企业进行政策扶持，采取"放水养鱼"的政策，包括适当降低、减免费用，降低企业生产成本。三是加快航运企业安全生产标准化制度建设，规范企业安全生产标准化管理。

（长江航运发展研究中心）

专题4

长江内河航运服务体系建设现状及模式

近年来，国家提出"一带一路"建设全球倡议，同时在国内提出了长江经济带发展战略，这些都是中国面向未来参与全球经济、贸易、社会及各方面国际交流的重要举措。长江内河航运是中国内河航运的典型代表，特别是沿江中西部地区实现通江达海、对接海洋的运输主通道，依托长江黄金水道建设长江经济带，长江航运将发挥重要作用。近年来，重庆、武汉等内河航运中心在航运服务体系建设上进行了有益探索，特别是重庆内河航运服务体系建设取得了一定成效。以重庆为视点，探索长江内河航运服务体系建设模式具有重要意义。

一、重庆内河航运服务体系建设情况

（一）建设完善重庆交通电子口岸

重庆交通电子口岸是全国内河唯一的交通电子口岸，服务范围已覆盖全市11个集装箱码头、团结村铁路中心站并与交通运输部、长江航务管理局、上海市电子口岸实现了互联互通，与重庆海关和检验检疫实现数据交换和信息共享，提供标准化的集装箱通关与物流业务单证的电子化传输服务，提高口岸通关效率，促进贸易和物流便利化。

（二）航运交易结算保持稳定增长

在国内外经济下行、水运价格大幅下滑的情况下，重庆航交所全年完成航运交易结算额70亿元，船舶交易190艘，交易艘数在全国船舶交易服务机构中名列前茅。通过航运交易平台完成的航运交易，约占重庆航运省际运输量的60%，长江上游地区航运省际运输量的40%。努力推进"互联网+航运"电子商务交易平台建设，航运物资交易电子商务服务平台年底上线试运行。

（三）航运信息服务引导航运市场

编制了《重庆航运年度发展报告》、《重庆航运人才发展报告》、《重庆市营运船舶运力报告》、《重庆航运绿色发展报告》，发布了重庆航运月度信息和季度分析，反映重庆航运总体发展情况。发布航运物流流量流向、运力需求，市场运价、保本运价等价格信息，以及典型航线运价指数，增强航运服务机构在价值发现、引导和稳定市场等方面起到重要作用。

（四）航运战略研究构建内河航运智库

开展航运发展战略研究，分析国际、国内、长江航运发展趋势、规律以及航运新技术、新动向、新问题，构建内河航运发展智库。承担了交通运输部《西部港口物流电子商务示范平台》，重庆市《扩大三峡船闸通过能力研究》、《长江上游地区物流适应性及沿江产业合理布局研究》、《重庆及周边腹地水路集装箱运输发展研究》等重大课题研究。

（五）航运总部经济发展明显加快

利用重庆两江新区、保税港区及航运中心建设政策优势，吸引国际国内港航要素机构和企业到重庆注册或设立分支机构。共吸引了220余家航运、物流、贸易企业注册保税港区，300多家港航、物流企业通过航交所交易，航运交易企业占重庆及长江上游地区骨干航运企业80%以上。目前，马士基航运、中国中远等世界航运巨头前20强，均在重庆设立了分支机构，航运总部经济发展得到明显加快。

（六）航运金融服务能力逐步增强

投资组建了重庆航运融资担保有限公司，首期资本金1亿元，融资担保能力10亿元。目前，已与建设银行、工商银行等10家银行、保险公司等金融机构开展金融合作，共取得银行授信11亿元。截至9月底，担保公司受理重庆航龙船务有限公司等5家航运企业融资担保申请金额为1.6亿元。成立了全国内河首家船东互保协会——重庆船东互保协会，推出了内河承运人责任保险、雇主责任险等险种。目前，已吸纳40余家不同类型的航运企业为正式会员，投保157艘船舶，约38万总吨，收取保费约550万元，承担赔付风险约20亿元。

（七）航运人才服务能力逐步提升

搭建长江上游航运人才交流服务平台，开展重庆船员职业档案集中备案，累计完成308家企业、2158艘船舶、20048名船员的初次备案工作；实施航运人才"151"工程、"双万工程"等，每年争取培训补助资金约1500万元，开展培训7000余人。争取市人社局、市交委支持，拟在重庆成立内河船舶系列高级职称评审机构，服务高级船员专业人才队伍建设。

二、长江内河航运服务体系建设模式

国际上欧美发达国家都非常重视发展内河航运，无论是美国的密西西比流域，还是欧洲的莱茵河、多瑙河等水系均由政府主导开发管理，在内河硬件设施提升过程中，通过建立健全航运交易、航运保险、海事仲裁、法律法规等标准化服务体系，实现跨国、跨区域交通的无缝对接，推动内河航运发展。纵观国际航运中心的发展与演变，优越的交通区位优势、充满活力的经济腹地或庞大的贸易量是其发展的基础，但成熟的航运服务体系，航运服务"软实力"的不断提升，才是其保持持续竞争力的法宝。但与国际航运中心相比，市场体量小，起点低，金融保险等高端航运服务体系还不成熟。借鉴国际航运中心发展经验，长江内河航运服务体系建设模式应重点考虑以下几个方面：

（一）健全内河航运保险服务体系

内河航运界除少数大型国有航运企业外，90%以上的航运企业规模偏小，且企业之间也未抱团形成合力，导致企业在航运保险市场中话语权不高，保费费率居高不下，保险权益难以得到保障，航运保险普遍存在保险条款不合理、免赔额大、保险费率高、理赔服务差等问题。可借鉴中船保、中渔保发展模式，组建内河航运保险中心或船东互保组织，引导和规范航运保险市场，降低航运企业保险成本、扩大保障范围，提高理赔服务质量，增强企业抗风险能力。

（二）打造结构合理的航运人才队伍

目前，内河船员素质参差不齐，船员队伍不稳定，高端专业人才不足等已成为内河航运服务业健康发展的隐忧，亟待建立完善的人才培养、流动和引进机制，促进多层次航运人才队伍素质整体提升。可依托航运人才服务机构，搭建航运人才就业、培训和交流的服务平台，建设航运人才服务信息系统，培养航运领军人才、高级专家、业务骨干、普通船员等多层次人才队伍。同时，配套出台金融保险、海事仲裁、战略研究等复合型、创新型航运高端人才引进和激励政策，建立航运人才诚信评价体系，促进航运人才合理流动和健康发展，打造航运人才聚集高地和输出基地。

（三）加快建设航运服务集聚区

从国际航运中心形成和发展的历程来看，国际航运中心也是国际航运服务中心。如伦敦国际航运中心，世界20%的船级管理机构常驻伦敦，世界50%的油轮租船业务、40%的散货船业务、18%的船舶融资规模和20%的航运保险总额，都在伦敦进行。全球有1750多家从事航运事务的公司与机构在伦敦设有办事处。为此，建设航运服务集聚区，聚集航运金融结算、交易、海事、保险、仲裁、人才等航运要素，拓展航运金融、保险、法律、人才等高端增值服务，有利于现代航运要素集聚发展，提高产业效率，有利于行业之间的合作和创新，提升区域产业能级和辐射能力，形成国际国内两个市场对接、两种资源高效流动的重要平台。

（四）提升航运研究服务能力

在航运市场快速发展的当今，中小航运企业已无法依靠自身力量快速捕捉商机、准确把握市场走向，迫切需要专业研究机构对其经营管理、市场拓展、市场前景提供有价值的参考信息。内河航运中心可借助专业航运服务机构、院校、企业力量组建内河航运信息研究中心，规范航运市场行为，沟通航运市场信息，引导航运业发展。定期发布类似BDI指数的内河典型航线运价指数，保本运价、市场运价等动态信息，准确反映航运市场走向。同时，持续关注内河航运重点、热点、难点问题，提升航运战略研究能力，为航运发展、政府宏观决策提供智力支持。

（五）建设和完善航运金融服务体系

航运业是资本密集型行业，具有资本投入高、投资回报期长等特征，银行等金融机构普遍对航运业融资较为审慎，航运企业银行评级授信等级、贷款审核通过率也远低于其他行业，融资难、融资成本高成为困扰内河航运企业发展的难题。可借鉴新加坡推出海事金融优惠计划、海事创新及科技基金等经验，出台扶持政策，成立以政府主导，民间以及社会资本参与的船型标准化发展基金、航运产业基金等，支持航运市场发展。同时，支持和鼓励金融机构航运金融产品创新，组建专业的航运融资担保机构，发展船舶投融资、船用设备融资及租赁等业务，改善融资环境，降低融资成本，为航运发展提供金融支持。

（六）探索航运电子商务发展模式

近年来，在国际航运市场低迷和国内经济下行压力加大的双重影响下，内河航运量增速也逐步放缓，船舶运力结构性过剩矛盾进一步凸显，运价持续低迷，航运企业固守现有经营管理模式，经营压力大、盈利能力弱的格局短期内难以根本扭转。利用"互联网+"与现代航运服务业融合发展已成为航运业界共识，中国远洋海运集团、招商轮船等海运企业纷纷推出电商物流服务。内河航运企业分布广、规模小，自筹资金建设平台也不现实，内河航运中心可搭建专业航运电子商务公共服务平台，提供航运交易、船舶交易、船用设备、船用物资、航运保险等电子商务交易，并推出在线支付、结算、清算等功能，解决交易双方信息不对称、交易不透明等问题，减少交易环节、降低交易成本、提高履约质量。

（重庆航运交易所）

专题5

武汉长江中游航运中心现代航运服务业发展

一、现代航运服务业发展条件与面临挑战

（一）有利条件

一是经济地理区位优势独特。武汉居中独厚，地处天元之位，是中国经济地理中心，是我国中部地区的经济中心，是国家级综合交通枢纽城市。以武汉为中心的400公里半径范围内，可覆盖长沙、郑州、洛阳、南昌、九江等45个中等以上的城市；1200公里范围内，可覆盖国内京、津、沪等14个GDP超千亿元城市中的12个。武汉也是长江中游吞吐量规模最大、水运市场最活跃、航运要素最密集的对外开放港口城市。

二是中心城市功能突出。武汉是国家科教文化创新中心，拥有科研机构100个，高等院校91所，在校大学生118万人，居全国城市之首。武汉是国家组织经济活动和配置资源的中枢，国家综合交通和信息网络枢纽，一直发挥着中部地区物流枢纽的功能和作用。武汉是国家确定建设的中心城市，是长江中游城市群的最大城市，是中部崛起的"龙头"。作为长江经济带三大核心城市之一和"一带一路"的战略支点，武汉中心城市功能突出。

三是航运人才资源丰富。武汉是长江水系航运管理部门、海事机构和相关机构所在地，是长江流域的管理中枢。武汉地区海事高等院校6所，院校航运教育培训机构19家，海员培训机构20余家，设有航运及相关专业，为航运企业及海事机构培养拔尖人才及业务骨干，是全国重要的航运人才培训基地、海员（含内河船员）培训和输出地。

（二）面对的挑战

一是航运交易、航运金融保险、总部经济等现代航运服务业不够发达。2016年港口集装箱吞吐量112万TEU，总量偏低；2016年武汉航运交易所交易额10亿元，规模偏小。市场主体小、散、弱，航运产业的集群效应不明显。

二是服务功能较弱。武汉航运交易市场在国内发源较早，但直接为航运发展服务的金融、保险、评估、结算等要素分布较为零散。航运金融等产业发展滞后，航运保险起步较晚，所占市场份额相对较小，船舶管理、航运经纪、航运公估等航运服务产业不成规模，产业还未形成完整链条，开展航运金融业务的机构尚未涉足船舶租赁、在建船舶抵押贷款等业务。湖北航运市场从业人员约9万人，注册四等以上船员约2.5万人，但缺乏高层次航运服务专业机构和人才。

三是产业支撑不足。临港地区产业仍以资源密集型行业为主，呈现低端化、高投入、高消耗等特征，传统产业转型压力较大，新兴产业尚在培育成长，支撑带动能力有待加强。核心技术研发薄弱，竞争力不强，如钢铁、汽车零部件、石油化工等已经达到一定的规模，但这些产业核心技术匮乏，核心技术和设备还大部分需要进口，导致一部分产业核心技术和设备更新缓慢，竞争力不强。

二、航运中心主要工作回顾及安排

2016年，武汉航运中心建设工作以改革为动力，推动发展。武汉新港完成货物吞吐量完成15639.6万吨，同比下降4.2%；集装箱吞吐量完成113.3万TEU，同比增长6.7%；汽车滚装完成49.9万辆，同比增长31.0%；固定资产投资完成148亿元，同比增长12.95%。

一是高标准编制航运中心规划。武汉航运中心总体规划编制工作列入国家发展和改革委员会、国家长江经济带建设领导小组办公室2016年重点工作，规划准确把握国家战略意图，进一步明确了航运中心的发展方向、功能定位、建设路径。

二是推进航运供给侧结构性改革。不断探索航运市场规律，武汉港全面实施了"上游全中转、下游全分流"的水水全中转，推动以武汉枢纽为中转点对上、下游两段式运输模式，2016年，集装箱水水中转量同比增长3个百分点，达40%。加强服务协调，促进有关单位稳定开行"江海直达"、"泸汉台"、"武汉—东盟四国"、"武汉—日韩"等品牌航线。落实长江中游城市建设规划战略，成功开通了"中三角省际集装箱公共班轮"航线，填补了鄂、湘、赣航运航线的空白。武汉铁水联运项目成功纳入国家多式联运示范工程，按期开工建设。

三是加快构筑现代航运服务体系。武汉航交所正式运营，货运、船舶、航运人才服务、船舶技术及船用产品四大交易市场逐步完善，首年交易额达到10亿元。2016年3月，武汉新港空港综保区获批设立，基础设施、招商引资工作进展顺利，12月底基本达到预验收标准。启动武汉电子口岸·国际贸易"单一窗口"建设，公司组建、项目立项正顺利推进。9月14日，长江航运产业研究中心揭牌运行，开展LNG全产业链技术转移和新能源船舶、内河港口船舶岸电系统、船舶及港口设备检验检测系统等产业集成创新与推广。

2017年，武汉航运中心将努力建成长江全流域黄金水道核心枢纽、江海直达联运中心、航运创新服务中心、国际物流分拨中心。

一是进一步丰富航运中心规划体系。完成航运中心总体规划的评审、审批工作，依托规划定位，出台具体实施方案，推动建设现代航运服务业、金融业；完善阳逻国际港核心功能区港口功能、港城空间布局、临港和新城产业、港口基础设施、城市基础设施、集疏运体系等六项重要专项规划，形成比较完备的阳逻国际港规划体系。

二是进一步加大武汉航运中心集聚辐射能力建设。以阳逻港为核心，统筹花山、金口、经开等港区发展，大力推进水运集装箱全中转工作，推动武汉成为长江重要的集装箱江海转运中心；以金口、沌口汽车滚装码头为重点，统筹发挥汉南、军山港作用，加快发展汽车滚装运输。开展汽车滚装江海直达运输组织模式及相关船型研究，加快形成武汉辐射流域、联通沿海主要集散地的"海进江、江出海"运输体系；稳定开行"江海直达"、"武汉—东盟四国"、"武汉—日韩"等品牌航线；筹划开通"武汉—韩国"近洋直达集装箱航线；巩固提升长江、汉江沿线至阳逻港集装箱喂给航线，稳定运行"中三角省际集装箱公共班轮"航线，更好服务长江中游城市群建设战略。

三是继续推进航运中心功能平台建设。完成武汉新港综保区验收并封关运营，促进保税加工、保税物流、保税服务类等业务开展；提升武汉航交所平台功能，深化建设船舶交易、货运交易、船用技术和船用产品交易、航运人才服务四大交易市场；启动电子口岸项目建设，加快实现武汉电子口岸·国际贸易"单一窗口"公共服务功能上线运行；坚持市场化、产业化方向，推动长江航运产业研究中心在科研、中试、产业推广等方面迈出新步伐，启动LNG产业链、港航岸电、港航装备监测和智能港航四大产业项目。

三、推动航运中心服务升级的思路

重点发展航运交易、航运咨询与信息服务、海事法律、航运人才教育与培训等，加快航运与互联网、大数据、社会文化的融合，形成独具特色的航运服务新生态。

（一）立足武汉打造中西部特色航运服务业

（1）建设流域航运企业总部基地。重点吸引物流服务提供商、国际多式联运经营人、公务机运营商等大型航运企业总部落户武汉，并以此大力培育和拓展现代航运服务产业，打造跨行业、跨地区的大型区域性航运企业总部基地。

（2）发展航运交易与船舶登记。鼓励发展船舶签证服务，规范船舶交易流程与标准，积极支持第三方船舶交易评估机构发展，提升武汉航运中心的船舶集聚度。

（3）推进航运咨询与信息服务发展。探索建立中小航运咨询机构的扶持机制，打造一批具有相当影响力的本土航运智库。探索建设武汉航运信息中心，打造长江航运指数系列品牌，增强武汉航运中心信息服务能力。

（4）积极推进法律服务。积极发挥海事机构的作用，在航运服务集聚区设立海事法院办事机构。拓展海事仲裁服务领域，逐步建立公正的仲裁员队伍和符合国际惯例的仲裁程序，不断提升武汉航运中心海商海事仲裁服务质量。

（5）推进航运人才教育培训。依托武汉高校资源，设置航运金融、航运交易等相关专业和课程，建立产学研相结合的科教人才培养体系，完善航运科技与教育人才的交流机制，优化现代航运人才与团队的引进环境，打造成为集航运人才教育、高级人才培训、船员人才培养为一体的航运科创人才中心。

（二）建设智慧航运

以物联网、云计算等信息技术为依托，推进智能感知设施建设，确立航运信息与服务共享机制,打造航运大数据中心,创新航运发展新模式,形成智慧航运服务新生态。

(1)推进智慧航运基础设施建设。推进自动化、云计算、物联网、移动互联网、大数据等智慧航运基础设施建设,提高装卸、搬运、仓储等设施设备的自动化、智能化水平。鼓励推广集装箱电子标签技术,大力推进智能通关、智能配载、智能调度、智能监测相关设施建设,建立综合运输智能感知体系。

(2)发展航运信息与航运服务。深化EDI电子数据交换中心,搭建"大通关"运行平台;扩展EDI及物流应用服务平台中的电子商务、物流跟踪、地理信息功能,满足港航企业日益增长的电子支付以及网上物流交易需求;争取海事、海关、检验检疫等单位的共同支持,促进港口间的货物报关、船舶报关、检验检疫、中转、堆存、税费征收、单证流转、集疏运动态等信息服务共享与一体化服务平台系统的建设。

(3)开展航运电商。鼓励多方共建或专业第三方来建设以数据采集、存储、交换、挖掘、应用为一体的电商基础信息服务平台,确立数据交换标准。

(三)培育航运特色金融市场

(1)建设提单武汉、结算武汉。大力吸引航运金融要素集聚,推动国际结算和资金运作等功能性机构,依托武汉航运交易所,大力发展内河船舶交易、特色货种交易的要素市场,开发建设线上交易结算平台,实现面对货主、物流企业、航运企业的快速交易和快速结算。

(2)推动航运融资租赁业务发展。开展境内外船舶等设备的租赁服务。支持融资租赁公司兼营主营业务有关的商业保理业务。研究建立融资租赁资产交易平台,完善融资租赁产业配套服务。

(3)完善航运保险功能要素。鼓励保险公司开展航运保险和航空保险专业业务,吸引航运保险营运中心、航运保险经纪、保险公估、海损理算等机构入驻,积极培育长江航运保险市场,鼓励航运保险机构创新航运保险险种,积极发展铁水联运等险种,建立综合运输保险网上投保一站式服务。

(四)提升港口口岸服务水平

(1)完善国际贸易"单一窗口"。推进智慧口岸建设,建设国际贸易"单一窗口",实现一站式全流程标准化高效便捷服务。按照"一个平台、一次提交、结果反馈、数据共享"的模式,构建具备货物进出口、运输工具、贸易许可与资质、支付结算等功能板块,实现口岸通关的申报、查验、支付、放行、提离、运抵等各业务环节全覆盖。

(2)加快推进综合保税区建设。加快武汉新港空港综合保税区建设,打造集港口(空港)作业、航运服务、口岸通关、保税物流、保税加工、贸易等功能于一体的武汉航运中心口岸核心功能区。推进区港联动,在口岸区域叠加保税功能,在保税区域叠加口岸功能,进一步调整优化保税区域与非保税区域货物进出监管流程。支持阳逻港园区构建口岸多式联运体系,重点开展水路口岸物流和保税物流、国际采购、分销和配送,进出口贸易、航运金融租赁等新型服务业。

(武汉新港管理委员会)

专题6

三峡枢纽通航形势分析

2016年，三峡船闸、葛洲坝船闸继续保持高效运行，三峡升船机试航、试通航顺利开展。航运管理部门进一步加强三峡两坝枢纽通航建筑物管理，继续实施船舶过坝现场到锚与调度计划编排二次确认制度，保障了船舶过坝调度无缝衔接。三峡船闸允许过闸船舶吃水保持全年试行4.3m，船舶装载率有较大幅度提升，三峡船闸过闸船舶综合装载率达到69.3%。"软硬结合"均衡三峡—葛洲坝枢纽过坝船流，保持上下行船舶流不均衡系数不高于0.5。进一步健全绿色通道制度，保障重点物资及时过闸。三峡坝区通航总体安全、平稳、有序，船闸通过量首次双破1.3亿吨，再创历史新高。

一、坝区通航环境分析

（一）水文条件

2016年，三峡入库流量在5000~50000m³/s之间变化。三峡坝上水位最高为175.00m（11月01日）、最低为145.19m（6月17日），葛洲坝坝上水位最高为66.28m（7月20日）、最低为63.31m（5月2日）。庙嘴水位最高为49.00（7月2日）、最低为39.11m（2月9日）。汛期大流量的频率较少、持续时间相对偏短，对航运的影响降低，有利于船舶安全航行和顺畅过坝，2016年没有发生因大流量造成船闸停航，通航水文条件较好。

（二）风雾气象条件

全年因大风致使船闸停航的次数和时间较2015年呈现增长态势。因大风导致三峡南线船闸停航12次，共计55.93小时，同比上升了36.22%；北线船闸停航12次，共计55.14小时，同比上升了54.24%；葛洲坝一号船闸停航3次，共计1.9小时，是2015年的3.8倍；葛洲坝二号闸停航3次1.9小时，葛洲坝三号闸停航3次1.9小时（葛洲坝二、三号船闸2015年没有发生因风停航的情况）。

因大雾天气致使三峡船闸停航的总次数增加，停航总时间与去年基本相当，对葛洲坝船闸运行的影响进一步加剧。因大雾导致三峡南北两线船闸分别停航12次；南线船闸停航71.11小时，同比上升0.41%，北线船闸停航57.59小时，同比下降6.52%。葛洲坝一号船闸停航26次，同比上升85.71%；停航110.38小时，同比上升76.86%。葛洲坝二号船闸停航21次，同比上升75.00%；停航73.12小时，同比上升70.16%。葛洲坝三号船闸停航22次，同比上升69.23%；停航87.29小时，同比上升80.31%。

（三）运行维护情况

为降低对通航的影响，2016年没有安排船闸大修，船闸大修计划安排在2017~2020年期间实施。三峡船闸已运行13年，进入了设备设施检修高峰期。2011年以来，三峡船闸过闸货运量突破亿吨后一直处于超负荷运行状态，设备设施24小时不间断超强度高负荷运行，设备事故故障隐患增加，为保证船闸的安全运行，主力船闸停航检修的频率和停航持续时间进一步增加。

2016年，三峡南线船闸停航保养10次，同比上升66.67%；停航44.68小时，同比上升10.32%。三峡北线船闸停航保养9次，同比上升12.50%；停航52.44小时，同比上升3.84%。葛洲坝一、二、三号船闸停航保养次数分别为8次、10次、19次，与去年相当；累计停航时间分别为68.33小时、43.27小时、51.23小时，同比分别上升45.38%、下降26.66%、下降70.39%。

二、三峡、葛洲坝船闸过闸统计分析

（一）船闸运行分析

1.船闸运行总量

2016年，三峡船闸累计运行11295闸次，通过船舶43232艘次，船闸通过量1.305亿吨；与去年同期相比，闸次上升了5.23%，艘次下降了2.76%，通过量上升了9.08%。葛洲坝船闸也保持高效正常运行。具体数据见表1。

2016年三峡、葛洲坝船闸运行数据统计表　　　表1

通过量		2016年			同比变幅（%）
		上行	下行	合计	
三峡	闸次	5634	5661	11295	5.23
	艘次	21642	21590	43232	-2.76
	货物通过量（万吨）	6515.52	5468.03	11983.55	8.38
	船闸通过量（万吨）	7095.28	5954.59	13049.87	9.08
	货船定额吨（万吨）	8647.16	8604.99	17252.15	1.45
葛洲坝	闸次	10623	8770	19393	10.68
	艘次	24231	24237	48468	2.85
	货物通过量（万吨）	6611.72	6135.35	12747.07	10.78
	船闸通过量（万吨）	6786.67	6297.70	13084.37	11.68
	货船定额吨（万吨）	9336.83	9346.78	18683.61	5.75

注：船闸通过量含客船折算运量。

2.通航率

2016年，三峡、葛洲坝船闸通航率为98%左右。具体见表2。

2016年三峡、葛洲坝船闸通航率统计表 表2

闸　号	停航时间（小时）	通航时间（小时）	通航率（%）
三峡南线船闸	177.7	8606.3	97.98%
三峡北线船闸	169.27	8614.73	98.07%
葛洲坝1号船闸	180.61	8603.39	97.94%
葛洲坝2号船闸	123.29	8660.71	98.60%
葛洲坝3号船闸	154.42	8629.58	98.24%

3.闸室面积利用率

三峡通航管理部门进一步优化船舶过闸调度，科学实施闸室排挡组合，三峡船闸、葛洲坝2号船闸平均闸室面积利用率维持在70%以上，葛洲坝1号、3号船闸超过60%。具体见表3。

2016年三峡、葛洲坝船闸闸室面积利用率统计表 表3

闸　号	面积利用率（%）	同比（%）
三峡南线船闸	70.83	-1.36
三峡北线船闸	70.31	-2.99
葛洲坝1号船闸	65.10	-2.06
葛洲坝2号船闸	70.30	-2.20
葛洲坝3号船闸	62.33	1.55

（二）过闸船舶吨位分析

过闸船舶大型化趋势更加明显，2016年三峡枢纽（三峡船闸、三峡升船机）过闸船舶3000吨以上船舶艘次所占比例为64.65%，5000吨以上船舶艘次所占比例进一步上升，达到38.92%，过闸货运船舶平均额定吨位达4236吨个（表4）。

三峡船闸过闸船舶额定载重吨位比例统计表 表4

吨位级别	1000吨以下	1001至3000吨	3001至5000吨	5001吨以上	艘次合计
2016年（艘次）	3297	11987	11124	16824	43232
所占比例	7.62%	27.73%	25.73%	38.92%	100.00%
2015年（艘次）	3240	13838	11624	15757	44459
所占比例	7.29%	31.13%	26.15%	35.44%	100.00%

（三）过闸货物通过情况分析

1.货物通过量分析

2016年三峡枢纽（三峡船闸、三峡升船机）货物通过量1.198亿吨，同比上升8.38%，2016年、2015年各月过闸货物通过量见图1。

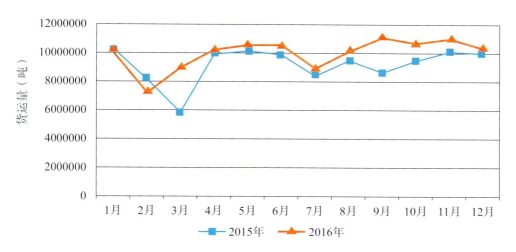

图1 2016年、2015年各月三峡枢纽货物通过量

2. 上下行过闸货物通过量分析

2016年三峡枢纽（三峡船闸、三峡升船机）上、下行货物通过量比例为5.4:4.6（2015年为5.8:4.2），上下行过闸货物通过量进一步呈现出均衡趋势。2016年、2015年各月上行货物通过量占总通过量的比例见图2。

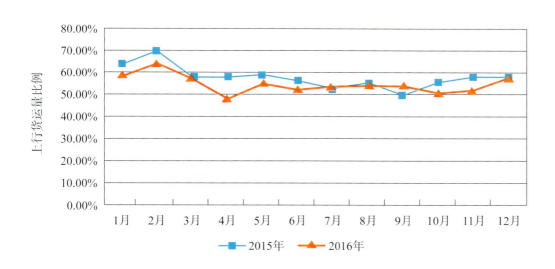

图2 2016年、2015年各月三峡枢纽上下行过闸货物通过量

3. 过闸主要货种分析

2016年三峡船闸过闸货物主要为矿建材料、矿石、集装箱、钢材、煤炭、水泥及石油等，分别占过闸货物通过量的比例为29.41%、20.25%、11.60%、7.77%、5.43%、5.07%和4.90%（表5）。

三峡枢纽过闸货物同期比较表 表5

货种		2016年				2015年		同比变幅
		上行	下行	合计	比例	合计	比例	
过闸主要物资	煤炭	388.48	262.19	650.68	5.43%	632.44	5.66%	2.88%
	石油	505.03	82.07	587.10	4.90%	542.43	4.86%	8.24%
	木材	102.84	0.41	103.24	0.86%	84.86	0.76%	21.67%
	集装箱	731.94	657.95	1389.89	11.60%	1248.92	11.18%	11.29%
	水泥	8.60	599.16	607.77	5.07%	446.33	4.00%	36.17%
	矿建	1967.93	1556.43	3524.56	29.41%	3230.08	28.92%	9.12%
	矿石	1047.94	1378.95	2427.04	20.25%	2641.97	23.66%	−8.14%
	粮棉	255.40	5.77	261.16	2.18%	192.14	1.72%	35.93%
	钢材	783.20	147.84	931.13	7.77%	841.38	7.53%	10.67%
	水果	0.00	0.27	0.27	0.00%	0.20	0.00%	35.00%
	化肥	13.51	146.20	159.71	1.33%	187.46	1.68%	−14.80%
	其他	709.72	629.31	1341.00	11.19%	1119.26	10.02%	19.81%
	合计	6514.59	5466.54	11983.55	100.00%	11167.47	100.00%	7.31%

（四）旅客通过情况分析

2016年三峡枢纽旅客通过量47.42万人次，同比减少0.39%。主要为旅游客运，年内分布极不均匀，其中4月至11月为旅游旺季，月旅客通过量基本维持在2万人次以上，10月份最高，达到7万人次，12月、1~3月为旅游淡季，月旅客通过量在2万人次以下。2016年、2015年各月旅客通过量见图3。

图3 2016年、2015年各月旅客通过量

（五）过闸危险品货物通过情况分析

2016年通过三峡船闸危险品船舶5700艘次，占过闸船舶总艘次的13.18%，同比下降0.47%。全年通过三峡船闸的危险货物848万吨，占过闸货物通过量的7.08%，同比上升8.93%。其中，一级260.9万吨，占危险品通过量的30.77%，同比上升10.50%；二级587.1万吨，占危险品通过量的69.23%，同比上升8.25%。

危险品过闸呈现出单向运输特点，2016年有2421艘过闸危险货物船舶空载下行，过闸空载率为42.47%。

三、滚装过坝情况分析

2016年三峡坝上港口进出滚装船7173艘次，同比下降22.40%；作业滚装车22.3万辆，同比下降22.10%。2016年、2015年各月滚装运输车次见图4。

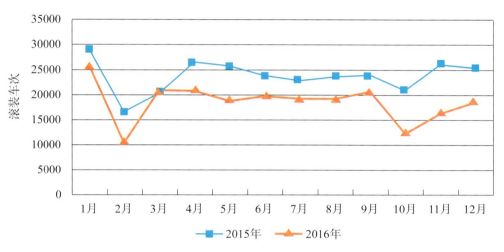

图4　2016年、2015年各月滚装运输车次

四、船舶待闸情况分析

2016年日均待闸船舶262艘次，最高489艘次，船舶平均待闸时间43.93小时，最高379小时。船舶具体待闸时间及年内变化趋势见表6和图5。

过闸船舶待闸时间统计表　　表6

航　向	船舶类型	待闸时间（小时）	
		平均值	最大值
上下行综合	/	43.93	378.7
上行船舶	/	40.58	378.7
其中	普通船舶	37.81	378.7
	危险品船舶	61.17	281.62
下行船舶	/	47.69	347.58
其中	普通船舶	46.85	347.58
	危险品船舶	53.18	237.25

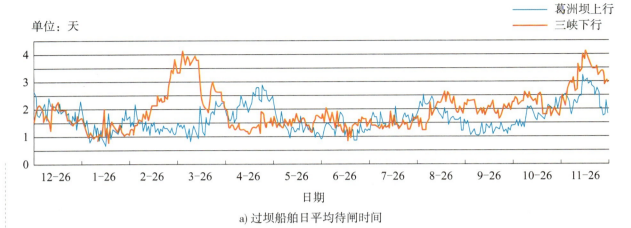

a) 过坝船舶日平均待闸时间

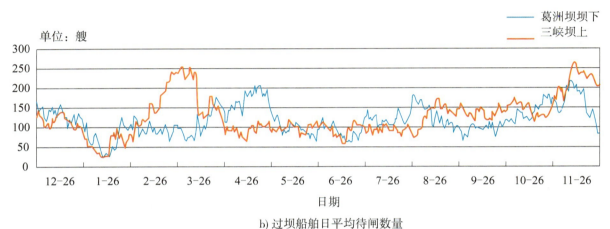

b) 过坝船舶日平均待闸数量

图 5

五、三峡通航形势展望

2017年，三峡通航面临着安全管理更高要求、通航环境更加复杂、沿江地区更高需求等艰巨的挑战：

一是三峡河段大风大雾等恶劣天气出现频度和强度依然严峻，两坝间汛期通航水流条件更趋复杂，液货危险品过闸需求进一步增长，大型船舶比例已超过60%，保障通航安全的压力进一步增加。

二是两坝船闸通过能力已趋饱和，船舶过坝供需矛盾依旧突出。2016年三峡船闸通过量达1.305亿吨，再创历史新高。不断提高的船闸通过能力挖潜要求必然造成更大的船闸运行风险。两坝船闸已处于满负荷运行状态，挖潜空间十分有限。但过坝货运需求持续增长，船舶过坝供需矛盾将进一步突显，船舶待闸时间预计会进一步延长，通航组织、船闸运行、锚地管理等面临更大压力和严峻考验。

三是连续多年保持高负荷运行，设备设施"健康"程度不可避免的有所下降，停航检修交通组织压力进一步增大。北线船闸停航40天检修，三峡南线船闸单线运行通过能力仅为正常时期的40%，检修期间船舶待闸形势将更加严峻，并由此衍生锚地待闸船舶容量、安全管理和社会稳定问题进一步加剧，通航管理难度更大，行风建设、船东满意度提升面临考验。

四是三峡升船机作为世界瞩目的"超级工程",技术复杂、维护难度大、运行管理要求高,升船机试航及试通航任务艰巨、责任重大。

五是过闸船舶进一步大型化,过闸船舶船员职业素养参差不齐,船舶因船员操作不当撞损船闸设备设施的现象给船闸运行带来安全隐患。

总体来看,2017年三峡坝区通航形势仍将十分严峻,船舶过坝供需矛盾将更加突出,船舶积压待闸呈常态化,船舶待闸时间将进一步延长,通航供给能力已明显不足,通航安全管理与运输组织保障的任务日益繁重。

(长江三峡通航管理局;长江航运发展研究中心)

专题7

长三角地区港口经济运行情况及形势分析

一、2016年长三角经济发展态势

长三角地区的供给侧结构性改革取得积极进展，经济结构继续优化，经济地位稳固。上海、浙江、江苏、安徽三省一市共完成国内生产总值174155.2亿元，同比增长8.32%，高于全国经济增速1.62个百分点，经济总量占全国比重为23.4%。长三角地区进出口总额为109547亿元，同比下降1.34%，占全国外贸的45%，与上年基本持平，其中：上海市52335亿元，同比上升3.3%；浙江省22202亿元，同比增长3.1%；江苏省35010亿元，同比下降6.6%；安徽省3049亿元，同比下降7.2%。

上海市着力加强供给侧结构性改革，着力推进创新驱动发展、经济转型升级，上海经济运行总体平稳、稳中有进。2016年，全市实现GDP为27466.15亿元，比上年增长6.8%。分产业看：第一产业增加值109.47亿元，下降6.6%；第二产业增加值7994.34亿元，增长1.2%；第三产业增加值19362.34亿元，增长9.5%，占全市生产总值的比重达到70.5%，比上年提高2.7个百分点。

浙江省在注重经济增长的高质量和均衡性等方面采取一系列举措，取得积极成效。2016年，全省实现GDP为46485亿元，比上年增长7.5%，分产业看：第一产业增加值1966.5亿元、增长2.7%，第二产业增加值20517.8亿元、增长5.8%，第三产业增加值24000.6亿元、增长9.4%，第三产业对GDP的增长贡献率为64.7%。

江苏省工业转型升级明显，服务业发展态势良好。2016年，全省实现GDP为76086.2亿元，比上年增长7.8%。分产业看：第一产业增加值4078.5亿元、增长0.7%，第二产业增加值33855.7亿元、增长7.1%，第三产业增加值38152亿元、增长9.2%；第三产业对GDP的增长贡献率为59.2%。

安徽省经济运行总体平稳、稳中有进、结构向好、活力增强，实现了"十三五"良好开局。2016年，全省实现GDP为24117.9亿元，比上年增长8.7%。分产业看：第一产业增加值2567.7亿元，增长2.7%；第二产业增加值11666.6亿元，增长8.3%；第三产业增加值9883.6亿元，增长10.9%。安徽省经济增长速度居长三角地区之首。

二、长三角地区水路货运量略有增长，货物周转量有所下降

长三角地区完成水路货运量31.68亿吨，同比增长2.7%；占全国水路货运量比重49.8%。其中：上海市完成4.83亿吨，同比下降3%；浙江省完成7.82亿吨，同比增长4.4%；江苏省完成7.93亿吨，同比增长5.5%；安徽省完成11.1亿吨，同比增长2.3%。

长三角地区完成水路货物周转量35917亿吨公里，同比减少7.3%，占全国水路货物周转量比重37.6%。其中：上海市完成17504亿吨公里，同比下降8.8%；浙江省完成7952亿吨公里，同比下降2.3%；江苏省完成5225亿吨公里，同比降低7.3%；安徽省周转量完成5237亿吨公里，同比降低9.1%。

三、长三角地区港口货物吞吐量增速回升

长三角地区港口共完成货物吞吐量41.74亿吨，同比增长4.32%，规模以上港口货物吞吐量占全国比重为35.2%。长三角地区港口在我国经济和港口航运发展中继续保持特别重要的地位和作用。其中，上海市共完成7.02亿吨，同比下降2.18%；浙江省主要港口完成12.28亿吨，同比上升4.15%；江苏省主要港口完成18.69亿吨，同比增长4.88%；安徽省主要港口完成3.75亿吨，同比增长16.3%。

2016年长三角地区的主要港口增长幅度回升。受益于内河水网的不断完善，"水水中转"推广的力度加大，扬州、马鞍山、铜陵等内河港口增幅明显，其中铜陵港增幅达37.35%。各港货物吞吐量及增长率见图1。

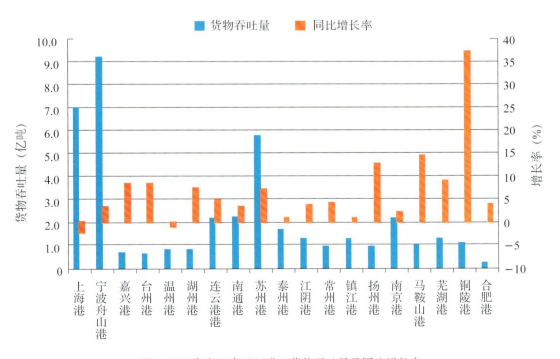

图1　2016年长三角地区港口货物吞吐量及同比增长率

四、长三角地区港口外贸货物吞吐量有所增长

长三角地区港口外贸货物吞吐量共完成12.79亿吨，同比增长5.75%，占全国比重为34%。其中：上海港外贸货物吞吐量完成3.8亿吨，同比增长0.62%；浙江省主要港口外贸货物吞吐量完成4.56亿吨，同比增长3.05%；江苏省主要港口外贸货物吞吐量完成4.27亿吨，同比增长14.5%；安徽省主要港口外贸货物吞吐量完成0.16亿吨，同比下降2.29%。

嘉兴港、连云港、江阴港、常州港、镇江港、芜湖港增幅均超过20%，江阴港增幅最大，达到54.69%，各港外贸货物吞吐量及增长率见图2。

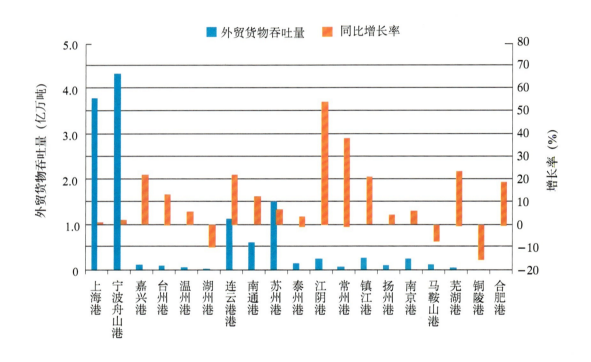

图2　2016年长三角地区港口外贸吞吐量及同比增长率

五、长三角地区集装箱吞吐量保持良好的增长态势

长三角地区港口完成集装箱吞吐量7808万TEU，同比增长2.88%，占全国总量比重达为35.8%。其中：上海港完成3713万TEU，同比增长1.63%，集装箱吞吐量继续保持世界第一；浙江省主要港口完成2383万TEU，同比增长4.73%；江苏省主要港口完成1605万TEU，同比增长2.1%；安徽省主要港口完成106.9万TEU，同比增长20.48%。

长三角地区港口集装箱吞吐量总体上保持了良好的增长态势，湖州港、泰州港、马鞍山港、芜湖港、合肥港增幅均超过10%，其中合肥港增幅最大，为25.37%。各港集装箱吞吐量及增长率见图3。

图3　2016年长三角地区港口集装箱吞吐量及同比增长率

六、2017年港口经济发展形势展望

国际货币基金组织（IMF）预测，2017年全球经济增长率可达到3.4%，新兴市场和发展中经济体经济增长率将达到4.5%，预计我国经济增长为6.5%。

预计2017年全国规模以上港口货物吞吐量将小幅上升，外贸货物吞吐量将达到39亿吨；集装箱吞吐量将达到2.3亿TEU。

2017年，上海国际航运中心建设各项工作继续全面、有序推进，加快国际航运中心建设，落实《上海市推进国际航运中心建设条例》、《"十三五"时期上海国际航运中心建设规划》，推动航运领域改革创新。研究制定自贸试验区国际船舶登记制度的操作细则，推动内河高等级航道高标准贯通，完善长三角港口集疏运体系，推进港口资源整合，加快长三角港口一体化发展进程。预计，2017年长三角地区规模以上港口货物吞吐量将达到44亿吨；外贸货物吞吐量将达到13亿吨；集装箱吞吐量将突破8000万TEU。上海港集装箱吞吐量仍将保持世界第一，随着洋山深水港四期的建成，有望突破3800万TEU。

（上海组合港管理委员会办公室）

专题8

三年会战助推贵州水运建设提等升级

为补齐水运发展短板,尽早实现贵州通江达海,贵州省开启了"水运建设三年会战",从2014年到2016年,用3年时间加快水运建设发展。"三年会战"启动以来,围绕"通航道、优港口、增运力、兴产业、补短板",实现了贵州水运的大发展。

一、贵州水运建设三年会战的背景

按照国务院《关于加快长江等内河水运发展的意见》要求,贵州省提出了水运发展"北上长江、南下珠江"的发展目标。修编了《贵州水运发展规划(2012~2030)》,明确提出了"以航为主,航电结合,综合利用,循环发展"的理念。出台了《贵州省人民政府关于加快水运发展的意见》。从2014年1月1日起,实施"水运建设三年会战",水运会战主要基于以下三个背景:

一是落实发展和生态两条底线,发挥水运优势的需要。贵州地处长江、珠江上游,是重要的两江生态屏障,但由于特殊的喀斯特地质地貌,生态环境十分脆弱。习近平总书记考察贵州时特别嘱咐:"要守住发展和生态两条底线,培植后发优势,奋力后发赶超,走出一条不同于东部、有别于西部的发展新路"。水运具有占地少、污染小、能耗低、运能大等比较优势,是落实生态底线的最佳交通运输方式。

二是落实大扶贫战略,服务民生、助推发展的需要。从大扶贫的角度讲,贵州省主要通航河流沿江两岸分布着全省80%以上的贫困人口,是国家和贵州实施精准扶贫的重点区域。发展水运,有利于改善库区两岸居民对外出行条件,有利于解决两岸居民经济农作物及产品外运难题,有利于增加沿江贫困群众就业渠道、促进沿江人民脱贫致富。

三是破除瓶颈制约,畅通物流大通道的需要。贵州省内6条水运出省通道中仅赤水河没有碍航闸坝,其余5条出省通道均被水电闸坝锁住,导致水运的长途运输功能丧失。

二、水运三年会战取得的成绩

贵州水运三年大会战启动以来,在国家部委大力支持和省委、省政府高度重视下,会战成果丰硕,创下了多个历史之最。

一是投资增速最快。会战启动以来,水运建设累计完成固定资产投资75.27亿元,是会战前贵州省水运投资总和37.25亿元的2

倍,位居全国14个非水网省(市)第一,是贵州历史上水运投资增速最快的时期。

二是建成项目最多。三年会战,共规划项目35个,实现了涉及水运项目的全覆盖。基本建成项目13个,相当于"十一五"期的4.3倍。一些标志性工程开创了贵州水运建设发展的多项第一:建成乌江沙沱、思林水电站西部山区内河第一批500吨级升船机;建成都柳江从江、大融两个航电枢纽工程,实现贵州航电一体化开发建设零的突破;建成西部第一个翻坝运输系统工程——乌江构皮滩翻坝运输系统工程,破解了乌江闸坝碍航的困境;建成贵州第一条旅游航道工程——湄江旅游航运建设工程,作出了"航运+旅游"产业的新探索;建成全国第一个内河航运博物馆——贵州航运博物馆(习水土城),实现航运文化的新提升。

三是建成航道里程最长。建成乌江(乌江渡—龚滩)四级高等级航道431公里、南北盘江红水河四级高等级航道364公里、清水江(锦屏—白市)四级高等级航道56公里,四级高等级航道达851公里,位居全国14个非水网省(市)第一,改写了贵州无高等级航道的历史。其中,乌江在断航13年后,实现了复航。

四是建成港口泊位最多。三年会战,500吨级码头泊位新增40个,全省港口泊位数达490个,新增数量占2008年以来新增泊位数比例达35%。目前,贞丰白层港4个500~1000吨级、册亨岩架港1000吨级滚装泊位、望谟蔗香、罗甸罗妥1000吨级货运泊位等,正加紧筹划建设。

五是贴近民生最近。全省实施20个重点通航库区便民水运工程,整治库区航道800公里,全省新建城乡便民码头120座,新建乡镇渡口600道(含"渡改桥"69座),全省乡镇渡口达2466道,极大地改善了沿江、库区周边人民群众安全便捷出行条件,提升了水运基本公共服务均等化水平。

六是带动产业最强。长江水系乌江建成思南县邵家桥200万吨石材工业园区,瓮安建成磷复合肥化工基地,遵义正在推进漩塘港钢绳等制造业工业园区建设,贵阳拟建开阳港磷化工业园区;珠江水系北盘江建成贞丰县白层造船工业园区,正在打造罗甸循环经济港口和望谟蔗香港经济开发试验区。

七是安全形势最好。加大对全省水上交通安全基础设施及应急搜救管理设施的投入,创造了水上交通形势持续稳定新局面。全省未发生水上交通安全事故,连续7年实现事故起数、死亡人数"双零"的目标,刷新了新中国成立以来贵州水上交通安全的最好成绩。

三、水运建设三年会战采取的措施及经验体会

(一)工作措施

为实现会战目标,主要采取以下四项措施来确保任务完成。

一是在建设机制上寻突破。三年会战期间创新形成省、市(州)、县各级政府,以及企业参与共同办水运的多业主模式,激活了全社会建设发展水运的动力。

二是在资金筹措上想办法。积极争取中央、省级财政资金19.4亿元;充分发挥水运融资平台作用,促进"银交"战略合作,实现了水运项目融资零的突破,三年会战期间仅贵州省航电开发投资公司就同银行达成30

亿元的融资贷款。通过水运+旅游等多种方式，鼓励引导社会和企业投资办水运。

三是在统筹推进上谋合力。一方面积极协调对接省内其他行业以及水电业主，形成合力共同推进水运发展；另一方面积极主动加强与交通运输部沟通汇报寻求支持，同时加强相邻省份的协调对接，三年会战期间省厅层面均与周边邻省（区、市）签订了战略合作框架协议，基本形成了上下游同频共振共同推进水运通道建设的良好局面。

四是在项目管理上下功夫。一方面是量化目标加强调度，会战之初就制定了会战实施方案，将会战项目量化指标纳入年度目标考核内容，同时定期召开会战调度会，集中研究解决项目建设中的各种问题。第二方面是认真落实了质量安全生产责任主体，健全了质量、安全管理体系，实行动态监管、全过程监督、全方位巡视、全环节检查，确保了工程建设程序到位、质量合格、项目安全。

（二）经验体会

一是有省委、省政府的高度重视。省政府印发了《贵州省水运建设三年会战实施方案》；成立了省级层面的水运建设三年会战领导小组，建立了省水运建设三年会战联席会议机制，强化对会战的协调、调度、督促、指导和考核等工作，为推进水运会战实施提供了保障；加大对水运发展的省级财政投入力度，明确每年专门预算3亿元用于水运建设发展，为水运发展提供了资金保障。

二是树立了贵州水运发展攻坚克难、敢于担当、勇于亮剑的精神。通过三年会战，彰显了贵州水运人迎难而上、敢于担当的精神，这是一笔宝贵的财富。

三是建立了贵州水运协调发展机制，奠定了水运可持续发展的基础。三年会战，创新形成了水运发展省、市（州）、企业多业主制，激活了全社会建设发展水运的动力。建立了贵州与重庆、湖南、广西、云南、四川等省市区之间以及贵州省直有关部门之间协调机制、合作机制、共享机制、支持机制等，为水运三年会战提供了良好的机制保障。

四是乌江复航打通了融入长江经济带的大通道，取得了会战的最大成果。三年会战最大的成果就是乌江复航，贵州省委、省政府给予了高度肯定。

通过水运建设三年会战，贵州水运发展取得了新的突破，但是水运仍然是贵州综合交通运输的一支短板，发展仍然在路上。"十三五"期，贵州将大力实施水运出省通道畅通工程、碍航船闸突破工程、现代港口物流枢纽工程、船舶运力结构优化工程、安全监管与救助一体化建设工程、人才队伍素质提升工程等六大系统工程，振兴贵州水运。

（贵州省地方海事（航务管理）局）

附录

2016年长江航运大事记

一月

1日　　从2016年1月1日起，禁止单壳化学品船和600载重吨以上的单壳油船进入"两横一纵两网十八线"水域（即国家高等级内河航道）航行。

5日　　习近平总书记在重庆召开的推动长江经济带发展座谈会上强调，推动长江经济带发展，要坚持生态优先、绿色发展，共抓大保护，不搞大开发。并指出，要依托长江水道，统筹岸上水上，正确处理防洪、通航、发电的矛盾，自觉推动绿色循环低碳发展，真正使黄金水道产生黄金效益。

9日　　第三届"中国航运50人论坛"年会在上海召开。长江航务管理局局长唐冠军获"2015中国航运影响力人物"殊荣。

17日　　由长江航务管理局主办的"推广长江文化大型系列专题活动"在成都举行。

二月

17日　　6800吨级/547TEU的江海直达集装箱船"海川6"号首航"阳逻—洋山"江海直达航线。"海川6"号由武汉交通发展（集团）有限公司旗下的武汉交发船务公司建造、经营。该轮的投入，填补了武汉本地港无500TEU江海船的空白。

19日　　三峡北线船闸工业电视监控系统完成十年来首次更新改造并投入使用。

三月

14日　　长江干线宜昌至安庆段航道整治模型试验研究论证成果顺利通过交通运输部验收。

15日　　招商局集团有限公司与中国外运长航集团有限公司在北京召开重组干部大会，标志着两家企业的战略重组进入全面深入实施阶段。

18日	全国人大代表、长航局局长唐冠军传达学习全国"两会"精神。
31日	长江三峡库区1000吨应急抢险打捞起重船"长天龙"号正式交付长江航道局使用。该船为目前长江干线起重能力最强的打捞船，可满足三峡库区大水深、高流速条件下实施沉船排险和打捞任务。

四月

1日	根据财政部、交通运输部联合发布的《关于完善港口建设费征收政策有关问题的通知》，正式实施船过船作业货物只缴一次港建费。
1至2日	南通大学与光明日报社、上海社会科学院共同主办的第二届长江经济带发展论坛在南通举行。全国人大常委会原副委员长顾秀莲参加论坛。
15日	交通运输部在武汉召开深化长江航运行政管理体制改革动员会，启动深化长江航运行政管理体制改革工作。交通运输部部长、部深化长江航运管理体制改革领导小组组长杨传堂出席大会并作重要讲话。
19日	由江苏省地方海事局主办的全国首套内河船舶驾驶模拟器考试题库建设项目正式运行。
28日	由新华社《半月谈》杂志社、中国"一带一路"战略研究院、长江经济带（复旦大学）发展研究院等主办的首届长江文化带发展论坛在泸州正式开幕。

五月

5日	汉江五级枢纽项目开工建设动员大会在宜城市汉江雅口航运枢纽坝址区举行。汉江五级枢纽项目包括夹河、孤山、雅口、新集、碾盘山5级枢纽，总投资近200亿元，计划"十三五"末全部建成。
6日	长江航道局和长江口航道管理局在上海举行管理关系调整交接仪式，长江口120公里航道正式交由长江航道局管理。长江干线航道基本实现集中统一管理。
9日	交通运输部党组书记、部长、部省联席会议召集人杨传堂主持召开推动长江经济带交通运输发展部省联席第一次会议。
12日	长江航道工程局有限责任公司（筹）正式挂牌成立。长江航道局正式在管理

体制上实现事企分离。

20日　交通运输部海事局与长江航务管理局签署《交通运输部海事局 长江航务管理局关于江苏海事局管理关系调整的交接协议》。《协议》的签署标志着原由部海事局直接管理的江苏海事局成建制划转长江海事局进行管理，纳入长航局管理范围。长江干线重庆至江苏浏河口段海事实现统一管理。

25日　湖北省治理非法码头现场会在黄石召开，长江沿线湖北段367个非法码头被依法取缔，腾退岸线41公里。会议同时启动汉江非法码头治理工作。

28日　长航局召开干部大会，宣布交通运输部党组关于长航局领导班子调整任免的决定：唐冠军同志兼任交通运输部长江航务管理局党委书记；付绪银、曹江洪同志兼任党委副书记；增补阮瑞文同志为党委委员；闻新祥同志作副局长，增补为党委委员。

31日　长航局召开长江干线水上综合执法改革试点推进会。会议布置开展水上综合执法先行先试工作。

六月

7日　根据《交通运输部关于深化长江航运行政管理体制改革的意见》及改革工作进度安排，长航局组织长江海事局与江苏海事局签署了《长江海事局与江苏海事局工作规则（暂行）》。

16日　三峡双线五级船闸运行13周年，累计运行闸次12.10万闸，通过船舶70.30万艘次，货物通过量9.16亿吨。

27日　葛洲坝船闸运行35周年，累计运行47.79万闸次，通过船舶232.77万艘次、旅客7453.15万人次、货物通过量11.68亿吨，实现了35年安全运行无事故。

29日　安徽芜湖国家船舶溢油应急设备库运行管理服务合同签字仪式在芜湖海事局举行。安徽芜湖国家船舶溢油应急设备库正式运行。

七月

1日　依据《交通运输部关于深化长江航运行政管理体制改革的意见》等文件精神，长航局将原来分别由长江海事、航道、通信等部门承担的现场执法职责进行整合，自7月1日起，由长江海事局统一实施长江干线重庆至江苏浏河口

	段水上综合执法。
4日	长江南京以下12.5米深水航道初步贯通至南京。7月5日起对船舶试行开放,长江口至南京可全程通航5万吨级及以上船舶。
5日	由长江重庆航道局原创的当代长江题材话剧《又到满山红叶时》在北京民族文化宫大剧院首演成功。
6日	长江干线水上搜救协调中心与安徽省政府应急办签署了《长江干线安徽段水上交通安全与防污染信息共享及应急联动合作备忘录》。
15至22日	三峡升船机第一阶段实船试航圆满完成。
27日	长江航务管理局发布关于落实长江水系内河船型标准化延续政策的通知,全面启动长江船型标准化延续工作。

八月

2日	交通运输部印发《关于交通运输部长江航务管理局主要职责机构设置人员编制规定的通知》。
11日	长航公安局万州分局破获一起伪造、买卖企事业单位及国家机关证件、印章系列案,查获非法制作的假印章数百枚、假证件若干。
23日	《长江苏锡片区水上综合执法改革试点合作备忘录》签字仪式在张家港海事局"海巡0681"上举行,标志着长江苏锡片区试点工作正式启动。
31日	交通运输部印发《港口和船舶污染物接收转运及处置设施建设方案编制指南》,指导各地加强港口、装卸站、修造船厂和船舶污染物防治工作。

九月

1日	交通运输部印发《长江等内河航运市场秩序专项治理行动方案》,专项行动将自2016年10月1日起,为期一年。
11日	《长江经济带发展规划纲要》正式印发。《纲要》描绘了长江经济带发展的宏伟蓝图,是推动长江经济带发展重大国家战略的纲领性文件,是当前和今后一个时期指导长江经济带发展工作的基本遵循。
18日	三峡升船机正式投入试通航。

19日	舟山江海联运服务中心对接长江经济带战略协作会在武汉召开。会上，与会各方达成了《舟山江海联运服务中心对接长江经济带战略（武汉）共识》。
28日	交通运输部在上海召开水运工程施工标准化示范创建推进现场会。
30日	长航局机关机构改革工作完成。

十月

8日	宜昌分局刑侦支队被公安部授予"全国公安机关执法示范单位"荣誉称号。
17日	长江干线水上搜救协调中心与重庆市政府应急办在武汉签署《长江干线重庆段水上交通安全与防污染信息共享及应急联动合作备忘录》。
20日	交通运输部长江航务管理局和农业部长江流域渔政监督管理办公室在武汉共同签署《共同开展长江大保护合作框架协议》。
28日	长江航道科研实验新基地正式投入使用。新基地拥有国内一流河工模型试验厅，可同时开展多个河工模型试验。

十一月

1日	截至11月1日7时三峡水库已顺利蓄水至175米，连续第7年实现175米试验性蓄水目标。
11至12日	三峡升船机完成首次夜间实船试航测试。
17日	交通运输部副部长何建中与四川省副省长杨洪波在四川成都签订《深化长江干线四川段水上安全监督管理体制改革协议》。长江干线四川段（长江干线重庆界石盘至宜宾合江门219公里的水域和港口）水上安全监督管理工作不再委托四川省人民政府管理，由交通运输部设置海事机构实施管理。
18日	中国港口协会在舟山举行2016中国港航发展论坛。
23日	长江经济带港口物流区域合作联席会议第三次会议暨2016年高层论坛在重庆市召开。

十二月

1日	全国人大代表、长航局局长唐冠军在2016年全国"两会"上"关于依据《刑

法》对非法采砂破坏长江航道行为严格追究刑事责任的建议"被采纳，最高人民法院、最高人民检察院公布《关于办理非法采矿、破坏性采矿刑事案件适用法律若干问题的解释》，明确无证采砂可适用"非法采矿罪"定罪处罚，该解释自2016年12月1日起施行。

5日	由长江船舶设计院设计的国内首艘内河LNG电力推进船"运河之星2000吨"正式交付。
7日	《沙颍河（安徽段）航行规定（试行）》经阜阳市人民政府第61次常务会议研究通过并颁布，于2017年1月1日起实施。这是安徽省出台的首部有关海事(港航)管理的规范性文件，为安徽省内河高等级航道网的建设与管理探索了新路子。
22日	宜宾海事局正式挂牌。
23日	泸州海事局正式挂牌。
29日	安徽省政府召开引江济淮工程建设动员大会。引江济淮工程总投资912.71亿元，建设工期为60个月。
31日	长江电子航道图免费推广应用船舶在2016年达404艘，安装覆盖率达74%，超额完成交通运输部下达的"三类重点船舶"安装覆盖率50%的目标任务。